Landauer, ManageActing

Adele Landauer

ManageActing

Die Kunst, selbstsicher aufzutreten

Econ

Dank:
Ich bedanke mich sehr herzlich bei Janine Guldener, die mit ihren Fotos im Buch und auf dem Cover einen wichtigen Beitrag geleistet hat. Marlene Landauer war eine liebenswerte Unterstützung auf den Partnerfotos und Stephan Maria Rother stellte uns freundlicherweise sein Fotostudio zur Verfügung.

Ein spezieller Dank gilt Hubert von Brunn, der mir als erster kritischer Leser des Manuskripts ein wertvoller Mentor war.

ManageActing® ist ein eingetragenes Warenzeichen.

Der Econ Verlag ist ein Unternehmen
der Econ Ullstein List Verlag GmbH & Co. KG, München

2. Auflage 2002

ISBN 3-430-15972-5

Fotos: Janine Guldener
Lektorat: Birgit Krapf
Gesetzt aus der Cheltenham und Frutiger bei
Franzis print & media, München
Druck und Bindearbeiten: Clausen & Bosse, Leck

Inhalt

Prolog 11

Das Ganze – weit mehr als
die Summe seiner Teile

1. Die Welt als Ganzes wahrnehmen lernen 25
   Die Wichtigkeit der nonverbalen Signale 25
   Die innere Einstellung 26
1.1 DIE BEDEUTUNG DER GANZHEITLICHEN
   WAHRNEHMUNG 29
   Mit allen Sinnen die Welt erfahren 32
   Übung: Die Wahrnehmung erweitern 33
   Den Körper wahrnehmen 36
   Übung: Die körpereigene Energie aktivieren 36
   Lächeln als Energiequelle 38
   Übung: Schenken Sie sich ein Lächeln 39
   Die sinnliche Wahrnehmung alltäglicher
   Gegenstände 40
   Übung: Einen Gegenstand mit allen Sinnen
   erspüren 40
   Übung: Den Raum wahrnehmen 41
1.2 DAS GEGENÜBER IM BLICK 43
   Der Spiegel der Seele 43
   Spiegelübung: Führen und folgen 45

Das Publikum erreichen.................................... 47
Peripheres Sehen... 49
Übung: Verschiedene Formen von Wahrnehmung..... 50
1.3 LAMPENFIEBER – DER KICK ZUM ERFOLG............ 53
Der Raum – ein Vertrauter................................ 55
Die Kraft des inneren Lächelns.......................... 56
Die Energie fließen lassen................................. 57
Übung: Blockierte Energie zum Fließen bringen........ 57
Das emotionale Gedächtnis................................ 58
In der Anspannung entspannen........................... 59
Ein Profi-Trick.. 60
Checkliste: Lampenfieber eindämmen.................... 60

Kommunikation beginnt mit Körpersprache

2. Der Körper kann nicht lügen............................... 69
2.1 MOTORISCHE REFLEXE..................................... 74
Körperliche Reaktionen auf sinnliche Eindrücke........ 74
Beeinflussung der Körpersprache durch Gedanken .. 74
Wechselwirkung von traumatischen Ereignissen
und Körper.. 76
Der Körper verrät Unbewusstes............................ 78
2.2 DIE INNERE UND ÄUSSERE HALTUNG.................... 80
Die enge Verbindung von Stehen und Standpunkt.... 81
Der körperliche Schwerpunkt.............................. 83
Übung: Sitz des körperlichen Zentrums..................... 87
Die legendäre Nuss.. 88
Übung: Die Nuss... 88
Isolationsübung 1:... 89
Isolationsübung 2:... 90
Isolationsübung 3:... 91
Agieren aus dem körperlichen Zentrum.................. 91
2.3 DER AUTHENTISCHE GANG................................. 93
Übung: Aus dem Zentrum heraus gehen.................... 93
Die Länge der Schritte...................................... 94
2.4 DIE GESTIK.. 96
Übung: Das Setzen von Gesten.............................. 97

Der Zeigefinger 99
Die offene Geste 101
Gesten und deren Auswirkung 102
Die individuelle Geste 103
Keine starren Regeln 105
Fazit 106
2.5 TERRITORIALE DISTANZEN 107
Das Beachten der Intimsphäre 107
Übung: Der angemessene Abstand 108
Durchbrechen der territorialen Distanzen 109
2.6 BEGRÜSSEN DURCH HANDGEBEN 112
Blickkontakt beim Handgeben 115
Die Stärke des Händedrucks 116
2.7 EIN FUNKTIONIERENDES KOMMUNIKATIONS-
SYSTEM – EIN KLEINER AUSFLUG INS NLP 118
Der visuelle Typ 118
Der auditive Typ 119
Der kinästhetische Typ 119
Mischtypen 120
Das Nutzen aller Sinneskanäle 121
Zusammentreffen der unterschiedlichen Typen 121
Körpersprache spiegeln 124
Sensibilität, Achtsamkeit und Genauigkeit 125
Es funktioniert! 126
Unbewusstes, automatisches Spiegeln in fließender
Kommunikation 127
Manipulation oder Hilfestellung? 128
Leaden 128
Die reale Kommunikation im Vergleich zur
Schauspielkunst 129
Pacing und Leading als Partnerübung 130
Übung: Pacing und Leading 130
Nachklang 132
Checkliste für Ihre authentische Körpersprache 133

Professionelles Sprechen

3. Professionelles Sprechen ist
ganzkörperliches Sprechen 139
3.1 DIE PROFESSIONELLE ATEMTECHNIK 144
Übung: Die natürliche Tiefatmung 147
Übung: Erweiterte Atemübung bei aktiverer Atmung .. 149
*Übung: Stellungsänderung bei gleich bleibender
Tiefatmung* 149
*Übung: Kombinierte Atmung aus Zwerchfell
und Rippen im Sitzen* 150
Übung: Tiefatmung im Stehen 151
Verstärkende Übung zur Tiefatmung 152
Die Stimmatmung 154
Von Räusperzwängen, Luftschnappen und
anderen Unarten 155
3.2 DIE ATEMSTÜTZE 157
Übung: Erlernen der Atemstütze 159
Übung: Atemstütze im Stehen 159
*Übung: Variationen und Erweiterungen
zum Erlernen der Atemstütze* 160
3.3 DIE INDIFFERENZLAGE 161
Die überhöhte Sprechstimmlage 161
Ihre physiologische Sprechstimmlage 163
*Übung: Finden Ihrer physiologischen
Sprechstimmlage* 163
*Übung: Transfer zur Normalität – bewusstes
Einsetzen der Indifferenzlage in Sätzen* 163
Finden der Indifferenzlage in jeder Situation 164
3.4 ÖFFNEN UND WEITEN DER
RESONANZRÄUME 165
Übung: Öffnen der Resonanzräume 166
*Übung: Erweiterte Kauübung zum Öffnen
der Resonanzräume* 167
3.5 MÜHELOS UND VERSTÄNDLICH ARTIKULIEREN .. 168
Die Sprechwerkzeuge 170
*Übung: Ausgeprägte und ausschöpfende
Unterkieferbewegungen* 171

Übung: Lippenflattern 173
Übung: Lippenblähen 174
Übung: Kontakt der Zungenspitze mit den unteren
Schneidezähnen 175
Übung: Zungenschleudern 176
3.6 DIE INTONATION 177
Die abgelesene »Rede« 177
3.7 PROFESSIONELLES, UMFASSENDES
SPRECHTRAINING 179
Übung: Sprech- und Stimmtraining zum Erlernen
der professionellen Technik 180

Vorhang auf, die Vorstellung beginnt!

4. Die professionelle Vortragstechnik 187
Die Vision vom Ergebnis 190
4.1 DIE MAGIE DES ERSTEN AUGENBLICKS 193
Ein wirkungsvoller Auftritt 194
Mentaler Standpunkt = körperlicher Standpunkt 197
Der »Präsentierteller« 198
Jede Bewegung hat einen Anfang und ein Ende 200
Die Aufmerksamkeit für den Raum 201
4.2 INHALT VERLANGT NACH GESTALTUNG 203
Die Begrüßung des Publikums 203
Spannung erzeugen 204
Reden ist hörbar gemachtes Denken 205
Die Kunst der Pause 206
Betonungen 206
Vorsicht vor Übertreibungen 207
Von Versprechern, Hängern und Versagensängsten. 208
4.3 DIE DRAMATURGIE DES VORTRAGS 211
Eine wirkungsvolle Rede im Vergleich
mit einem inspirierenden Film 211
Eine gute Geschichte weckt Emotionen 213
Abschied und Applaus 220
Ein gekonnter Abgang 220

4.4 WORAUF NOCH ZU ACHTEN IST 222
Overheadprojektor, Grafiken, Folien,
Flipchart & Co. 222
Versteckspiel hinter dem Stehpult......................... 224
Das zur Persönlichkeit passende »Kostüm«.............. 226
Soundcheck... 229
»Die einen stehen im Dunkeln
und die andern stehen im Licht« (Mackie Messer)... 230
Checkliste: Die professionelle Vortragstechnik........... 232

Umgang mit den elektronischen Medien

5. Vor der Kamera gelten eigene Gesetze 241
Das aufgezeichnete Interview............................. 242
Übung: Botschaften präzise vermitteln................... 243
Das Live-Interview 247
Das sollten Sie vergessen.................................. 247
Hintergründigkeiten 249
Bildausschnitte, Großaufnahmen, Halbtotale 250
Der Ton.. 253
Kleidungs- und Maskentipps............................... 254
Ein maskentechnischer Aufruf
an die Herren der Schöpfung............................. 256
Einige Maskentipps für die Damen 257
Anerkennung für das Filmteam............................ 259
Checkliste: Der professionelle Umgang
mit den elektronischen Medien............................ 261
Epilog 263
Bücherliste 269

Prolog

*You never have a second chance
to leave the first impression.*

Möglicherweise finden Sie es ungewöhnlich, dass ich als Schauspielerin Führungskräfte aus Wirtschaft, Management und Politik trainiere und jetzt auch noch ein Buch über meine Arbeit schreibe. Nun, für mich war es eine folgerichtige Entwicklung. Nach der Schauspielschule spielte ich viele Jahre am Theater große Rollen und begann dann für Film und Fernsehen vor der Kamera zu stehen. Aus Spaß und Interesse bildete ich nebenbei junge Schauspieler und Sprecher aus. Privat verkehre ich mit Freunden, die in ganz anderen Berufen und Bereichen arbeiten. Die Gespräche mit ihnen bereichern mich und eröffnen mir auf vielen Ebenen neue Sichtweisen. Ich werde inspiriert von ihrem Wissen, ihrer Kompetenz und ihrer Vielseitigkeit. Ein ganz anderes Bild erhielt ich von diesen Menschen, die ich so sehr schätze, als ich sie – auf ihren Wunsch hin – bei öffentlichen Auftritten begleitete, um ihnen in meiner Kompetenz als Schauspielerin ein professionelles Feedback zu ihrer Wirkung zu geben. Und ich war mehr als erstaunt! Auf der Bühne war plötzlich nichts mehr übrig von ihrer Kompetenz und ihrer Ausstrahlung, wie ich sie im Privaten erlebt hatte. Sie wirkten teils unsicher, langweilig oder sogar überspannt – auf jeden Fall wirkten sie nicht so, wie ich sie kannte.

Wie war das möglich? Wie konnte ihr sonst so selbstsicheres Auftreten verloren gehen, sobald sie ihr Anliegen nicht mehr im gewohnten Umfeld, sondern in einem öffentlichen

Rahmen vertreten mussten? Diese Freunde beherrschten offensichtlich nicht die einfachsten Techniken, auch vor Publikum kompetent, selbstsicher und überzeugend zu wirken. – Das zu sehen, tat mir regelrecht weh.

Ich selbst habe diese Fähigkeiten vor vielen Jahren erworben, habe sie während meiner Theater- und Filmlaufbahn in verschiedenen Rollen weiter verfeinert, und als Schauspielcoach gebe ich sie seit Jahren an werdende Schauspieler weiter. Ich weiß, dass diese Fähigkeiten durch relativ einfache und vor allem natürliche Techniken lernbar sind!

Ich meine, es ist wichtig, dass sich Angehörige aller Berufsgruppen, die öffentlich präsentieren müssen, diese Techniken aneignen, um eine bessere Wirkung auf *ihrer* Bühne zu erzielen. Kaum einer kann sich doch heute davor drücken, Reden zu halten oder zumindest seine am Schreibtisch erarbeiteten Inhalte öffentlich darzulegen. Diesen Überlegungen folgend, suchte ich nach Weiterbildungsmöglichkeiten für meine Freunde und fand verschiedene Präsentationsseminare, die Rhetorik-, Kommunikations-, Video- und Kameratrainings beinhalteten. Die Inhalte hörten sich dabei gar nicht so schlecht an. Doch nachdem ich interessehalber selbst einige Kurse besucht hatte, begriff ich, dass sich die Herangehensweise an dieses Thema völlig von der des Schauspielers unterscheidet.

Damit ein Schauspieler seine Rolle wirklich glaubhaft darstellen kann, muss er authentisch sein. Das bedeutet, er passt seine Körpersprache und Stimme so an die Situation an, dass das Dargestellte nicht »gespielt«, sondern »echt« wirkt. Theaterspielen bedeutet also nicht, »so tun als ob«, sondern »Schau-Spielen« ist gleichzusetzen mit authentischem Darstellen. Im Deutschen sind die Worte »darstellen« und »schauspielen« etwas missverständlich, die englische Bezeichnung »acting« gefällt mir persönlich viel besser, weil hier das authentische Handeln betont wird.

Einem Schauspieler geht es weniger um die Inhalte, er spricht ja niemals seinen eigenen Text. Ein intelligenter (so man Glück hat) Autor hat ihm diesen Text geschrieben. Die Verantwortung des Schauspielers ist es, diese Texte so überzeugend an sein Publikum zu richten, dass sie nicht nur ankommen, sondern darüber hinaus auch begeistern und faszinieren – egal, wie er sich fühlt, ob er Lust hat, ob sein Kind erkrankt oder ein Freund gestorben ist. Das funktioniert nur, wenn der Schauspieler über ein Handwerk verfügt, das ihn verlässlich und jeden Abend aufs Neue sein Publikum mitreißen lässt.

In den Trainingsseminaren, die auf dem Markt angeboten wurden, ging es aber in erster Linie um körpersprachliche Regeln und dabei wurden kaum Hilfen gegeben, wie jeder Einzelne seine eigene, wirklich zu ihm passende Gestik finden kann. Doch genau darauf kommt es an! Was für den einen gilt, muss für seinen Nachbarn noch lange nicht zutreffen. Erst recht bei etwas so Speziellem und Intimem wie der Körpersprache – es ist ja *Ihr* Körper, der da spricht. Wie soll man Authentizität und Charisma erlangen, wenn man starre Regeln befolgt, andere kopiert und versucht, durch äußerliche Veränderungen sein Publikum zu erreichen?

Die meisten Trainer verfügen in ihrem Bereich gewiss über große Kompetenzen, und ich habe auch einiges von ihnen gelernt. Präsentationstechniken geben sie jedoch eher theoretisch weiter und wenn praxisorientiert, dann nicht speziell zugeschnitten auf die Besonderheit und den individuellen Bedarf der einzelnen Person. Sich zu präsentieren ist aber eine durch und durch praktische und individuelle Angelegenheit.

Da ich kein speziell auf diesen Ansatz ausgerichtetes Schulungsangebot für meine Freunde fand, gründete ich schließlich ManageActing® – eine Art Schauspieltraining, zugeschnitten auf die Bedürfnisse der anderen Berufe.

Ich habe es schon immer geliebt, mein Wissen und Können weiterzugeben, also dachte ich mir, wenn ich dieses Handwerk Schauspielschülern vermitteln kann, muss es doch auch möglich sein, es anderen Menschen zu vermitteln, für deren Auftritte diese Tools ebenso hilfreich sein könnten. Außerdem stehe ich gern auf der Bühne – sonst wäre ich sicher nicht Schauspielerin geworden.

Zuerst coachte ich meine Freunde und ich war erstaunt, wie schnell sie begriffen, und vor allem, wie schnell sie das Gelernte umsetzten. Sofort waren sie in der Lage, ihre neuen Fähigkeiten auch in öffentlichen Situationen einzusetzen. Wenn ich sie heute auf Kongresse, Vorträge und Medienauftritte begleite, erlebe ich sie auf der Bühne ebenso selbstsicher und kompetent, wie sie es auch tatsächlich, aufgrund ihres inhaltlichen Wissens sind.

Inzwischen begleite und coache ich Menschen aus praktisch jeder Berufsgruppe – ob Politiker, einflussreiche Führungskräfte aus der Wirtschaft, Vorstände oder solche, die es werden wollen, Verleger, Banker, Moderatoren, Hoteldirektoren, Journalisten, Pressesprecher, Ärzte, neue Börsengänger – denn sie alle müssen sich und Ihre Firma in der Öffentlichkeit präsentieren.

Ich coachte beispielsweise einmal die Mitarbeiter einer Unternehmensberatung, die nach den ManageActing®-Seminaren stark expandierte, einfach deshalb, weil die Mitarbeiter nun die Inhalte und Angebote ihrer Firma wesentlich selbstsicherer präsentieren konnten. Dadurch überzeugten sie den Kunden stärker als ihre Mitbewerber. Natürlich waren die Angebote auch vorher schon interessant, doch nun konnten sie ihren Expertenstatus nicht nur inhaltlich am Schreibtisch, sondern auch öffentlich in der Präsentation sichtbar machen.

Eine schlecht gehaltene Rede kann äußerst demotivierend sein und richtig teuer werden. Vor kurzem wurde eine Pressekonferenz im Fernsehen übertragen, auf der der Vorstandsvorsitzende eines großen deutschen Unternehmens mit Grabesstimme verkündete, dass seine Firma in diesem Jahr die größten Erfolge seit ihrem langen Bestehen erzielt habe. Dabei schaute er desinteressiert nach unten und las diese Ergebnisse gelangweilt vom Blatt ab. Bei dieser Präsentationstechnik ist es nur zu verständlich, dass selbst die größten Erfolge kaum Interesse und Begeisterung bei den Zuhörern auslösen können. Wenn so viel Gleichgültigkeit vom Redner ausgeht, nimmt man sogar eine großartige Meldung kaum noch zur Kenntnis. Warum hat der Redner nicht dem Inhalt entsprechend voll Freude und Enthusiasmus gesprochen? Immerhin haben Tausende von Mitarbeitern ein ganzes Jahr für diesen Erfolg gearbeitet. Sicher hätte ihnen diese öffentliche Anerkennung Zufriedenheit und noch stärkere Motivation gebracht. Und Analysten sind auch Menschen – vielleicht wären mit einer Rede voll Begeisterung und Leidenschaft die Aktien des Unternehmens am nächsten Tag sogar gestiegen?

Nehmen Sie sich die Schauspieler, die Theaterleute oder die Kameraprofis zum Vorbild, wenn es um authentische Selbstdarstellung geht, um den professionellen Auftritt und darum, wie man wirklich jeden im Publikum erreicht. Sie beherrschen diese Kunst bis zur Perfektion – eifern Sie ihnen nach! Nur wer selbst mitreißend ist, kann andere mitreißen, und nur wer selbst brennt, kann andere entzünden.

Es gibt dutzendweise Rhetorikbücher und Kommunikationsratgeber. Dort steht alles über Argumentationsstränge, Redeziele, Redeabschnitte, Redeanschlüsse, Wie-Fragen, Suggestiv-Fragen, rhetorische Fragen, Manuskripte oder die optimale Gliederung und Struktur eines Vortrags. Auf all das möchte ich in diesem Buch jedoch verzichten.

Ich möchte Sie einladen, mithilfe der Schauspieltechniken die **nonverbalen Signale**, die Sie aussenden, zu trainieren, weil Sie mit ihnen den weitaus größten Teil Ihrer Wirkung erzielen. Keine Sorge, es geht leichter als Sie denken. Denn es existiert nicht nur im Kopf ein Gedächtnis, es gibt auch ein körperliches Erinnerungsvermögen. Leichte spielerische (*schau*spielerische) Übungen werden Ihnen helfen, in Kontakt mit Ihrem Körper als Ausdrucksinstrument zu treten und ihn bewusst wahrzunehmen.

Nach dem Lesen dieses Buches und der praktischen Umsetzung der enthaltenen Übungen wird es für Sie jederzeit möglich sein,

• Ihre **authentische Präsenz, Energie** und **Darstellungskraft zu erhöhen**;

15

- sich selbst zu coachen, damit Sie mit der **richtigen Vision und Einstellung** vor Ihre Zuhörer treten;
- **sich selbst, Ihren Körper, Ihre Umgebung, Ihre Gesprächspartner** oder **Zuhörer bewusst wahrzunehmen;**
- Ihre **Körpersprache** gezielt einzusetzen, damit sie Ihre Gedanken und Worte optimal unterstützt;
- richtig zu **atmen**, verständlich zu **artikulieren**, mit einer **wohlklingenden Stimme** zu sprechen;
- mit diesem professionellen Handwerk Ihr **Lampenfieber** erfolgreich einzudämmen;
- Ihre **Rede dramaturgisch** so **aufzubauen** und mit emotionalen Geschichten anzureichern, dass sie spannend wie ein **interessanter Film** wird und Ihre Zuhörer auch gefühlsmäßig im Herzen erreicht;
- **Präsentationsmedien** so einzusetzen, dass dennoch *Sie* im Zentrum der Aufmerksamkeit stehen;
- die **Lichtverhältnisse im Raum** und Ihre **Kleidung** unterstützend für Ihre Persönlichkeit auszuwählen und
- professionell mit den **elektronischen Medien** und **Kamerateams** umzugehen, damit Ihre **Kamerapräsenz erhöht** und Ihr **Statement** auch **gesendet wird**.

Mit dem Beherrschen dieser Techniken wird Ihre Gesamterscheinung in jeder Situation **Charisma** und **natürliche Autorität** ausstrahlen und Sie werden bei jedem Kamera- und Bühnenauftritt **professionell**, **selbstsicher** und **überzeugend** wirken.

Als Schauspielerin und Managementtrainerin ist es mein Interesse, eine Brücke zwischen Kunst und Wirtschaft zu schlagen, und so einen Beitrag zu leisten, beide Welten miteinander zu verbinden. Die Zeit der Trennung ist vorbei. So wie sich in Philosophie und Spiritualität das östliche Gedankengut mit den wissenschaftlichen Erkenntnissen der westlichen Welt vereint, kann die Wirtschaft von der Kunst lernen und umgekehrt. Und es gibt eine Menge zu lernen, denn alle müssen in unserem Kommunikationszeitalter Reden halten, und alle wünschen sich dafür ein selbstsicheres, authentisches und vor allem charismatisches Auftreten.

Ich möchte meinen Lesern mit den hier vorgestellten Techniken und Übungen helfen, als charismatische Persönlichkeit in der Öffentlichkeit zu agieren. Es besteht die landläufige Meinung: Charisma hat man oder man hat es nicht. Machen wir uns jedoch einmal bewusst, was Charisma eigentlich ist, was ein Mensch, den wir als charismatisch bezeichnen, denn genau tut. Stellen wir uns vor, jemand betritt einen Raum und zieht sofort alle Blicke auf sich – die gesamte Aufmerksamkeit ist bei ihm. Aber was tut er eigentlich dafür, dass er so anziehend und faszinierend erscheint? Es ist die Art und Weise, *wie* er den Raum betritt, *wie* er geht, *wie* er steht, *wie* er sich umsieht, *wie* er spricht, *wie* er seine Stimme einsetzt, *wie* er etwas sagt. Im Zentrum des Charismas steht nicht das »Was«, wesentlich ist das »Wie«.

Genau dieses »Wie« ist das Metier der Schauspieler. Ich behaupte deshalb: Charisma ist erlernbar! Beginnen wir, es zu trainieren.

An dieser Stelle möchte ich es nicht versäumen, meinem langjährigen Begleiter und Seelenfreund Gottfried Vollmer Dank zu sagen. Er hat viele Übungen gemeinsam mit mir entwickelt und begleitet seit zehn Jahren meine Vision, der Langeweile in Verhandlungs- und Vortragsräumen ein Ende zu setzen und Menschen aus allen Berufsgruppen mit den Mitteln der Schauspielkunst zu befähigen, kurzweilige, spannende Reden zu halten und erfolgreiche Gespräche zu führen.

Die Umsetzung meiner Vision ist mein Beitrag für die Erschaffung einer interessanteren Welt, in der es wieder Spaß macht zuzuhören, hinzusehen und hineinzufühlen.

Berlin, im September 2001

17

Das Ganze – weit mehr als
die Summe seiner Teile

Eine erfolgreiche Präsentation beginnt mit der inneren Einstellung, die Sie Ihren Zuhörern entgegenbringen. Diese Haltung wird sich wie ein roter Faden durch das ganze Buch ziehen. Eine unerlässliche Voraussetzung für die charismatische Ausstrahlung ist die Öffnung der Sinne. Ihre Zuhörer nehmen Ihre Informationen nicht nur mit dem Intellekt wahr, Ihr Vortrag ist für sie ein ganzheitliches, sinnliches Erlebnis. Öffnen Sie deshalb die Sinne Ihres Publikums. Umso leichter wird es den wertvollen Inhalten Ihres Vortrags folgen können. Dazu müssen Sie zuerst Ihre eigenen Sinne öffnen.

In diesem Kapitel lernen Sie, Ihre Wahrnehmung zu erweitern. Sie werden es genießen, Ihren Körper, den Raum, die alltäglichen Gegenstände und die Sie umgebenden Menschen so wahrzunehmen und Ihre Aufmerksamkeit so zu lenken, dass Sie energetisch wirklich jeden Einzelnen im Raum erreichen.

Durch wertvolle Profi-Tipps wird es Ihnen gelingen, Ihre Nervosität und Ihr Lampenfieber anzunehmen und so weit einzudämmen, dass Sie in jeder Situation die selbstsichere Wirkung erzielen, die Sie aufgrund Ihrer inhaltlichen Kompetenz tatsächlich haben.

1. Die Welt als Ganzes wahrnehmen lernen

Die Wichtigkeit der nonverbalen Signale   24
Die innere Einstellung   25

1.1 DIE BEDEUTUNG DER GANZHEITLICHEN
WAHRNEHMUNG   29
Mit allen Sinnen die Welt erfahren   32
Den Körper wahrnehmen   36
Lächeln als Energiequelle   38
Die sinnliche Wahrnehmung alltäglicher Gegenstände   40

1.2 DAS GEGENÜBER IM BLICK   43
Der Spiegel der Seele   43
Das Publikum erreichen   47
Peripheres Sehen   49

1.3 LAMPENFIEBER – DER KICK ZUM ERFOLG   53
Der Raum – ein Vertrauter   55
Die Kraft des inneren Lächelns   56
Die Energie fließen lassen   57
Das emotionale Gedächtnis   58
In der Anspannung entspannen   59
Ein Profi-Trick   60

Checkliste: Lampenfieber eindämmen   60

1. Die Welt als Ganzes wahrnehmen lernen

Die Wichtigkeit der nonverbalen Signale

Wer sich schon einmal etwas intensiver mit dem Thema Kommunikation beschäftigt hat, kennt die Mehrabian-Studie, nach der unsere Wirkung nur zu sieben Prozent auf dem Inhalt unserer Worte beruht. Zu 55 Prozent beeinflussen wir Menschen durch unsere Körpersprache und zu 38 Prozent mit den Eigenschaften unserer Stimme. – *Wie* wir unseren Körper und unsere Stimme einsetzen ist demnach wesentlich wichtiger für unsere Wirkung als die Worte, die wir sagen.

In der Wahrnehmung des Gegenübers achten wir demnach viel mehr (zu beachtlichen 93 Prozent) auf die nonverbalen Signale – darauf also, wie ein Mensch steht, wie er geht, ob seine Gestik und Mimik organisch sind und ob sie das Gesagte unterstützen. Wir registrieren die Stimme, mit der der Redner zu uns spricht, ob er ein warmes Timbre hat, einen angenehmen Stimmsitz, und ob seine Aussprache klar, deutlich und dennoch nicht übertrieben ist. Vom ersten Moment an entscheidet der Zuschauer, ob der Vortragende sympathisch oder vertrauenswürdig ist, ob man ihm glauben und trauen kann, ob er zu und hinter dem steht, was er sagt, kurz: ob er authentisch ist.

Wie bereiten Sie sich auf einen öffentlichen Auftritt, eine Rede oder ein Gespräch vor? Ich nehme einmal an, im Wesentlichen inhaltlich – das heißt, Ihre Aufmerksamkeit gilt vor allem den Worten, die Sie sagen werden, also den sieben Prozent Ihrer Gesamtwirkung.

Den weitaus größeren Anteil, die 93 Prozent nonverbale Signale, überlassen Sie dem Selbstlauf, in der Hoffnung, dass das, was Sie beabsichtigen, schon irgendwie rüberkommen wird. Damit der Inhalt Ihrer Präsentation jedoch erlebbar wird, braucht das Gesagte körperlichen Halt, sozusagen ein Instrument, mit dem es an die Zuhörer gebracht werden kann – und dieses Instrument sind Sie selbst. Beherrschen Sie es, ist Ihre Körpersprache fließend und harmonisch. Dann bewegen Sie sich sicher aus Ihrer Mitte heraus und Ihre Stimme ist wohlklingend und angenehm. Sie sprechen mit einem warmen Timbre, in der Ihnen gemäßen Indifferenzlage, Sie artikulieren verständlich und dennoch nicht übertrieben. Ihre gesamte Erscheinung bekommt eine angenehme Präsenz und natürliche Autorität.

Das alles ist erlernbar und lässt sich trainieren. Doch selbst die perfekteste Beherrschung sämtlicher Kommunikationstechniken und -instrumentarien wird nicht zu dem gewünschten Ergebnis führen, wenn Ihre innere Einstellung nicht stimmt.

Die innere Einstellung

Das A und O für eine erfolgreiche Präsentation ist die Einstellung, mit der Sie vor Ihr Publikum treten. Die Zauberworte hierfür sind **Wertschätzung**, **Achtung**, **Anerkennung** und **ungeteilte Aufmerksamkeit**.

Sie kennen sicher die alte Lebensweisheit:»*Wie es in den Wald hineinruft, so schallt es auch wieder heraus.*« Wenn Sie mit einer Haltung der Wertschätzung, Achtung und ungeteilten Aufmerksamkeit vor Ihr Publikum treten, wird es Ihnen dieselben Werte auch entgegenbringen. Wie oft gibt es in der Kommunikation Missverständnisse, Meinungsverschiedenheiten, Konflikte – oft deshalb, weil sich das Gegenüber nicht geachtet und in seiner Kompetenz nicht anerkannt fühlt. Wir alle wollen für unsere Arbeit Anerkennung.

Studien zufolge ist Anerkennung für Mitarbeiter wichtiger als das Geld, das sie mit ihrer Arbeit verdienen. Bringen Sie Ihren Gesprächspartnern diese Anerkennung bereits in Ihrer inneren Einstellung entgegen. Zeigen Sie Ihnen Ihre Wertschätzung, schenken Sie Ihnen Ihre ungeteilte Aufmerksamkeit. Damit ersparen Sie sich unter Umständen manche Kontroverse im Vorfeld.

Ich liebe den Ausspruch: »*Betrachte jeden Menschen, als sei er der wichtigste auf der Welt.*« Wenn Sie mit diesem inneren Bewusstsein auf Menschen zugehen, erreichen Sie ihre Herzen. So werden Sie sie auch emotional ansprechen, und diese Schwingung wird zu Ihnen zurückkommen. Das ist emotionale Intelligenz!

Joseph Beuys' Mitstreiter wunderten sich immer, warum der Meister an jeder noch so kleinen Veranstaltung teilnahm. Er konterte darauf: »*Ja, hör mal, wenn Du das nicht verstanden hast, dass es eine Gnade ist, dass einem jemand zuhört, dann hast Du auch gar nichts zu sagen!*« Daraus spricht pure Wertschätzung für sein Publikum. Empfinden Sie es wie Beuys als Gnade, dass Menschen Ihnen zuhören und Ihnen für Ihr Anliegen Zeit und Aufmerksamkeit schenken.

Ein weiteres Zauberwort ist Begeisterung. Wenn Sie mit einer inneren **Begeisterung** Ihre Inhalte vermitteln, werden Sie auch andere davon begeistern. Deshalb müssen Sie als Redner Sendungsbewusstsein haben. Es muss Ihnen wichtig sein, dass das, was Sie sagen, auch jeden Einzelnen erreicht. Sie sind es, der die Nachricht aussendet, und es ist Ihre Verantwortung, dass sie die anderen auch erreicht – sowohl intellektuell als auch emotional.

Dazu müssen Sie mit einer gewissen **Freude** in die Öffentlichkeit gehen. Sie sollten tatsächlich **Lust** empfinden, das, was Sie sich monatelang erarbeitet haben, nun öffentlich vorstellen zu können. Diese Lust wird sich zwangsläufig auf Ihr Publikum übertragen und man wird es als lustvoll empfinden, Ihnen zuzuhören.

Durch die Öffnung Ihrer Sinne und eine ganzheitliche Wahrnehmung können Sie sich der Lust und Freude am Auftritt öffnen, Begeisterung beim Vortragen Ihrer Inhalte empfinden und Ihren Zuhörern ungeteilte Aufmerksamkeit und Wertschätzung entgegenbringen.

1.1 Die Bedeutung der ganzheitlichen Wahrnehmung

Wir haben unserer funktionalen und schnelllebigen Welt einen hohen Tribut gezollt, denn wir haben unsere ganzheitliche, unsere sinnliche Wahrnehmung verloren. Statt die Welt gleichermaßen mit Gefühl und Verstand wahrzunehmen, sind wir nur noch auf den Verstand ausgerichtet. Wir fokussieren uns hauptsächlich auf unseren Intellekt, erarbeiten uns Wissen, Erkenntnisse und Inhalte fast ausschließlich rational. Das bedeutet, wir beanspruchen unsere linke Gehirnhälfte extrem stark. Durch unsere vornehmlich sitzende Tätigkeit wird dies unterstützt.

Es ist hinlänglich bekannt, dass die linke Gehirnhälfte für Verstand, Kompetenz, Logik, Planung, Sammeln von Informationen, Leistung, Sprache und bewusste Willensimpulse steht. Der rechten hingegen spricht man den Sitz für Gefühl, Kreativität, Intuition, Empathie und Kommunikationsvermögen zu. Mit ihr erfahren wir unsere Welt emotional und sinnlich, mit der linken rational und logisch. Über einen Nervenbalken sind beide Hirnhälften miteinander verbunden.

Es gibt jedoch, so die Wissenschaft, geschlechtsspezifische Unterschiede. Frauen nutzen beim Sprechen meist beide Hirnhälften. Man spricht von der »Brücke der Gefühle«. Die Wahrnehmungsfähigkeit der Frauen verteilt sich mehr über die gesamte Großhirnrinde – das heißt, sie können schneller umschwenken zwischen rechter und linker Hirnhälfte, zwischen Emotionalem und Rationalem. Damit verfügen sie über ein komplexeres Instrumentarium, mit dem sie ihre Umwelt wahrnehmen und auf sie reagieren. Männer dagegen verarbeiten Sprache meist nur mit der linken Hirnhälfte. Bei Männern ist, so die Hirnforschung, die Verbindung zwischen den beiden Hälften weniger ausgeprägt als bei Frauen. Dies ist wohl der Grund dafür, dass Frauen oft gefühlsbetonter denken als Männer.

Egal ob Mann oder Frau, machen wir uns nichts vor, im beruflichen Umfeld schneiden wir uns sehr oft von unserer rechten Gehirnhälfte ab. Meist sind wir auch peinlich darauf bedacht, dass uns niemand unsere Gefühle anmerkt. Wir verstecken und verdrängen sie. Schließlich kommt es ja hauptsächlich auf fachliche Kompetenz, auf inhaltliches Wissen und Struktur an! Doch so erleben wir unsere Welt nie als ein Ganzes. Ganzheitlich erfahren wir unsere Welt nur, wenn wir beide Komponenten zu gleichen Teilen nutzen. Denn nur wenn beide Gehirnhälften im Einklang miteinander stehen, agiert der Mensch im Vollbesitz seiner Möglichkeiten. Gefühl *und* Verstand sind die beiden Komponenten, die unser Denken, Handeln und Empfinden prägen. Wir sprechen von emotionaler Intelligenz.

Als Kinder hatten wir eine ganz natürliche, kindgemäße emotionale Intelligenz. Wir erfuhren, begriffen und empfanden die Welt ganzheitlich. Indem wir unsere rechte Hirnhälfte vernachlässigen, geben wir einen Teil unseres Erfahrungshorizonts auf, der uns allen angeboren ist.

Prüfen Sie sich selbst! Sie stehen kurz vor einem öffentlichen Vortrag. Wem geben Sie das Hauptinteresse, Ihrer linken oder Ihrer rechten Hirnhälfte? Gilt Ihre Aufmerksamkeit auch Ihrem Körper, Ihrer Stimme, Ihren Gefühlen, Ihren Sinnen, oder sind Sie ausschließlich auf den Inhalt Ihrer Rede fokussiert? Sie wissen vielleicht, vor welchen und vor wie vielen Menschen Sie sprechen werden, bringen in Erfahrung, was Sie voraussetzen können, was Sie näher erklären müssen und überlegen, welche Medien Sie zum besseren Verständnis einsetzen wollen. So haben Sie Ihren Vortrag vorbereitet und sind sich sicher, alles einbezogen zu haben, was zu einer gelungenen Rede gehört. Diese inhaltliche Kompetenz, die Sie sich mithilfe Ihrer linken Hirnhälfte erarbeitet haben, gibt Ihnen das Gefühl, alles unter Kontrolle zu haben.

Ihr Publikum nimmt aber nicht nur den Inhalt Ihres Vortrags wahr, es reagiert *mit allen Sinnen* auf die Gesamtsituation.

Gut, sagen Sie sich vielleicht, daran habe ich ja gedacht. Um den Vortrag interessanter zu gestalten, wende ich mich auch an die Sinne meines Publikums. Damit die Leute nicht nur hören, sondern auch etwas sehen können, habe ich Dias oder Folien, sogar Videos eingebaut.

Aber das sind nur Hilfsmittel, letztlich stehen Sie – mit Ihrer Persönlichkeit, Ihrer Ausstrahlung im Mittelpunkt. Denn die Leute wollen etwas von *Ihnen* sehen, etwas von Ihrer Einzigartigkeit. Nicht irgendjemanden, der irgendein Produkt präsentiert. Jeder Mensch hat etwas ganz Einzigartiges, was kein anderer Mensch in dieser Art besitzt.

Damit wir uns nicht falsch verstehen: Der Intellekt ist eine feine Sache. Er ist wichtig, um den Inhalt auszuarbeiten und ein Themengebiet sachkundig zu erforschen, denn ohne einen wertvollen Inhalt haben Sie gar nichts zu vermitteln. – Die inhaltliche Vorbereitung ist also unerlässlich und eine notwendige Voraussetzung für die erfolgreiche Präsentation in der Öffentlichkeit.

Ein Thema dann aber vor anderen Menschen öffentlich darzulegen, sodass es jeder verstehen kann, ist eine ganz andere Sache. Hierbei sollte die rechte Gehirnhälfte die Hauptarbeit leisten. Während das Publikum Ihnen zuhört, nehmen sie Ihre Informationen ja nicht nur intellektuell auf, sondern sie nehmen die Veranstaltung mit all ihren Sinnen wahr – wenn auch meist nur unbewusst.

Das bedeutet, man *sieht* Sie, wie Sie körperlich agieren, das Publikum *hört* den Klang Ihrer Stimme, es bekommt ein *Gefühl* für Ihre Worte und für die Atmosphäre im Raum. Selbst wenn Sie manchmal über altbekannte Inhalte referieren müssen, sollten Sie durch Ihre Präsentation erreichen, dass das Publikum Ihnen gern zuhört; dass es eine Wonne ist, Ihnen zuzusehen, wie Sie Ihre Gedanken und Ideen entwickeln; wie Sie diesen Gestalt geben und sie jedem Einzelnen schmackhaft machen. Ihre Zuhörer wollen Ihre Worte nicht nur hören, sondern auch *fühlen*.

Ein Auftritt in der Öffentlichkeit ist immer ein sinnliches Erleben. Menschen wollen mit all ihren Sinnen angesprochen werden. Als Redner sind Sie der Spielleiter, und damit ist es Ihre Verantwortung, die Menschen, die Ihnen zuhören, in all Ihren Sinnen anzusprechen, sie wachzurütteln und sie von Ihren Inhalten zu begeistern.

Also müssen Sie die Sinne der Zuhörer öffnen. Über diesen Weg führen Sie sie zu ihrem Intellekt, zu den Inhalten Ihres Vortrags. Mit geöffneten Sinnen ist das Publikum wesentlich eher bereit, Ihren Gedanken zu folgen und Ihnen aufmerksam zuzuhören.

Um die Sinne der Zuhörer zu öffnen, müssen Sie aber zunächst Ihre eigenen Sinne öffnen. Denn nur dann strahlt etwas aus Ihnen heraus, bekommen Sie eine Ausstrahlung, mit der Sie andere erreichen können. Um präsentieren zu können, müssen Sie sich zunächst selbst präsentationsfähig machen!

Die folgenden Übungen werden Ihnen helfen, Ihre Sinne gezielt zu öffnen und Ihre Umwelt ganzheitlich in ihrer Vielfalt wahrzunehmen. Dies wird Ihre Sinnlichkeit wecken, die dann wieder nach außen strahlt.

Mit allen Sinnen die Welt erfahren

Wann bezeichnen wir einen Menschen als sinnlich? Sinnlichkeit hat nicht so viel mit dem äußeren Erscheinungsbild zu tun, wie gemeinhin angenommen wird. Auch ein weniger gut aussehender Mensch kann eine starke Sinnlichkeit haben und äußerst charismatisch sein. Umgekehrt ist hübsch nicht gleich sinnlich – die Erfahrung haben wir wohl alle schon gemacht.

Als sinnlich bezeichnen wir Menschen, deren Sinne weit geöffnet sind. Sie besitzen eine starke Ausstrahlung und Anziehungskraft. Beides, Ausstrahlung und Anziehungskraft, verleihen einem Menschen Charisma. Weit geöffnete Sinne sind die Voraussetzung dafür.

Jeder Mensch, der frisch verliebt ist, strahlt eine gewisse Sinnlichkeit aus, denn durch die aufkeimende Liebe nimmt er sein Herz, seinen Körper, seine Umwelt wieder sinnlich wahr. Wir sprechen oft davon, dass wir unsere Welt nun mit ganz anderen Augen sehen. Verliebte und wahrhaft liebende Menschen besitzen eine intensive Ausstrahlung und eine starke Anziehungskraft. Das gilt sogar für »graue Mäuse«.

Was wir alle schon erlebt und erstaunt bei unseren Mitmenschen beobachtet haben, können wir für unsere Zwecke nutzbar machen, indem wir unseren Kopf einmal für eine Weile ausschalten und nur uns selbst, unseren Körper und den Raum gedankenlos wahrnehmen und geschehen lassen, was ist.

Um die Sinne zu öffnen und die Wahrnehmung zu erweitern, lade ich Sie zu folgender Übung ein. Bitte lassen Sie sich ganz kindlich und unvoreingenommen darauf ein, und registrieren Sie, was passiert. Kein Erfolgsdruck, kein Ergebniszwang. Es geht nur um Sie selbst und Ihre Wahrnehmung. Nehmen Sie sich für sich selbst Zeit und Muße.

ÜBUNG: DIE WAHRNEHMUNG ERWEITERN

• Schließen Sie im Sitzen die Augen.
• Beobachten Sie, wo sich ihre Aufmerksamkeit befindet. Höchstwahrscheinlich ist sie im Kopf, bei Ihren Gedanken, Ihrem Intellekt.
• Nun lassen Sie die Aufmerksamkeit ganz langsam in den Kehlkopf gleiten.
• Dann in das Herz, die Nabelgegend und tief in den Unterleib.
• Halten Sie die Aufmerksamkeit im Unterleib.
• Öffnen Sie die Augen. Sehen Sie sich um. Bleiben Sie mit der Aufmerksamkeit im Bauchraum. Schauen Sie nach rechts, schauen Sie nach links und spüren Sie, was sich verändert. Stehen Sie auf und gehen Sie einige Schritte. Setzen Sie sich wieder. Dabei befindet sich das Bewusstsein, die Aufmerksamkeit immer im Unterleib.

- Fixieren Sie nun einen Punkt an der Wand und lenken Sie die Aufmerksamkeit in den Boden unter Ihren Füßen. Wenn Sie das Gefühl haben, dass es Ihnen gut gelingt, mit den Augen den Punkt an der Wand zu fixieren und gleichzeitig die Aufmerksamkeit in den Füßen zu lassen, können Sie langsam beginnen, Ihre Aufmerksamkeit auf andere Dinge zu richten.
- Sehen Sie weiterhin auf die Wand vor Ihnen und richten Sie ihre Aufmerksamkeit auf die linke Wand.
- Sehen Sie auf die vordere Wand und richten Sie Ihre Aufmerksamkeit auf die rechte Wand, nach einer gewissen Zeit auf die Wand hinter Ihnen und nun auf den Raum über Ihnen.
- Halten Sie die Augen auf die vordere Wand gerichtet und richten Sie die Aufmerksamkeit wieder auf sich selbst, auf die Knochen in Ihrem Körper.
- Jetzt teilen Sie die Aufmerksamkeit zwischen der vorderen und hinteren Wand, dann zwischen der rechten und linken Wand und schließlich zwischen Fußboden und Zimmerdecke.
- Nun teilen Sie Ihre Aufmerksamkeit zwischen der vorderen, der hinteren, der rechten und der linken Wand.
- Zum Abschluss reduzieren Sie die Anstrengung, mit der Sie Ihre Aufmerksamkeit auf Ihre Außenwelt richten.
- Reduzieren Sie noch weiter.

Mit dieser Übung lernen Sie etwas sehr Wertvolles, was die wenigsten Menschen wirklich können: sich selbst genau wahrzunehmen. Wenn es Ihnen gelingt, in die eine Richtung zu schauen und gleichzeitig Ihr Umfeld in den unterschiedlichen Facetten bewusst wahrzunehmen, erhöhen Sie Ihre Präsenz und Ausstrahlung in erheblichem Maß. Gleichzeitig erhöhen Sie Ihr Energiepotenzial, worauf wir im Folgenden noch näher eingehen werden.

Die meisten Menschen haben eine unbewusste Angst, Fehler zu machen, wenn sie in der Öffentlichkeit auftreten, beziehungsweise sprechen sollen. Eine Angst, die sie vielleicht nur noch im Ansatz spüren, mit der sie im Lauf ihrer Karriere gelernt haben umzugehen. Und trotzdem ist sie da. *Sichtbar* wird diese Angst, wenn sich der Redner zum Beispiel in seiner Gestik sehr bedeckt hält, also in seiner Körpersprache sehr reduziert ist. Dann steckt er ein enges Territorium ab, in dem ihm möglichst wenig Fehler unterlaufen können. *Hörbar* wird die Angst, wenn ein solcher Redner nur in einer Stimmlage spricht. Mit dieser gespielten Ruhe setzt er stimmlich keine Akzente. Vielleicht glaubt er, damit kompetent und seriös zu wirken, der Zuhörer empfindet dies jedoch als langweilig und monoton.

Damit errichtet der Redner eine unsichtbare Mauer um sich als Schutz vor Fehlleistungen. Innerhalb dieses Schutzraums fühlt er sich nun sicher, kann sich in Ruhe auf den Inhalt konzentrieren und meint, eine optimale Ausgangsposition für einen erfolgreichen Vortrag geschaffen zu haben. Vordergründig kommt er so sicher über die Runden, seine inhaltliche Kompetenz steht außer Frage, und die Hälfte des Inhalts wird vom Publikum vielleicht auch aufgenommen. Im Herzen berühren und emotional beeindrucken oder gar für seine Sache begeistern wird er mit Sicherheit nicht. Woran liegt das?

Wer seinen Körper nicht als Ausdrucksmittel einsetzt, wer seine Stimme nicht als Instrument nutzt, reduziert sich in seiner gesamten Persönlichkeit und wird unsere Gefühle nicht erreichen. Mit etwas Glück erreicht der Redner vielleicht die Zuhörer in den ersten zwei Reihen, die anderen werden entweder abschalten oder ihm nur mit großer Mühe folgen.

Gehen wir doch dieser Angst einmal bedeutungsmäßig an die Wurzel: Angst stammt von dem mittelhochdeutschen Wort *angest*, was einst *eng* und *bedrängend* bedeutete. Wie kann ein Mensch, der Enge und Bedrängnis verspürt, etwas ausstrahlen, wenn eine unsichtbare Mauer das verhindert? Deshalb ist es notwendig, dass Sie, wann immer Sie sich selbst und eine Botschaft zu präsentieren haben, Ihre Aufmerksamkeit, Ihre Energie weit in den Raum schicken. Bleiben Sie mit der Konzentration nicht nur bei sich, sondern senden Sie bis in die letzten Reihen, in die letzten Winkel des Raumes. So kommen Sie aus der eigenen Enge in die Weite des Raumes. Mit nach außen gerichteten Sinnen strahlen Sie unweigerlich Energie ab und erreichen damit genau die Wirkung, die eine Persönlichkeit ausmacht. Das ist eine bewährte Schauspieltechnik. Im Theater müssen die Schauspieler jeden Einzelnen im Zuschauerraum erreichen. Selbst bei gefühlvollen Liebesszenen, in denen die Worte mehr gehaucht als gesprochen werden, muss der Schauspieler nicht nur verständlich, sondern auch körperlich präsent sein – und das bis in die letzte Reihe des dritten Ranges. Seine Ausstrahlung muss den ganzen Zuschauerraum erfüllen – das gelingt dem Schauspieler nur, wenn er seine Energie bis in die letzten Reihen sendet.

Den Körper wahrnehmen

Um mit Ihrer Präsenz und Ausstrahlung den Raum zu füllen, müssen Sie jedoch erst einmal sich selbst und Ihren Körper bewusst wahrnehmen. Damit erhöhen Sie Ihre Energie, die Sie dann zu Ihren Zuschauern senden können.

ÜBUNG: DIE KÖRPEREIGENE ENERGIE AKTIVIEREN

• Diese Übung dient dazu, sich entspannt im eigenen Körper wohlzufühlen.
• Schließen Sie im Sitzen die Augen.
• Umfassen Sie mit der rechten Hand die linke. Massieren Sie langsam und liebevoll die Hand, den Unter- und Oberarm bis zur Schulter hinauf.
• Richten Sie die Aufmerksamkeit immer auf die zu massierende Stelle.
• Legen Sie beide Hände auf die Oberschenkel. Die Augen bleiben geschlossen.
• Vergleichen Sie beide Körperseiten. Sie werden feststellen, dass die linke Seite, die zärtlich und liebevoll massiert wurde, wesentlich belebter ist als die rechte. Mit dieser kurzen Massage haben Sie die Energie in der linken Körperseite »wachgeküsst«.

- Nun massieren Sie den rechten Arm mit der linken Hand ruhig und liebevoll.

Diese Übung kann auch mit dem rechten Fuß, der angewinkelt über dem linken Oberschenkel liegt, und anschließend mit dem linken Fuß auf dem rechten Oberschenkel durchgeführt werden.

Nehmen Sie sich mit dieser einfachen Selbstmassage liebevoll wahr und richten Sie die Aufmerksamkeit in Ihr Inneres.

Diese Übung können Sie vor einem öffentlichen Auftritt, gerade wenn Sie aufgeregt sind, hervorragend einsetzen. Sie hilft, die Aufmerksamkeit vom Kopf auf den Körper zu lenken und blockierte Energie wieder zum Fließen zu bringen.

Was ist eigentlich Energie? Die körpereigene Energie durchfließt unaufhörlich die verschiedenen Gewebe, alle Organe und verbindet alle Bestandteile und Funktionen des Körpers zu einem wunderbaren Ganzen. Diese Lebensenergie stellt auch die Beziehungen des Menschen zu seiner Umwelt her. Gedanken und Gefühle sind fließende Energie. Wenn wir uns freuen, wenden wir uns der Welt zu. Haben wir Angst oder verspüren wir Schmerz, ziehen wir uns in uns selbst zurück. Alles, was dabei fließt, ist Lebensenergie. Aktivieren wir also unsere Energie, dann dynamisieren wir den Energiekreislauf in uns selbst und in unseren Beziehungen zur Umwelt. Jeder Körper besitzt ein Energiefeld. Ist das Energiefeld eines Körpers besonders stark, sprechen wir von Ausstrahlung und Charisma.

Sie sind skeptisch? Wenden wir uns kurz den Naturwissenschaften zu. Wird ein Körper erwärmt, werden die Teilchen, aus denen er besteht, in eine höhere Schwingung versetzt. Je mehr Energie zugeführt wird, desto höher die Schwingung und das Energieniveau. Ab einem bestimmten Energieniveau wird der Körper heiß, glüht und strahlt diese Energie in Form von Wärme nach außen ab. Die Energie des menschlichen Körpers lässt sich in einer Infrarotaufnahme abbilden, bei der die Wellenlänge der Strahlung sichtbar gemacht wird. Der Mensch ist so gesehen fließende Energie, und er kann auch ein Energiefeld um sich schaffen.

Selbst spüren können Sie Ihr Energiefeld, wenn Sie eine Handfläche langsam aus zirka 30 Zentimeter Entfernung auf die andere Handfläche, oder besser noch auf die eines Partners, zubewegen. Wenn Sie sensibel hineinspüren, werden Sie bemerken, wie sich ab einem gewissen Punkt etwas zwischen den Handflächen verdichtet, vibriert und warm wird.

Viele Übungen in diesem Buch zeigen Ihnen, wie Sie Ihre Energie im Körper zum Fließen bringen, um diese gezielt nach außen, auf das Publikum hin, zu richten.

Lächeln als Energiequelle

»Jeder Tag, an dem Sie nicht lächeln, ist ein verlorener Tag.«, so Charlie Chaplin. Ein echtes, aufrichtiges Lächeln birgt ungeheure Kraft und ist ein Übermittler von Energie. Wir alle kennen Situationen, in denen wir mürrisch und schlecht gelaunt sind, weil der Beruf, der Partner oder die Kinder uns geärgert haben. Auf einmal begegnet uns jemand, der uns flüchtig zulächelt. Bevor wir es recht wahrnehmen, lächeln wir zurück. In diesem kurzen Augenblick haben wir unseren Kummer vergessen, stehen ein wenig aufrechter und gehen weiter mit dem Gefühl, dass alles doch nicht so schlimm sei.

Als meine Tochter Marlene noch ein kleines Kind war, war sie eine richtige »Energiequelle«. Gleich, ob in der U-Bahn, im Kaufhaus oder auf der Straße, sie lächelte alle Menschen offenherzig und unbeirrbar an. Ich beobachtete oft amüsiert, wie sogar außerordentlich ernsthafte und mürrisch dreinblickende Zeitgenossen sich diesem Lächeln nicht entziehen konnten und unwillkürlich zurücklächeln mussten.

Lächeln hebt die Laune! Selbst wenn man nur physisch die Mundwinkel hochzieht, wird sich das Gefühl der inneren Freundlichkeit und Entspannung augenblicklich einstellen. Denn Lächeln und Freundlichkeit bewirken biochemische

Veränderungen im Körper, die sogar Krankheiten verhindern und innere Heilkräfte aktivieren können.

Der amerikanische Journalist Norman Cousin erkrankte schwer an Krebs, die Ärzte gaben ihm nur noch wenige Wochen zu leben. Dem Tod geweiht, entschied er sich, die letzten Tage auf Erden in Heiterkeit zu verbringen. So nutzte er alles, was ihn belustigen und zum Lachen bringen konnte. Zu seinem und erst recht zum Erstaunen der Ärzte ging es ihm von Tag zu Tag besser, und nach einigen Wochen war vom Krebs keine Spur mehr. Wieder voll genesen, erforschte er anschließend dieses Phänomen und entwickelte die Psycho-Neuro-Immunologie, eine regelrechte Lachtherapie. In Kinderkliniken arbeitet man sogar mit so genannten Lachdoktoren, die durch Lachtherapien die Heilung der Kinder extrem fördern. Auch unser zwischenmenschliches Miteinander wird entspannter, angenehmer und freundlicher mit einem Lächeln. Der Verhaltensforscher Desmond Morris meint dazu: *»Das Lächeln ist zweifellos die wichtigste, mitmenschlich-verbindende Geste, über die wir verfügen.«*

Es versteht sich von selbst, dass Sie auch bei einem öffentlichen Auftritt von Ihren Mitmenschen ganz anders aufgenommen werden, wenn Sie Ihnen ein Lächeln schenken. Damit ist kein aufgesetztes künstliches Grinsen gemeint. Ein leichtes unmerkliches Lächeln, das mehr in den Augen sitzt, tut seine Wirkung. Darüber hinaus entspannt es Sie und öffnet Ihre Sinne.

ÜBUNG: SCHENKEN SIE SICH EIN LÄCHELN

- Was für unsere Mitmenschen gilt, gilt natürlich auch für Sie selbst. Schenken Sie sich selbst ein Lächeln, lächeln Sie in sich hinein, lächeln Sie Ihren inneren Organen zu.
- Sitzen Sie entspannt.
- Lächeln Sie.
- Achten Sie auf das Gefühl, das sich nun einstellt.
- Nehmen Sie dieses Gefühl mit auf Ihre Reise nach innen.
- Lächeln Sie in Ihr Herz hinein (es hat es verdient, denn es schlägt am Tag 100 000-mal nur für Sie).

- Erweitern Sie diese Übung. Lächeln Sie in den Magen, nach geraumer Zeit in Ihre Leber, die Milz, die Nieren, den Unterleib ...

Die Kraft des »inneren Lächelns« wird Ihnen helfen, sich entspannt zu fühlen und sich gleichzeitig energetisch aufzuladen. Diese Übung macht Sie im besten Sinn präsentationsfähig. Außerdem hilft sie wunderbar, Lampenfieber zu mildern und innerlich ruhig zu werden.

Die sinnliche Wahrnehmung alltäglicher Gegenstände

Nachdem wir uns selbst und unseren Körper wahrgenommen haben, erweitern wir nun unsere sinnliche Wahrnehmung auf Gegenstände. Wir öffnen unsere Sinne mit Dingen, die wir üblicherweise nur funktional – eben nicht sinnlich – benutzen. So schulen und öffnen wir unsere Sinne auch für das Alltägliche.

ÜBUNG: EINEN GEGENSTAND MIT ALLEN SINNEN ERSPÜREN

- Nehmen Sie einen vertrauten Gegenstand wie einen Kugelschreiber oder Terminkalender in die Hand.
- Lassen Sie die Finger in voller Aufmerksamkeit über den Gegenstand gleiten. Wie fühlt sich die Oberfläche an? Welche Beschaffenheit hat sie? Ist der Gegenstand eher kühl oder warm? – So öffnen Sie Ihren Tastsinn.
- Lassen Sie die Augen bewusst über den Gegenstand gleiten.
- Welche Form hat er? Wie viele Farben? Gleicht er einem anderen Gegenstand? – So erweitern Sie Ihren Sehsinn.
- Den Gegenstand erschnuppern. Hat er einen eigenen Geruch? Ist der Geruch an allen Stellen gleich intensiv? Riecht er nach Leder, Plastik oder Ähnlichem? Welche Erinnerung

verbinden Sie mit diesem Geruch? – So trainieren Sie Ihren Geruchssinn.

- Nehmen Sie die Geräusche des Gegenstands wahr. Schütteln Sie den Gegenstand. Klopfen Sie auf den Gegenstand. Welche Geräusche erzeugen Sie? – So aktivieren Sie Ihr Gehör.
- Kleine Kinder, die völlig authentisch ihre Umwelt erforschen, nehmen alle Gegenstände auch über den Geschmackssinn wahr. Auch den Geschmackssinn zu erweitern, ist wichtig für die Öffnung der Sinne. Doch den kultivieren Sie besser mit einem guten Glas Rotwein.

Wir begreifen unsere Umwelt nur als Ganzes, wenn wir sie mit allen Sinnen er- und umgreifen. Hierfür gilt es, auch im Alltag achtsam zu sein und den alltäglichen Dingen Aufmerksamkeit zu schenken.

ÜBUNG: DEN RAUM WAHRNEHMEN

Erweitern Sie nun Ihre Wahrnehmung für die Umgebung, den Raum, der Sie umgibt. Nicht nur Ihre Präsenz wird sich erhöhen, diese Übung ist auch fantastisch, um eventuelles Lampenfieber kurz vor dem Auftritt in den Griff zu bekommen.

- Gehen Sie in einen Raum, der Ihnen seit Jahren vertraut ist, zum Beispiel Ihr Büro. Dieses nutzen Sie wahrscheinlich eher funktional, das heißt, dort aktivieren Sie im Wesentlichen Ihren Intellekt. Öffnen Sie nun Ihre Sinne auch für diesen Raum und nehmen ihn somit ganzheitlich wahr.
- Betrachten Sie den Raum mit geöffneten Sinnen ganz bewusst: die Deckenführung, die Tür, die Fenster, die Struktur der Wände, die Farben des Teppichbodens. Wie sind eigentlich die Lampen angebracht? Wie viele sind es? Und so weiter.
- Merken Sie sich fünf Details, wie ein Kommissar, der alles haarscharf beobachtet, um es später zu Protokoll zu geben.
- Schließen Sie die Augen und verinnerlichen Sie diese Eindrücke bildlich.

Sind Sie dann vor einer öffentlichen Situation aufgeregt, können Sie sich auf den Raum, in dem Sie sich gerade aufhalten, konzentrieren. So lenken Sie die negative Erwartungsenergie von sich selbst ab und richten sie nach außen.

Durch die Konzentration auf Ihre Umwelt hilft Ihnen diese Übung, von innerer Aufregung abzulenken, Ihre Sinne zu öffnen und Ihre Aufmerksamkeit nach außen zu richten.

1.2 Das Gegenüber im Blick

Wir haben jetzt unsere Sinne geöffnet – für uns selbst, die Gegenstände um uns herum und den Raum, der uns umgibt. Richten wir nun unsere Aufmerksamkeit auf unser Gegenüber, auf die Menschen, mit denen wir kommunizieren.

Um eine kommunikative Situation aufzubauen und zu erhalten, ist es unerlässlich, seine Gesprächspartner auch anzusehen. Dies sollten Sie mit Freude und Wertschätzung tun. Wenn Ihr Blick diese Einstellung signalisiert, wird das Ihren Gesprächspartner auch erreichen. Also schauen Sie ihn an! Schenken Sie ihm etwas von sich, von Ihrem inneren Seelenleben. Damit signalisieren Sie wahres Interesse an ihm und an der beiderseitigen Kommunikation.

Der Spiegel der Seele

Selbstverständlich meine ich weder anstarren, noch ab und zu mal hinschauen. Halten Sie bewusst Blickkontakt, indem Sie ihrem Gegenüber offen in die Augen sehen. Und was für einen Gesprächspartner gilt, gilt erst recht für ein größeres Auditorium. Im Gesicht und in der Kommunikation nehmen die Augen eine herausragende Stellung ein. Bereits im Mittelalter nannte man die Augen den »Spiegel der Seele«. Sie spiegeln unsere innere Haltung, die wahrhaftige Einstellung wider. Augen können nicht lügen.

Es ist schon erstaunlich, dass wir uns nur dann angesehen und wahrgenommen fühlen, wenn uns unser Gegenüber direkt in die Augen blickt. Sieht man beim Sprechen beispielsweise auf den Arm, das Bein oder gar die Nasenwurzel des Gesprächspartners, also ganz in die Nähe der Augen, sieht man zwar den Körper und die Erscheinung des anderen, dieser *fühlt* sich aber nicht angeschaut. Er fühlt sich ignoriert. Eine kommunikative Situation kann so nicht entstehen, ein gegenseitiger Austausch wird so nicht stattfinden. Wir fühlen uns nur dann zur Kommunikation aufgefordert, wenn unser Gesprächspartner uns direkt in die Augen sieht.

Beim Blickkontakt sollten Ihre Augen deshalb nicht abschweifen, sondern Sie sollten Ihr Gegenüber mit offenem Blick anschauen, ohne es ständig zu fixieren. Weicht der Blick aus, wirkt dies unsicher, ängstlich oder ablehnend. Ein Blick nach oben sucht immer Beistand oder signalisiert, dass man am liebsten davonfliegen möchte. Blickt man während eines Gesprächs oft auf den Boden, so möchte man am liebsten versinken. Reißt der Blickkontakt für längere Zeit ab, hat sich der andere aus der kommunikativen Situation bereits zurückgezogen. Er flieht, läuft mit den Augen davon.

Das sind Regeln, die in unserer Kultur gelten. In anderen können Sie mit diesem Verhalten möglicherweise das Gegenteil bewirken. Ich hatte einmal einen Vortrag vor einer Gruppe Koreaner zu halten. Mich überraschte, dass sie währenddessen ständig auf den Boden schauten. Ich war einigermaßen irritiert und überlegte, ob sie eventuell absolut nicht an meinen Ausführungen interessiert wären. Sonst war ich es gewohnt, dass meine Zuhörer mir mit Interesse und Humor folgten, und ich nicht zuletzt über Blickkontakt schnell in Kommunikation mit dem Publikum gelangen konnte. So sehr ich mich auch bemühte, die Interaktion wollte hier nicht glücken, da alle im Publikum den Blick stetig von mir abgewandt hielten. Zu meinem großen Erstaunen kamen viele der Teilnehmer in der Pause zu mir und stellten interessierte Fragen zum Thema. Ich realisierte, dass sie mir durchaus mit großem Interesse und Konzentration gefolgt waren. Nach der Pause jedoch saßen wieder alle mit gesenktem Blick da, peinlich darauf bedacht, mich bloß nicht anzusehen. Da begriff ich, dass hierfür der kulturelle Unterschied verantwortlich war. In asiatischen Ländern gilt es als unhöflich, eine Autorität, und die war ich als Dozentin in diesem Moment, offen anzusehen.

Wir sollten also bedenken, dass in anderen Kulturen andere Gesetze, Regeln und Konventionen herrschen. Die meisten von Ihnen werden jedoch hauptsächlich in unserem Kulturraum präsentieren und kommunizieren. Und bei uns signalisiert der offene Blickkontakt Respekt, Anerkennung und Wertschätzung.

SPIEGELÜBUNG: FÜHREN UND FOLGEN

Blickkontakt kann trainiert werden, wobei die folgende Übung mehr als nur den Blickkontakt trainiert. Aktivieren Sie Ihren Spieltrieb und machen Sie diese Übung mit Ihrem Partner oder einem Freund.

• Stellen Sie sich Ihrem Partner gegenüber in einem für Sie angenehmen Abstand auf.

• Schauen Sie sich in die Augen – während der ganzen Übung sind beide Partner intensiv darauf bedacht, sich nur in die Augen zu sehen, das Gesichtsfeld dabei aber so zu erweitern, dass man mitbekommt, was an den Rändern geschieht.

• Ein Partner führt und beginnt eine Bewegung, die mit einem Stopp endet. Zum Beispiel hebt er den Arm bis auf Schulterhöhe und stoppt. Der andere hebt gleichzeitig seinen Arm, wie sein Spiegelbild. Er beginnt die Bewegung, wenn der andere beginnt, dieser endet, wenn auch er endet – eben spiegelgleich. Dabei schauen sich beide Partner nur in die Augen und nicht auf die Bewegungen. Das so genannte periphere Sehen (siehe Seite 49ff.), die Aufmerksamkeit, ist ganz auf den Körper des anderen gerichtet.

• Im Stopp kann nonverbal neu entschieden werden, wer jetzt führt und wer folgt. Der andere kann die Führung übernehmen, er kann aber auch die Entscheidung treffen, sich weiterhin führen zu lassen.

• Beispielsweise folgt nun der andere Arm wieder bis Schulterhöhe – dann Stopp;

• dann wird ein Arm nach oben abgewinkelt – Stopp;

• nun folgt vielleicht eine Bewegung mit einem Bein, und so weiter.

Noch einmal: Das Wesentliche an der Übung ist, dass beide Partner immer Blickkontakt halten. Die Bewegung nehmen sie am Rand ihres Gesichtsfelds wahr und führen sie spiegelgleich aus. Einer der Partner initiiert und beendet die Bewegung. Als Führer muss er so sensibel agieren, dass der Geführte sich wie sein Spiegelbild bewegen kann. Er muss genau spüren, ob der Partner bereit ist zu folgen und die Bewegung spiegelgleich mit ihm ausführen kann. Im Stopp ist dann wieder alles offen. Führer und Geführter sind wieder gleich, bis einer der beiden, wohlgemerkt ohne Absprache, erneut eine Bewegung initiiert und beendet.

Der Idealzustand ist erreicht, wenn von außen nicht mehr erkannt werden kann, wer im Moment führt und wer folgt. Da man dem Partner zwar die ganze Zeit in die Augen schaut, dennoch höchst achtsam für seinen gesamten Körper ist, wird man nie starren. Es ist dann auch unmöglich, dem Blick auszuweichen. Oft höre ich von Seminarteilnehmern, dass sie nie den Mut hatten, jemanden so lange anzusehen, wie es ihnen während der Übung spielend möglich war. Da das Hauptaugenmerk der Übung jedoch nicht im Halten des Blickkontakts liegt, sondern auf den Bewegungen des Körpers, ist das Halten des Blicks eher ein Nebeneffekt. Die Hauptkonzentration liegt in der umliegenden Umgebung und deren Vorgängen. Das ist im übertragenen Sinn auch wichtig für das Gespräch. – Nicht starren, nicht ausweichen, sondern das Gegenüber offen und selbstverständlich anschauen und dabei wachsam sein für die Umwelt und dafür, was mir der Körper des Gegenübers erzählt. Diese Übung trainiert neben dem Halten des Blickkontakts auch die so genannte Gesichtsfelderweiterung oder das periphere Sehen.

Auf eine kommunikative Situation übertragen sind die Stopps Pausen im Gespräch. Dadurch bekommt jeder Gesprächspartner die Möglichkeit, seinen Beitrag zu leisten und sich am Gespräch zu beteiligen. In der Kommunikation ist es wichtig, die Energien gleich zu verteilen. Wenn immer nur einer redet, nur weil er meint, sehr viel zu diesem Thema zu sagen zu haben, oder weil er genau weiß (zum Beispiel in einem Vertragsgespräch), wohin er den Gesprächspartner führen will, wird sich das Gegenüber nicht mitgenommen fühlen. Vielleicht war er ja zu Beginn der Verhandlung bereit, den Vertrag zu unterzeichnen. Da sein Gegenüber ihn aber nicht zu Wort kommen ließ, fühlt er sich nicht einbezogen, nicht in seiner ganzen Person angenommen und entzieht sich deshalb. Vielleicht denkt er auch, es müsse etwas »faul« sein, weil der Verkäufer so viel redet. Er fühlt sich gedrängt und unterschreibt deshalb nicht. Dabei wollte der Verkäufer nur gut sein, er wusste ja schließlich, wohin das Gespräch führen sollte – und gerade deshalb erreicht er das Gegenteil.

Durch diese Überenergie, ohne seinen *Ein*drücken auch *Aus*druck verleihen zu können, fühlt sich der Gesprächspartner nicht akzeptiert, nicht respektiert, vielleicht sogar übergangen und abgelehnt. Selbst wenn der andere keinen Beitrag leisten möchte, ist es wichtig, immer wieder einen Stopp, eine Pause, einzulegen. So gibt man dem Partner die Chance, sich zu äußern. Wenn er die Chance nicht nutzt, ist das seine Entscheidung. Aber er wird registrieren, dass ihm die Möglichkeit dazu gegeben wurde.

Das Publikum erreichen

Wie vermittelt man nun in einem Vortrag oder einer Präsentation seinem Publikum uneingeschränkte Aufmerksamkeit und Wertschätzung? Wie zieht man das Publikum in seinen Bann und begeistert es für sein Thema? Es gilt, die ganze Gruppe von Zuhörern energetisch »zusammenzuschweißen«, was viel einfacher ist, als es zunächst klingen mag. Hierfür müssen die Ausstrahlung, die Körpersprache und die Stimme so weit reichen, dass auch die Zuhörer an den Seiten und ganz hinten im Raum allein durch körperliche und geistige Präsenz erreicht werden.

Um alle im Raum anzusprechen, ist vor allem Ihre innere Einstellung wichtig. Wenn Sie wirklich begeistert von Ihrem

Thema sind und es Ihnen wichtig ist, den Menschen, die vor Ihnen sitzen, Ihre Inhalte zu vermitteln, dann werden Sie diese auch anschauen. Ihr Blick hängt dann nicht am Skript, den Karteikarten, dem Flipchart, dem Overheadprojektor, oder schweift gar aus dem Fenster. Ihre ganze Aufmerksamkeit wird beim Publikum sein, Sie werden ins Publikum sehen und Ihre Worte ans Publikum richten, um es von Ihrem Thema zu überzeugen und zu begeistern.

Achten Sie nicht nur auf die Zuhörer, die direkt in den ersten Reihen vor Ihnen sitzen, sondern richten Sie Ihre Aufmerksamkeit, Ihre Energie, auch nach hinten und an die Seiten des Raumes. Das erhöht Ihre Präsenz und damit die Aufmerksamkeit des Publikums. Suchen Sie sich an verschiedenen Stellen im Raum einzelne Menschen, die Sie während des Sprechens stellvertretend für die ganze Gruppe um sie herum anschauen. Lenken Sie ganz bewusst Ihre Aufmerksamkeit auf diese verschiedenen Menschen im Raum, zum Beispiel rechts und links in den vorderen Reihen, rechts und links in den hinteren Reihen, in den Mittelfeldern.

Es ist angenehm, wenn von verschiedenen Stellen im Publikum Feedback kommt. Nutzen Sie diese Menschen, indem Sie in eine Art Dialog mit ihnen treten. Aber halten Sie sich nicht zu lange bei ihnen auf. Oft passiert es, dass jemand aus dem Publikum stark in Interaktion mit dem Redner tritt und dieser ist geneigt, nur noch mit ihm zu reden, ihm seine ganze Energie und Aufmerksamkeit zu schicken. Das ist aber gefährlich, denn damit verliert er die anderen. Sie werden sich vernachlässigt fühlen und schweifen ab. Als Redner sollten Sie sich für Ihr gesamtes Publikum verantwortlich fühlen; jeder will Ihre wertvollen Inhalte hören und verstehen, jeder möchte sich angesprochen und mitgenommen fühlen.

Peripheres Sehen

Auch, wenn Sie verschiedene Menschengruppen im Raum ansprechen, ist es unerlässlich, achtsam zu sein für das, was im ganzen Raum passiert. Wenn Sie beispielsweise rechts vorne jemanden ansprechen, sollten Sie dennoch mitbekommen, wenn links hinten jemand gähnt. Oder Sie sind mit der Aufmerksamkeit in den hinteren Reihen, dann sollte Ihnen auffallen, wenn vorn jemand auf die Uhr schaut. Bitte überbewerten Sie das nicht (wir kommen im weiteren Verlauf noch dazu). Solche Gesten müssen nicht die Bedeutung haben, die Sie ihnen vordergründig zumessen. Es muss weder Langeweile bedeuten, noch Desinteresse.

Wenn Sie merken, dass die Energie irgendwo im Publikum zurückgeht, können Sie ganz souverän und ruhig Ihre Aufmerksamkeit, Ihre Worte und Ihre Energie dorthin schicken. Unterhalten sich beispielsweise zwei Zuhörer miteinander, sprechen Sie bewusst und intensiv dorthin, vielleicht sogar mit einem Lächeln. Es ist immer unangenehm, schulmeisterlich und etwas kleinlich, wenn Redner sich unterbrechen und verbal Ruhe und Aufmerksamkeit einfordern. Lenken Sie Ihre Energie zu den beiden Störenfrieden, schenken Sie Ihnen ganz besondere Wertschätzung, schauen Sie sie fest an und reden Sie unbeirrt weiter. Ich habe festgestellt, dass Störenfriede sich sehr schnell ertappt fühlen, sich selbst sofort unterbrechen und dem Vortrag anschließend angeregter folgen als zuvor. Außerdem muss eine solche Unterhaltung nicht unbedingt Desinteresse bedeuten. Vielleicht findet man Ihr Thema so interessant, dass sofort ein Austausch darüber stattfindet. Als Spielleiter liegt es in Ihrer Verantwortung, das Publikum aufmerksam und wach zu halten und immer wieder von Neuem zu interessieren und zu begeistern.

ÜBUNG: VERSCHIEDENE FORMEN VON WAHRNEHMUNG

- Sehen Sie sich im Restaurant, im Café oder in der U-Bahn einen Menschen an, der einfach nur dasitzt und schaut. Erfassen Sie sein Äußeres.
- Überlegen Sie nun, aus welcher sozialen Schicht er kommt, wo er arbeitet, ob er verheiratet ist und vieles andere mehr.
- Fragen Sie Ihren Begleiter nach seiner Meinung, seiner Interpretation. Fragen Sie auch einen dritten Menschen.
- Sie werden feststellen, Sie erhalten so viele unterschiedliche Antworten wie Sie Menschen nach ihrer Meinung fragen. Sie werden sehen, jeder Mensch interpretiert seine Umwelt nach eigenen Gesichtspunkten. Das, was man von der Welt, von anderen Menschen hält, das projiziert man immer auch auf sein Gegenüber.

Diese Übung ist für Vortragende wichtig, damit sie ihrem Publikum ohne Vorurteile gegenübertreten und es wertfrei annehmen können. Beobachtet man, wie jemand auf die Uhr blickt, wie ein Zweiter gähnt und ein Dritter gar den Raum verlässt, bewertet man es in der Regel negativ. Man legt es als Desinteresse aus. Diese körperlichen Ausdrucksformen können jedoch auch ganz andere Ursachen haben. Derjenige, der auf die Uhr sieht, hat eigentlich einen Termin mit seinem Chef, findet den Vortrag jedoch so spannend, dass er nicht gehen möchte. Der Mensch, der gähnt, hat vielleicht die ganze Nacht durchgearbeitet und ist todmüde, findet den Vortrag aber so spannend, dass er diesen nicht versäumen möchte. Der dritte wiederum muss dringend den letzten Zug erwischen und hat jede Minute, die er zuhören konnte, genossen und geht nun gezwungenermaßen mit tiefem Bedauern.

Ich habe einmal vor mehreren hundert Siemens-Nixdorf-Kunden einen Vortrag gehalten und nach der ersten Viertelstunde sah ich von der Bühne aus, wie erst zwei Teilnehmer den Raum verließen, dann noch einmal drei und nach einigen Minuten standen sogar vier Menschen auf und gingen. Ich war natürlich einigermaßen irritiert, erfüllte sich hiermit doch eine der schlimmsten Befürchtungen, die ein Redner haben kann. Bis ich zu der Stelle in meinem Vortrag kam, an der ich von der wertfreien Haltung des Vortragenden sprach: »Bewerten Sie nicht! Geben Sie alles, was Sie zu geben haben, gehen Sie mit Wertschätzung an ihr Publikum heran und interpretieren sie nicht, was dann passiert!«

So nahm ich mir mein eigenes Programm zu Herzen, und betrachtete das Weggehen der Zuhörer völlig wertfrei. Und das zu Recht, wie ich später erfuhr. Die Zuhörer, die den Raum verließen, mussten dringend zum Flughafen, um ihre Maschine noch zu erreichen. Doch sie wollten es nicht versäumen, noch kurz in den interessanten Vortrag hineinzuhören, von dem sie schon so viel gehört hatten.

Sie sehen, wie wichtig es ist, das Verhalten der anderen nicht zu bewerten, nicht zu interpretieren. Hätte ich mich vom Weggehen der neun Zuhörer negativ beeinflussen lassen, hätte ich ihr Weggehen auf mich bezogen, wäre ich nicht mehr so bei mir gewesen und hätte vor allem den anderen Interessierten Unrecht getan. Man vergisst bei einzelnen Störenfrieden oft die Mehrheit derer, die interessiert und mit Aufmerksamkeit bei einem Vortrag sind.

Interpretieren ist jedoch keine Einbahnstraße, auch die Zuhörer interpretieren nach Herzenslust den Redner – und wieder jeder Einzelne nach seinem Innenleben, nach seinen Erfahrungen.

Über den Vortragenden gibt es oft so viele Interpretationen, wie Zuhörer anwesend sind. Begibt man sich in eine öffentliche Situation, sollte man also darauf achten, möglichst wenige Interpretationsmöglichkeiten zu liefern. Das beginnt bereits bei der Auswahl der Kleidung und endet mit der Art, wie man vor dem Publikum agiert. Je authentischer Sie agieren, je mehr Ihre Körpersprache das Gesagte unterstützt, je wohlklingender und deutlicher Sie sprechen, desto weniger lenken Sie vom Thema ab und desto weniger Projektionsfläche bieten Sie für Interpretationen.

Wichtig ist zu wissen, *weshalb* man auf eine »Bühne« geht und *was* man dem Publikum mitteilen möchte. Je mehr man in dieser Situation energetisch vorgibt und dabei das Publikum in seinen Bann zieht, desto stärker führt und lenkt man dessen Aufmerksamkeit. Lassen Sie das Publikum Ihre Wertschätzung deutlich spüren und es wird Sie und Ihre Inhalte anerkennen.

1.3 Lampenfieber – der Kick zum Erfolg

Lampenfieber ist letztlich nichts anderes als eine Form der Erwartungsangst vor einem bestimmten Ereignis. Diese Erregungsspannung, die umso mehr ansteigt, je näher das Ereignis rückt, kann sich negativ auswirken oder auch positiv genutzt werden. Das liegt ganz bei Ihnen.

Selbst über große Stars wie Romy Schneider wird berichtet, dass sie eine Woche vor ihrer großen Theaterpremiere nichts essen konnte, unter Durchfall und extremen Angstzuständen litt. Diese wurden noch verstärkt, als sie erfuhr, dass sich fast alle berühmten internationalen Stars angekündigt hatten, um sie zu sehen.

Auch Ingmar Bergman, einer der größten europäischen Filmregisseure, schreibt in seinem Buch, dass er jedes Mal wochenlang vor Beginn eines neuen Films und während der Dreharbeiten unter starkem körperlichen Unwohlsein litt. Das hat sich auch mit zunehmendem Erfolg am Ende seiner Karriere nicht geändert.

Wenn selbst so erfahrene Profis, die für große öffentliche Auftritte ausgebildet sind und durch jahrzehntelange Erfahrung eigentlich schon routiniert sein sollten, ihr Lampenfieber nicht vollständig in den Griff bekommen, brauchen auch Sie sich Ihres Lampenfiebers nicht zu schämen.

Im Gegenteil – wenn es Ihnen wichtig ist, Ihre Inhalte einem Publikum zu vermitteln, wenn Sie für Ihr Thema brennen, wenn Sie wochen-, monatelang geforscht, gearbeitet, analysiert haben, was Sie nun öffentlich preisgeben, dann wollen Sie doch in jedem Fall auch, dass Ihre Zuhörer Ihnen folgen, Sie verstehen und Ihre Botschaft wertvoll finden. Wenn es Ihnen also nicht egal ist, ob Ihre Rede verstanden und interessiert aufgenommen wird, dann werden Sie eine gewisse Spannung spüren! Das ist vollkommen normal.

Denn es ist immer ein ungewisses Unterfangen, so viele

Menschen zu führen, sie auf die gedankliche Reise mitzunehmen und sie zu überzeugen. Man kann das Ergebnis einer Präsentation nicht vorhersehen. Dieser ungewisse Verlauf macht die Nervosität und Aufregung aus. Lassen Sie sich also von niemandem erzählen, Lampenfieber könne vollständig abgebaut werden. Es besteht ein Kausalzusammenhang zwischen der Wichtigkeit Ihres Anliegens, Ihrer Präsentation, Ihrem Interesse, die Zuhörer tatsächlich zu erreichen und Ihrer Aufregung, Ihrem Lampenfieber.

Das Gegenteil von Lampenfieber ist Gleichgültigkeit. Nur Menschen, denen diese Dinge nicht wichtig sind, haben kein Lampenfieber.

Dabei sollte Sie Ihre Aufregung jedoch nicht handlungsunfähig machen. Sie darf Ihre Gedanken und die übrigen Gefühle nicht blockieren.

Auch sollten Sie mit Ihrer Nervosität so umgehen können, dass man sie von außen nicht sieht, denn das könnte Sie inkompetent, unsympathisch und wenig überzeugend wirken lassen. Sie sollten also mit diesem natürlichen Zustand selbstverständlich umgehen lernen – mental und körperlich.

Trotz Aufregung muss Ihre Stimme klar und deutlich vernehmbar sein, Ihr Körper sollte Präsenz, Ihre Gesamterscheinung Kompetenz ausstrahlen und niemand wird Ihnen Ihr Lampenfieber anmerken. Dazu bedarf es einiger Techniken. Auf die stimmlichen und körperlichen kommen wir in den nächsten beiden Kapiteln. Im Folgenden möchte ich zunächst auf die mentalen Techniken eingehen, die Schauspieler, Sänger und Moderatoren nutzen, eben Künstler, die von Berufs wegen fast täglich auf der Bühne und vor der Kamera stehen. Sie alle haben gelernt, Lampenfieber positiv als den gewissen Kick zum Erfolg zu nutzen, Lust dabei zu empfinden statt Angst, und sich vor allem nicht davon blockieren zu lassen, sondern die kribbelnde Spannung zu genießen. Lassen Sie Ihre Energie fließen, öffnen Sie ihre Sinne, nehmen Sie alles ganzheitlich, sinnlich wahr. Hierbei helfen Ihnen Bewegung, der Raum, das emotionale Gedächtnis und anderes mehr.

Der Raum – ein Vertrauter

Ein Schauspieler, der seinen Beruf ernst nimmt, geht am Abend der Vorstellung, meist noch bevor er in die Maske und Garderobe geht, zuerst auf die Bühne. Auch wenn er schon hunderte Male hier gestanden hat. Jeder Tag ist neu, und jeden Tag muss er sich neu auf den Raum einstellen und einlassen. Er lässt die Atmosphäre auf sich wirken. Die Kunst des Theaters ist immer einzigartig, keine Vorstellung ist genau wie eine andere. Deshalb erspürt ein guter Schauspieler die Atmosphäre aufs Neue und stellt sich emotional auf sie ein. Er geht die Gänge, die er in seiner Rolle zurückzulegen hat, ab und macht sich erneut mit den Requisiten vertraut. Er setzt sich beispielsweise an den Schreibtisch, um zu überprüfen, ob er das Telefon, an dem er nachher einen langen Monolog zu halten hat, gut erreichen kann, oder sitzt auf dem Sofa, um wie in der Vorstellung rasch aufzuspringen. Im Schnelldurchgang probt ein Schauspieler sozusagen alles noch einmal. Das Wichtigste ist jedoch, dass er sich dabei in die kommende Vorstellung einfühlt und sie visualisiert. Auf diese Art zieht der Schauspieler den Raum zu sich heran und öffnet gleichzeitig seine Sinne. – Das dämmt das Lampenfieber bereits sehr stark ein.

Auf Ihre Vortragssituation übertragen, rate ich Ihnen, gehen auch Sie vor einem Vortrag oder einer Präsentation in den Raum, in dem Sie sprechen werden. Schreiten Sie den Weg zum Rednerpult ab. Wie viele Schritte brauchen Sie? Legen Sie die Unterlagen ab und hantieren sie mit allem, was sie für den Vortrag oder die Präsentation benötigen. Befindet sich alles in erreichbarer Nähe? So machen Sie sich mit den Requisiten für Ihren öffentlichen Auftritt in der ungewohnten Umgebung vertraut. Proben Sie ihren Auftritt einmal durch. Visualisieren Sie die Vortragssituation!

Blicken Sie in die Stuhlreihen. Ganz langsam von vorne nach hinten und von rechts nach links. Sehen Sie sich den Raum genau an. Die Fenster, die Türen, die Deckenführung, den Teppich, die Beleuchtung usw. Prägen Sie sich einige Details ein, die Ihnen aufgefallen sind oder die Ihnen gut gefallen.

Schreiten Sie den Raum ab, von rechts nach links, von vorn nach hinten. Bleiben Sie auch immer wieder stehen und blicken Sie sich erneut im Raum um. Setzen Sie sich in unterschiedliche Zuhörerreihen, um zu prüfen, wie das Publikum Sie während Ihrer Rede sehen kann. Erkunden Sie den Raum wie ein fremdes Territorium mit all Ihren Sinnen. So bekommen Sie ein Gespür für die Atmosphäre, die dann auch den Vortrag oder die Präsentation tragen wird. Und was noch wichtiger ist: Sie gewinnen so einen Vertrauten. Der Raum ist Ihnen dann nicht mehr fremd, wenn Sie vor lauter fremden Menschen stehen, oder, was manchmal schlimmer ist, vor Menschen, die Sie kennen und die Ihnen wichtig sind.

Natürlich ist es für Sie oft nicht möglich, vorher den Raum zu betreten, da ein Redner vor Ihnen bereits präsentiert, oder weil Sie einen anderen Termin haben. Bitte halten Sie diesen wertvollen Tipp aber im Hinterkopf. Wenn Sie von der Wichtigkeit überzeugt sind, finden Sie vielleicht eine andere Möglichkeit, sich mit dem Raum vertraut zu machen, eventuell schon am Abend davor.

Ebenso wie die Profis ziehen Sie die Bühne, auf der Sie später präsentieren, zu sich heran. Einen Vertrauten in einer unvertrauten Situation und mit Menschen gefüllten Atmosphäre zu haben, ist immer hilfreich.

Die Kraft des inneren Lächelns

Bereits bei der Vorstellung einer Angst auslösenden Situation verspüren wir ein flaues Gefühl im Bauch. Die Erwartungsspannung, was uns alles widerfahren könnte, lässt die Schmetterlinge in unserem Bauch heftig flattern. Und, Hand aufs Herz, selbst bei langjähriger Erfahrung stellen sich die Schmetterlinge immer wieder ein.

Um wieder Herr seiner selbst zu werden, versucht man, sie zu bändigen. Doch was geschieht? Je mehr man sich auf das Bändigen der Schmetterlinge, also auf das ungute Gefühl konzentriert, umso mehr gewinnt es an Kraft. Kein Wunder, bedenken wir, dass Gedanken und Gefühle fließende Energie sind. Richtet man seine Aufmerksamkeit auf negative Energie, auch mit der Absicht, diese aufzulösen, wächst sie natürlich an und das ungute Gefühl wird immer mächtiger. Da wir ein ungutes Gefühl ebenso wenig wie das Lampenfieber einfach beseitigen können, ist es besser, nicht dagegen anzukämpfen, sondern es einfach zuzulassen. Zulassen und somit den inneren Widerstand auflösen, bewirkt immer Wunder.

Probieren Sie es, atmen Sie tief in das ungute Gefühl hinein, lassen Sie damit alle Anspannung los, genießen Sie die Schmetterlinge in Ihrem Bauch und begrüßen Sie sie wie alte Bekannte. Machen Sie das Gefühl größer; dehnen Sie es aus. Lächeln Sie Ihrem Herzen zu. Lächeln Sie in Ihre innersten Körperteile und entspannen Sie sich mithilfe der Kraft des inneren Lächelns. Dabei laden Sie sich energetisch auf.

Die Energie fließen lassen

Anspannung ist immer auch ein Ausdruck von blockierter Energie. Und wer kennt das nicht, dass er sich vor lauter Anspannung ganz dumpf im Kopf fühlt?

Versuchen Sie deshalb, die Körperenergie wieder zum Fließen zu bringen. Ein Gang um den Block, Treppen steigen oder ein Spaziergang helfen, die gestaute Energie wieder fließen zu lassen. Bewegen Sie sich und richten Sie Ihre Sinne auf alle möglichen Details.

ÜBUNG: BLOCKIERTE ENERGIE ZUM FLIESSEN BRINGEN

• Klopfen Sie mit kurzen, kräftigen Schlägen Ihren Körper durch – Beine, Arme, Brust; massieren Sie Gesäß und Rücken, um Kontakt mit Ihrem Körper aufzunehmen, ihn zu spüren. So wird die aufgeregte Energie Ihres Geistes in den Körper gelenkt und dort in den Fluss gebracht. Denn: Sie präsentieren in erster Linie mit Ihrem Körper, nicht mit Ihrem Geist.

Durchdenken Sie nicht immer wieder Ihren Vortrag. Sie wissen genau, was Sie sagen wollen, inhaltlich haben Sie sich seit langem darauf vorbereitet. Denken Sie daran, wie lange und wie gut Sie Ihr Thema kennen. Verlassen Sie sich darauf, dass Sie es beherrschen. Jetzt geht es darum, genauso kompetent wirken zu können, wie Sie tatsächlich sind! Die Bewegung löst Sie davon, sich mit Ihrer Konzentration nur im Intellekt aufzuhalten. Sind wir aufgeregt oder verspannt, atmen wir nur über den Brustkorb und nicht in den Bauchraum. Bei falscher Atmung nehmen wir, wie wir auch in den folgenden Kapiteln sehen werden, zu wenig Sauerstoff auf, sodass Gewebe und Organe, auch das Gehirn, dann schlechter durchblutet werden. Richtiges Ein- und vor allem Ausatmen hilft, Energieblockaden zu lösen und Energie zu tanken. Achten Sie deshalb darauf, tief in den Bauchraum zu atmen (s. Kapitel 3.1).

Das emotionale Gedächtnis

Angenehme Erinnerungen rufen angenehme Gefühle wach. Warum also diesen Umstand nicht nutzen? Meine Dozentin an der Schauspielschule sagte mir immer: »*Wann immer du eine Bühne betrittst, tu das mit dem Gefühl, als steigst du in ein warmes, entspannendes Bad.*« Seit 20 Jahren achte ich genau darauf, wie es sich anfühlt, welch lustvolle Entspannung in mir ausgelöst wird, wenn ich in eine warme Badewanne mit ätherischen Ölen steige. Dieses Gefühl nehme ich intensiv wahr und verinnerliche es tief in mir. Mein ganzer Körper hat es sozusagen geankert. Wann immer ich dann in eine öffentliche Situation gehe, erinnere ich mich emotional an dieses Gefühl, und das Lampenfieber, vor dem ich natürlich auch nicht gefeit bin, baut sich extrem ab. Ein fast unmerkliches

Lächeln zaubert sich von selbst in mein Gesicht und ich bin wieder ganz bei mir angekommen.

Was für den einen ein entspannendes Bad, ist für den anderen ein Blick über Berggipfel und für den dritten das Verweilen unter südlichen Palmen. Was auch immer Sie entspannen lässt, denken Sie daran und schwelgen Sie in der Erinnerung. Ihr Körper wird sofort darauf reagieren und sich entspannen.

In der Anspannung entspannen

Es ist wichtig, als Vortragender entspannt zu sein. Aus Erfahrung wissen wir, dass man keinen klaren Gedanken fassen kann, wenn man zu stark unter Druck steht. Stellen Sie sich vor, eine schwierige Rechenaufgabe lösen zu müssen, während Sie ein Klavier tragen. Das wird kaum möglich sein. Wie soll es also funktionieren, klar und für alle verständlich einen Vortrag zu halten oder ein Gespräch zu führen, wenn Sie innerlich angespannt sind?

Eine entspannte innere Haltung ist die Voraussetzung für eine erfolgreiche Rede. Es ist leicht, in einem gemütlichen Sessel, bei einem süffigen Glas Wein oder während der Meditation entspannt zu sein. Doch etwas völlig anderes ist es, in einer so genannten Stresssituation entspannt zu sein. In den ersten Minuten sind die meisten Redner, auch diejenigen, die schon oft vor Publikum gesprochen haben, angespannt. Versuchen Sie alle denkbaren »Tricks«, um sich in eine innere Entspanntheit zu bringen. Öffnen Sie Ihre Sinne, achten Sie auf Details im Raum und auf Geräusche, nutzen Sie Ihr emotionales Gedächtnis, visualisieren Sie den »Auftritt« und schauen Sie sich die Menschen im Publikum wirklich an. All das hilft, Ihr Lampenfieber einzudämmen.

Ein Profi-Trick

Drehen Sie in Gedanken die Situation einfach um. Nicht Sie, sondern die Zuhörer befinden sich auf der Bühne. Nun können Sie sich in der Rolle des Zuschauers innerlich zurücklehnen und das Ganze aus einer anderen Perspektive mit anderen Augen betrachten. Sehen Sie sich die Menschen nun so an, wie Sie im Theater die Schauspieler auf der Bühne betrachten.

Nette Menschen dort auf der Bühne! Was macht der denn da? Interessante Krawatte, die der Herr in der dritten Reihe rechts trägt. Wow, was für eine Frisur die Dame in dem pinkfarbenen Kostüm hat! Ach, der ähnelt aber sehr Herrn Lüdenscheidt! Dies und noch vieles mehr wird Ihnen an den Zuhörern auffallen, wenn Sie mit der Aufmerksamkeit wirklich bei ihnen sind. Ganz nebenbei entspannt es Sie, da es ja nun nicht mehr Sie sind, der auf dem Präsentierteller steht, sondern die anderen. Ruhe und Gelassenheit werden zurückkehren.

Mihaly Csikszentmihaly schreibt in seinem berühmten Buch »Flow«: »*Um psychische Entropie* (= innerliches Chaos, keine Kontrolle über Gedanken und Gefühle) *zu erleben, muß man sich auf die innere Unordnung konzentrieren, doch wenn man seine Aufmerksamkeit auf das lenkt, was um einen herum geschieht, werden die destruktiven Wirkungen von Streß gemildert.*«

Checkliste: Lampenfieber eindämmen

Hier lesen Sie die wichtigsten Tipps noch einmal. Kopieren Sie sich diese Seiten und verwenden Sie sie kurz vor Ihrem Auftritt als Spickzettel.

• Die Energie zum Fließen bringen: Gehen Sie auf und ab. Bleiben Sie stets in Bewegung.

- Die Sinne öffnen: Nutzen Sie Ihre Sinne. Erfassen Sie Körper und Raum ganzheitlich mit allen Sinnen.
- Den Raum zum Vertrauten machen: Begeben Sie sich am Abend oder mindestens eine halbe Stunde vor dem Vortrag in den Raum.
- Den Raum zu sich heranziehen: Schauen Sie von vorne in die leeren Zuschauerreihen. Gehen Sie nun an verschiedene Stellen im Zuschauerraum, setzen Sie sich dort hin und spüren Sie wie es ist, wenn Ihr Publikum Sie nachher dort vorne sieht – so ziehen Sie den Raum zu sich heran.
- Den Vortrag proben: Üben Sie an Ort und Stelle Ihren Auftritt. Nutzen Sie die Requisiten wie Overheadprojektor, Flipchart, Rednerpult.
- Den Vortrag visualisieren: Gehen Sie kurz in Gedanken die verschiedenen Abschnitte Ihres Vortrags durch.
- Klopfen Sie mit kurzen, kräftigen Schlägen Ihren Körper durch – Beine, Arme, Brust – massieren Sie Gesäß und Rücken, um Kontakt mit Ihrem Körper aufzunehmen, ihn zu spüren – so wird die aufgeregte Energie Ihres Geistes in den Körper gelenkt und beginnt dort zu fließen. Bedenken Sie: Sie präsentieren in erster Linie mit Ihrem Körper, nicht mit Ihrem Geist.
- Atmen Sie tief in Ihren Bauch und in den seitlichen und hinteren Brustkorb, in Ihren »Ring« (Kapitel 3.1).
- Beachten Sie Ihr körperliches Zentrum (Kapitel 2.2).
- Nutzen Sie Ihr emotionales Gedächtnis – wann immer Sie eine Bühne betreten, sollten Sie das entspannte körperliche Gefühl haben, als stiegen Sie in ein warmes Bad.
- Stellen Sie sich vor, die anderen sitzen auf der Bühne und Sie sind das Publikum – sehen Sie sich ganz gemütlich den Raum und die Menschen an.
- Überprüfen Sie Ihre innere Einstellung: Haben Sie Feuer, Begeisterung, ist es Ihnen wichtig, Ihrem Publikum etwas mitzuteilen? Gehen Sie mit der gebührenden Wertschätzung und ungeteilten Aufmerksamkeit auf Ihre Mitmenschen zu?
- Nur wer selbst mitreißend ist, wird andere mitreißen!

Kommunikation beginnt
mit Körpersprache

Der Körper sendet in der Kommunikation die wichtigsten Signale für unsere Glaubwürdigkeit aus. Im Gegensatz zu unseren verbalen Äußerungen kann der Körper nicht lügen. Deshalb glauben wir immer erst dem Körper und dann den Worten.

In diesem Kapitel lernen Sie die Sprache Ihres Körpers kennen, und Sie lernen die unbewussten Signale bewusst wahrzunehmen. Damit wird Ihr Körper Ihre Präsenz erhöhen und jederzeit Ihre Worte unterstützen.

Das Training zum Finden Ihrer individuellen Körpersprache beinhaltet das Wissen, dass jede Bewegung in Ihrem körperlichen Zentrum beginnt. Das betrifft Ihre aufrechte Haltung, Ihren Gang, Ihre natürliche Gestik und Ihre harmonische Mimik.

Es geht nicht darum, starre Regeln zu befolgen und aufgesetzte Gesten zu üben, sondern Ihre eigene, zu Ihnen passende Körpersprache zu finden. Somit sind und wirken Sie in jeder Situation – ob im Gespräch, im Vortrag oder bei einem großen öffentlichen Auftritt – natürlich, authentisch und charismatisch.

Die Bewusstheit über die Bewegungsabläufe in Ihrem eigenen Körper hilft Ihnen auch, beim Gegenüber die nonverbalen Signale zu erkennen und dadurch mit ihm in optimale Kommunikation zu treten.

2. Der Körper kann nicht lügen

2.1 MOTORISCHE REFLEXE   74
Körperliche Reaktionen auf sinnliche Eindrücke   74
Beeinflussung der Körpersprache durch Gedanken   74
Wechselwirkung von traumatischen Ereignissen
und Körper   76
Der Körper verrät Unbewusstes   78

2.2 DIE INNERE UND ÄUSSERE HALTUNG   80
Die enge Verbindung von Stehen und Standpunkt   81
Der körperliche Schwerpunkt   83
Die legendäre Nuss   88
Agieren aus dem körperlichen Zentrum   91

2.3 DER AUTHENTISCHE GANG   93
Die Länge der Schritte   94

2.4 *Die Gestik*   96
Der Zeigefinger   99
Die offene Geste   101
Gesten und deren Auswirkung   102
Die individuelle Geste   103
Keine starren Regeln   105
Fazit   106

2.5 TERRITORIALE DISTANZEN   107
Das Beachten der Intimsphäre   107
Durchbrechen der territorialen Distanzen   109

2.6 BEGRÜSSEN DURCH HANDGEBEN   112
Blickkontakt beim Handgeben   115
Die Stärke des Händedrucks   116

2.7 EIN FUNKTIONIERENDES KOMMUNIKATIONSSYSTEM
– EIN KLEINER AUSFLUG INS NLP   118
Der visuelle Typ   118
Der auditive Typ   119

Der kinästhetische Typ   119
Mischtypen   120
Das Nutzen aller Sinneskanäle   121
Zusammentreffen der unterschiedlichen Typen   121
Körpersprache spiegeln   124
Sensibilität, Achtsamkeit und Genauigkeit   125
Es funktioniert!   126
Unbewusstes, automatisches Spiegeln in
fließender Kommunikation   127
Manipulation oder Hilfestellung?   128
Leaden   128
Die reale Kommunikation im Vergleich
mit der Schauspielkunst   129
Pacing und Leading als Partnerübung   130
Nachklang   132
Checkliste für Ihre authentische Körpersprache   133

2. Der Körper kann nicht lügen

Warum spricht man von Körper*sprache*? Der Körper spricht im eigentlichen Sinn des Wortes doch gar nicht. Und dennoch hat er eine eigene Sprache. Wir glauben sogar zuerst dem Körper und dann erst dem Wort.

Zweifel? Gern würde ich jetzt meine schauspielerischen Mittel nutzen und Ihnen zum Beweis vorspielen, wie die Körpersprache die verbalen Worte vollständig ins Gegenteil kehren kann. Vielleicht gelingt mir der Beweis auch durch Beschreibung und Ihre Vorstellungskraft. Ich setze mich zum Beispiel neben Sie und schaue Ihnen liebevoll in die Augen, meine ganze Körpersprache drückt also Zuwendung und Vertrauen aus, und mit weicher, sanfter Stimme sage ich: »Sie sind ein grenzenloser Idiot!« – oder ich gehe mit aggressiver Körperhaltung auf Sie zu, blitze Sie mit vor Wut funkelnden Augen an und sage: »Sie sind ein fantastischer Mensch!«

Entscheiden Sie selbst, wem Sie mehr glauben, meinem Körper und dem, was er ausdrückt, oder dem, was ich tatsächlich sage. Im besten Fall werden Sie meine Worte für Ironie halten.

Deshalb ist die Körpersprache, also die Art, wie wir unseren Körper einsetzen, wie wir den Worten körperlichen Halt geben, enorm wichtig. Sie können felsenfest eine Meinung vertreten, bedingungslos dahinter stehen, wenn Ihr Körper das nicht ausdrückt, diese Meinung also nicht transportiert, wird Ihnen niemand glauben oder nur halbherzig zuhören. Sammy Molcho, der bekannte Pantomime und Spezialist für Körpersprache, war der erste Künstler, der sein Wissen an andere Berufsgruppen weitergab. Er stellte diesbezüglich den Vergleich zur Mathematik an: *»Alles was man in der Mathematik mit null multipliziert, ergibt auch null. Wenn Sie also mit null Körpersprache kommunizieren, kommt auch null beim Zuhörer an.«*

Gesprochene Sprache und Körpersprache sind zwei unterschiedliche »Sprachen« oder auch kommunikative Systeme, derer wir uns bedienen. Die Sprache des Körpers ist uns in der Regel nicht bewusst. Wir konzentrieren uns in der Kommunikation meist mehr auf unseren Kopf, da wir den Verstand weitaus höher einstufen. Dadurch läuft Kommunikation hauptsächlich über gesprochene Sprache ab. Sie ist das am häufigsten verwendete Mittel zur Verständigung.

Aber ist sie auch das beste und untrüglichste Kommunikationsmittel, über das wir verfügen? Was geschieht, wenn wir einem fremden Menschen begegnen? Was veranlasst uns, den einen sympathisch und den anderen unsympathisch zu finden? Was lässt einen Menschen charismatisch wirken? Es ist die Ausstrahlung eines Menschen, die nach außen sichtbare geistige und seelische Haltung. Und wer oder was lässt uns diese innere Haltung nach außen sichtbar werden? Der Körper. Der Körper setzt unsere innere Haltung, unsere Einstellung, unsere Gedanken, Gefühle in Signale um – so genannte nonverbale Signale. Diese Signale werden zu den Gesprächspartnern gesandt – ob das dem Betreffenden bewusst ist oder nicht, das Gegenüber nimmt sie alle auf und bewertet sie nach seinem Innenleben und seinen individuellen Maßstäben.

Der Körper reagiert immer spontan und überlegt nicht lange, wie er jetzt am besten auf sein Gegenüber reagiert – so wie wir es auf sprachlicher Ebene tun. Mit unserem Körper und seiner Ausdrucksfähigkeit können wir uns nur schwer verstellen. Wir können zwar aufhören zu sprechen, wir können jedoch niemals aufhören, mit dem Körper zu kommunizieren, der Körper kann also bei einer Kommunikation niemals schweigen.

So ist die Körpersprache dem Inhalt letztlich übergeordnet. Das haben Untersuchungen eindeutig ergeben. Wie bereits im 1. Kapitel erwähnt, macht die körperliche Beziehungsebene der Gesprächspartner macht 55 Prozent aus, der Inhalt des Gesagten nur sieben Prozent. Für eine Präsentation bedeutet das, dass Sie Ihre Zuhörer zu 55 Prozent mit Ihrer Körpersprache beeinflussen und beeindrucken und nur zu sieben Prozent mit dem, was Sie sagen. Mit dem Klang Ihrer Stimme beeinflussen Sie Ihre Mitmenschen zu 38 Prozent – für Ihre Wirkung ist auch sie wichtiger als der Inhalt (siehe dazu S. 140ff.). Der Sprechtechnik und Stimmbildung widmen wir uns im nächsten Kapitel.

Durch die Fokussierung auf den Intellekt, auf die gesprochene Sprache, haben wir verlernt, die Kommunikation unseres eigenen Körpers wahrzunehmen. Uns ist oft überhaupt nicht bewusst, was wir körperlich eigentlich machen. Wie wir stehen, wie wir gehen, ob wir zappeln, ob wir mit den Füßen scharren, mit dem Knie, mit dem Kopf wackeln, mit den Augen kneifen, das Kinn zu hoch halten, uns ständig die Lippen lecken, die Mundwinkel festhalten oder ironisch nach unten ziehen, viele kleine nervöse Gesten machen, wo doch eine bewusst gesetzte viel aussagekräftiger wäre. Gerade durch die intellektuelle Fokussierung existieren die meisten Menschen unterhalb ihres Kopfes praktisch nicht mehr, sie nehmen sich und ihren Körper nicht mehr wahr. Zumindest bei öffentlichen Situationen – Gesprächen, Diskussionen und Vorträgen. Unsere Gesprächspartner reagieren jedoch auf all diese körpersprachlichen Signale – allerdings meist unbewusst. Sie könnten hinterher nicht mehr sagen, warum Sie diesen Redner so faszinierend fanden und jenen absolut unglaubwürdig.

Ich möchte kein weiteres Körpersprachebuch schreiben, es sind bereits sehr viele im Handel erhältlich. Aus der Schauspielkunst kommend, halte ich nicht besonders viel von diesen programmatischen Regeln, die die Individualität eines Menschen sehr einengen. Wenn ein Mensch die Hände vor der Brust verschränkt, muss das noch lange nicht heißen,

71

dass er sich verschließt – vielleicht friert er, oder ihm ist diese Körperhaltung gerade bequem. Wenn er die Hand in die Hosentasche steckt, hat er noch lange nichts zu verbergen. Wichtig ist nur, dass er sie nicht während des ganzen Vortrags oder Gesprächs darin versteckt hält, denn so würde er sich gestisch einschränken. Doch für einen Moment kann das durchaus Lockerheit und Sympathie signalisieren und keineswegs nur Nichtachtung und Ablehnung, wie manche »Körpersprachespezialisten« uns weismachen wollen.

Entscheidend ist die Energie, die hinter einer körpersprachlichen Geste steht. Das Wichtigste ist, dass der Mensch aus seinem körpersprachlichen Zentrum heraus agiert – nur so wirkt er in allem, was er tut, authentisch. Wenn man Gesten äußerlich oder gar vor dem Spiegel trainiert, läuft man große Gefahr, dass sie aufgesetzt und künstlich wirken. Lassen Sie sich also bitte von niemandem passende Gesten einreden. Diese wirken selten natürlich, eher geführt, eben wie Ballett oder Pantomime.

Mir ist vielmehr daran gelegen, dass Sie von innen heraus die Ihnen gemäßen Gesten finden. Was für den einen gilt, muss für Sie noch lange nicht gelten, und was bei Ihnen glaubhaft Ihre Persönlichkeit unterstreicht, wirkt bei jemand anderem unnatürlich, wenn er Ihre Gestik äußerlich kopiert. Eine Ihnen gemäße, natürliche, authentische und damit überzeugende Körpersprache können nur Sie selbst finden. Wie, dazu kommen wir in den folgenden Abschnitten.

An Schauspielschulen wird niemals gelehrt, was eine körpersprachliche Geste bedeutet. Am Theater gibt es ein Grundgesetz: Du kannst alles machen, solange du es richtig und glaubhaft deinem Publikum verkaufst. »Das macht man nicht« gibt es also nicht, dann würde man immer wieder gleich, sehr eintönig und eindimensional agieren und niemals neue, unentdeckte Gesten finden. Auch Sie wollen sich ja immer wieder neu entdecken. Was vor einem Jahr noch stimmig für Sie war, gilt vielleicht schon heute nicht mehr. Wie sollen Sie das herausfinden, wenn Sie sich an starre Regeln halten und sich ständig wiederholen?

Entscheidend ist, alles mit der richtigen Haltung zu tun. So werden Sie vollkommen selbstverständlich die eigene authentische und angemessene Gestik finden.

Körpersprache ist immer vorhanden, ob bewusst oder unbewusst. Bringen wir etwas Licht in unsere Unbewusstheiten, erhellen wir unsere blinden Flecken. Lernen wir, unsere Körpersprache bewusst einzusetzen, sie zu lesen, denn so erfahren wir mehr über uns selbst und über unser Gegenüber. Wenn wir uns bewusst werden, dass und warum unser Körper dies oder jenes tut, haben wir eine größere Chance, es auf Wunsch zu ändern, zu beeinflussen, zu verstärken oder wegzulassen. *»Erst wenn ich weiß, was ich mache, kann ich tun, was ich will«*, sagt Moshé Feldenkrais, der bekannte Verhaltensphysiologe.

Nur durch Bewusstheit und Training kann ich letztlich die Wirkung erzielen, die ich tatsächlich beabsichtige, die mir nach meinem Ermessen gemäß ist und zu mir passt.

2.1 Motorische Reflexe

Körperliche Reaktionen auf sinnliche Eindrücke

Alles, was wir mit unseren Sinnen wahrnehmen, wird sofort von unserem Körper und seiner Motorik als Reaktion umgesetzt. Gehen wir einmal all unsere Sinne durch: Wir *hören*, wie eine Tür zuschlägt, augenblicklich und ohne nachzudenken, zuckt unser Körper zusammen. *Sehen* wir etwas Angenehmes, wird der ganze Körper sich entspannen und nur durch diese sinnliche Wahrnehmung, noch bevor ein Gedanke sich dazwischenschieben kann, ein Lächeln auf unser Gesicht zaubern. Auch auf den *Tastsinn* reagiert der gesamte Körper durch zusammenzucken, wenn uns beispielsweise jemand kneift. Ein Streicheln wird der Körper mit der gegenteiligen Reaktion wahrnehmen und sich dem angenehmen Gefühl hingeben. Dieselbe Reaktion wird im Körper ausgelöst, wenn wir etwas Angenehmes *riechen*. *Schmecken* wir etwas Bitteres oder Saures, verziehen wir das Gesicht und der ganze Körper schüttelt sich. – Alles, was wir mit unseren Sinnen aufnehmen, wird vom Körper unwillkürlich und spontan in Reaktion umgesetzt.

Beeinflussung der Körpersprache durch Gedanken

Doch nicht nur unser sinnliches Wahrnehmen, auch unsere geistige und seelische Verfassung wird vom Körper umgesetzt. Der Körper reagiert auf unausgesprochene Gedanken sofort. Keine Bewegung ist zufällig, sondern immer das Ergebnis bewussten oder unbewussten Denkens. Körper und Gedanke bilden eine Einheit.

Erinnern Sie sich, wie Ihnen, während Sie entspannt am Abend arbeiteten, plötzlich einfiel, dass Sie den Hochzeitstag vergessen hatten? Wie reagierte Ihr Körper? Sie waren im Bruchteil einer Sekunde völlig angespannt und spurteten ohne zu Überlegen gleich los, um noch ein Geschenk zu besorgen. Und was hat dieses Gefühl verursacht? Ein Gedanke.

Umgekehrt funktioniert die Gedanken-Körper-Reaktion natürlich auch. Stellen Sie sich vor, Sie befinden sich in einer Stresssituation, in der Ihr Körper völlig angespannt ist. Wenn Sie sich mitten in dieser angespannten Situation daran erinnern, wie Sie im Urlaub unter einer Pinie mit Blick auf das blaue Meer einen kühlen Drink zu sich nahmen, entspannt Ihr Körper sofort.

Die Körpertherapie hat die Erinnerung des Körpers an Erlebtes wissenschaftlich bewiesen. Man geht davon aus, dass nicht nur der Geist über ein Erinnerungsvermögen verfügt, sondern auch der Körper. Demnach wird alles, was wir erleben, auch im Körper abgespeichert. Je nachdem ob diese Erinnerung positiv oder negativ ist, schlägt sich das emotional in Hochs oder Tiefs und körperlich in Wohlbefinden oder Unwohlsein nieder.

Befinden Sie sich also in einer Stresssituation und sind vor Anspannung und Aufregung »außer sich«, können Sie sich gezielt in Ihren Körper zurückführen. Denken Sie an etwas, was Sie als äußerst angenehm und entspannend erlebt haben. Ihr Körper entspannt und Sie finden automatisch in Ihr körperliches Wohlbefinden zurück (siehe das Kapitel »Emotionales Gedächtnis«, Seite 58).

Wechselwirkung von traumatischen Ereignissen und Körper

Erlebt man zum Beispiel in der Kindheit oder Jugend eine traumatische Situation, wird man diese negative Erfahrung nicht nur in der Psyche, sondern auch im Körper abspeichern. Sie wird sich in irgendeiner Form im Körper widerspiegeln, beispielsweise in hängenden Schultern und eingefallenem Brustkorb oder dem Gegenteil, im festgehaltenen Brustkorb und damit verbundener Hochatmung. Das Interessante ist: Sie können dieses Trauma längst aufgelöst haben, zum Beispiel durch Psychotherapie oder weil sich Ihre gesamten Lebensumstände verändert und damit Ihr Erfahrungshorizont erweitert haben – die körperlichen Entsprechungen werden dennoch bleiben. Erst wenn sie Ihnen bewusst sind, können Sie sie durch gezieltes Training ablegen. Oder Sie schauen sich in Ihrer Kindheit völlig unbewusst etwas von Ihren Eltern ab. Vielleicht hat Sie gerade das bei Ihrer Mutter immer so gestört. Dennoch haben Sie es übernommen. Ich weiß, das klingt unlogisch.

Ich arbeitete einmal mit einer wunderbaren Frau, die eine fantastische Ausstrahlung hatte. Sie bat mich um ein Einzelcoaching, da sie realisierte, dass sie privat und in lockerer Runde immer völlig anders von ihren Mitmenschen aufgenommen wurde, als beim öffentlichen Präsentieren ihrer großen Hotelkette. Beim Anfangsgespräch wirkte sie sehr souverän, selbstsicher und sympathisch. Kaum ging ich jedoch mit ihr in Präsentationsübungen, bemerkte ich, wie sie beim Sprechen extrem ihre Mundwinkel festhielt und den Mund bei den Konsonanten *e* und *i* breit zog. (siehe auch das Kapitel »Professionelles Sprechen, speziell den Abschnitt zur Artikulation«, S. 168). Dazu hob sie völlig unkontrolliert die Augenbrauen und zur Krönung hielt sie das Kinn einen Tick zu hoch. Diese körpersprachlichen Signale ließen sie arrogant erscheinen. Ich war erstaunt, denn, wie schon erwähnt, wirkte sie in normaler Gesprächssituation ganz anders, nämlich charmant und kompetent.

Halten Sie beim Sprechen die Mundwinkel fest,
wirkt der Gesichtsausdruck angespannt
oder gar zickig.

Diese »Fehlleistungen« kann man nicht einfach abstellen, indem man von einer Trainerin darauf hingewiesen und aufgefordert wird, sie zu unterlassen. Immer wenn man versucht, äußerlich etwas zu ändern, wirkt es künstlich, aufgesetzt und nicht authentisch. Der Klient wird diese Gewohnheiten aber von selbst aufgeben, sobald ihm die Basis seiner Körpersprache bewusst geworden ist und er sie durch ein Training gefestigt und damit im Körpererinnerungsvermögen abgespeichert hat. Ich arbeitete also mit dieser Dame einige Stunden, dabei fand sie die ihr gemäße Mimik und Körperhaltung und hatte schließlich eine komplett andere Ausstrahlung.
Zum Glück hatte ich die Anfangsübung mit der Kamera auf-

genommen, so konnten wir uns die Vorher- und Nachhersituationen ansehen. Der Unterschied war frappierend. Auf einmal fiel ihr wie Schuppen von den Augen, dass ihre Mutter immer so gesprochen hatte. Das war exakt die Kopfhaltung ihrer Mutter, dasselbe Festhalten der Mundwinkel, das sie schon als Kind so unangenehm fand. Dennoch hatte sie diese Gewohnheiten unbewusst übernommen. Aber es war ihr nie aufgefallen. Mit einigen Stunden Arbeit und durch Bewusstheit und Training war das jahrelange Problem, das zu einer komplett anderen Ausstrahlung führte, gelöst!

Natürlich ist man immer geneigt, in alte Gewohnheiten zurückzufallen. Unterschätzen Sie dabei jedoch das Bewusstsein nicht. Wenn Sie bewusst etwas ändern wollen und die richtigen Trainingsmethoden kennen, funktioniert die Veränderung zu Ihren Gunsten sehr schnell. Denn damit lassen Sie Ihren Körper endlich das machen, was er tatsächlich machen will. Wir müssen also nicht noch sehr viel dazulernen, oft liegt die Kunst auch im Weglassen.

Der Körper verrät Unbewusstes

Nicht nur bewusste Gedanken werden sofort vom Körper und seiner Motorik umgesetzt, sondern auch Unbewusstes. Diese Erkenntnis ist für uns, die wir Körpersprache lesen lernen und sie bewusst einsetzen möchten, besonders interessant.

Stellen Sie sich vor, Sie sitzen mit Ihrem Chef am Tisch und unterbreiten einen Vorschlag. Ihr Gegenüber sagt, dass er den Vorschlag prüfen wolle und wischt gleichzeitig einen (vermeintlichen) Krümel vom Tisch oder (scheinbar) ein paar Haare vom Revers. Sein Körper signalisiert, dass er eher geneigt ist, Ihren Vorschlag abzulehnen als zu bedenken. Der Körper setzt einen Gedanken in eine scheinbar sinnvolle Handlung um. Da jedoch weder Krümel noch Haare vorhanden sind, wischt die Hand etwas weg, was als Materie nicht vorhanden ist: den Gedanken.

Als Vorschlagender haben Sie zwei unterschiedliche Botschaften erhalten: Eine verbale und eine nonverbale. Die verbale fiel positiv aus und gab Ihnen Hoffnung. Mit der nonverbalen wurde Ihr Vorschlag jedoch verworfen.

Erkennt man an der Körpersprache des anderen seine wahre, nicht von Konventionen verstellte Intention, kann man ganz gezielt darauf eingehen. Der eine Vorschlag findet beim Gesprächspartner keinen Zuspruch, also kann ich einen anderen Vorschlag unterbreiten. Ich kann innerlich dem körpersprachlichen Signal des anderen für die Information danken und es für die verbale Kommunikation nutzen.

2.2 Die innere und äußere Haltung

Seien wir ehrlich, die Erziehungsarbeit unserer Eltern und Erzieher betreffs unserer geraden Haltung hat uns immer genervt. »Steh gerade«, »Sitz aufrecht am Tisch«, »Schultern zurück«, »Kopf hoch« – das war nicht nur schwierig zu machen, sondern auch anstrengend und lästig. Unsere kindliche Intuition war durchaus richtig, denn diese Form der geraden Haltung ist hochgradig unorganisch. Lassen wir uns im Gegensatz dazu körperlich jedoch gehen und folgen der Bequemlichkeit, sitzen, stehen, gehen wir also krumm, lassen Schultern und Muskeln hängen, so strahlen wir weder Kompetenz noch Selbstsicherheit aus.

Deshalb erinnern wir uns kurz vor einem Auftritt und während einer Präsentation an die Sprüche unserer Erzieher. Es ist amüsant zu sehen, wie sich viele Redner, kurz bevor sie eine Bühne betreten, zurechtruckeln. Die Gelenke knacken, durch nachlässige Bequemlichkeit im Alltag sind sie eingerostet, und die körperliche Spannkraft ist durch die vornehmlich sitzende Tätigkeit verschwunden. Da wir uns in gewöhnlichen Situationen so gehen lassen, haben wir das Gefühl für die Spannungsverhältnisse im Körper verloren. Mit autosuggestiven Formeln, wie »Kopf hoch, Brust raus, Bauch rein«, versuchen wir sie wieder zu finden, aber dadurch verspannt sich der Körper erst recht. Der Mensch, der sich nun aufrecht wähnt, wirkt dabei künstlich und verspannt. Für eine wahrhaft aufrechte Haltung, die die Besonderheit Ihrer Persönlichkeit widerspiegelt, müssen Sie also die richtigen Spannungsverhältnisse in Ihrem Körper finden.

Spannen Sie die Muskelgruppen an, die für eine natürliche aufrechte Haltung notwendig sind, so können Sie alle anderen, die daran nicht beteiligt sind, entspannen. Somit haben Sie eine adäquate *äußere* Haltung für Ihre *innere* gefunden.

Dasselbe spiegelt sich auch in unserer Sprache wider. Wir

fragen unsere Mitstreiter, welchen Standpunkt sie zu einem Thema vertreten. – Für diesen inneren, mentalen Standpunkt, sollten wir auch einen entsprechenden äußeren einnehmen. Einen Standpunkt, der auch äußerlich die Unbedingtheit, die Klarheit und Eindeutigkeit unserer mentalen Haltung ausdrückt.

Wenn Sie nun, während Sie öffentlich Ihre Gedanken und Ideen darlegen, hin- und hertänzeln oder auf- und ablaufen, lösen Sie körpersprachlich diese Eindeutigkeit wieder auf. Sehr verbreitet ist auch, dass Redner unkontrolliert wippen, sich immer wieder auf die Zehenspitzen stellen und auf die Fersen zurückwippen. Oder sie stellen ein Bein vor, eins zurück und verlagern ständig das Gewicht von einem Bein auf das andere. Beliebt ist auch die seitliche Standbein-Spielbein-Variante und während der permanenten Gewichtsverlagerung die Hüfte einzuknicken.

Mit diesen äußeren körperlichen Signalen lösen Sie Ihren inneren Standpunkt immer wieder auf, beziehungsweise wird die Glaubwürdigkeit Ihres eindeutigen inneren Standpunkts geschmälert.

Die enge Verbindung von Stehen und Standpunkt

Finden Sie einen festen körperlichen Standpunkt und stehen Sie dazu! Das bedeutet nicht, dass Sie eine halbe Stunde wie angewurzelt auf derselben Stelle stehen müssen. Natürlich können Sie sich bewegen und ein paar Schritte gehen. Aber diese Bewegung sollte im Fluss sein, harmonisch und damit angenehm im Äußeren. Auch sollte sie sinnvoll und nicht unbewusst und unkontrolliert ablaufen. Wenn Sie zum Beispiel eine These oder eine provokante Frage etwas nachdrücklicher gestalten wollen, können Sie das verstärken, indem Sie einige Schritte auf Ihr Publikum zugehen.

Ein altes Theatergesetz lautet: »Jede Bewegung hat einen

Signalisieren Sie durch Ihren körperlichen Standpunkt auch Ihren mentalen Standpunkt.

Stehen Sie nicht zentriert, lösen Sie körpersprachlich die Eindeutigkeit Ihres inneren Standpunkts auf.

Anfang und ein Ende.« Sie können also gezielt Ihren vorigen Standpunkt verlassen, mit der nachdrücklichen Frage einige Schritte auf die Zuhörer zugehen, um dann einen neuen (äußeren) Standpunkt zu finden. Nachdem Sie dort einige Sätze gesprochen haben, können Sie wieder zu Ihrem Ausgangspunkt zurückkehren. Solche Bewegungen lockern Ihren Vortrag eher etwas auf. Nur sollten Sie bewusst und kontrolliert ausgeführt werden.

Auch hier ist weder Künstlichkeit noch äußerliche Geführtheit, also kein peripheres Körperballett gemeint, im Sinn von: steif stehen, drei Schritte kontrolliert gehen, wieder für zehn Sätze stehen. Im Fluss sein bedeutet, harmonische Abwechslung von dynamischen und statischen Bewegungsphasen, angepasst an den Inhalt Ihres Vortrags.

Der Standpunkt eines Menschen drückt sich vor allem in seiner Körperhaltung aus. In dem Moment, in dem wir eine bestimmte körperliche Haltung einnehmen, treten auch die Gefühle, die dieser Haltung eigen sind, auf. Machen Sie die

Probe aufs Exempel: Nehmen Sie eine eingefallene Körperhaltung ein. Lassen Sie die Schultern und den Kopf hängen, der Blick ist gesenkt. Verharren Sie einige Minuten in dieser Haltung. Versuchen Sie, mit dieser Körperhaltung Freude und Optimismus zu empfinden! Was Sie selbst nicht empfinden können, das können Sie natürlich auch nicht ausstrahlen.

Der körperliche Schwerpunkt

Wie finden wir nun unsere aufrechte Haltung, eine Haltung, bei der die Spannungsverhältnisse im Körper stimmen?

Die aufrechte Haltung, mit der wir Aufrichtigkeit, Authentizität und Harmonie ausstrahlen, zentriert sich in unserem Schwerpunkt. Schneidet man den Körper gedanklich einmal quer und einmal längs durch, bildet der Mittelpunkt der beiden Schnittlinien die Mitte des Körpers. Dort im Beckenraum befindet sich unser körperliches Zentrum, der so genannte Schwerpunkt.

In allen Kulturen ist dieser körperliche Schwerpunkt bekannt. Die Asiaten nennen es Tan Tien, im Tai Chi nennt man es Hara, auch der orientalische Bauchtanz und afrikanische rituelle Bewegungsabläufe kreisen um diesen Punkt.

Kleist beweist in seinem Aufsatz »Über das Marionettentheater«, dass Menschen, die aus diesem Schwerpunkt heraus agieren, sich selbst mit künstlichen Gliedmaßen harmonischer bewegen als manche professionellen Tänzer, und Marionetten wirken absolut lebendig, wenn sie von diesem Schwerpunkt aus geführt werden. Jede Frau begreift in der Schwangerengymnastik die Wichtigkeit dieses Punktes für den Gebärvorgang und lernt, dort hineinzuatmen. Besitzt der Mensch einen Zugang zu diesem Schwerpunkt, ist er zentriert – körperlich und geistig. Jede Bewegung, die man organisch ausführt und die auf den Betrachter harmonisch wirkt, beginnt an diesem Punkt. Natürlich nimmt auch jede Geste, ist sie authentisch und zur Person passend, im körperlichen Zentrum ihren Anfang.

 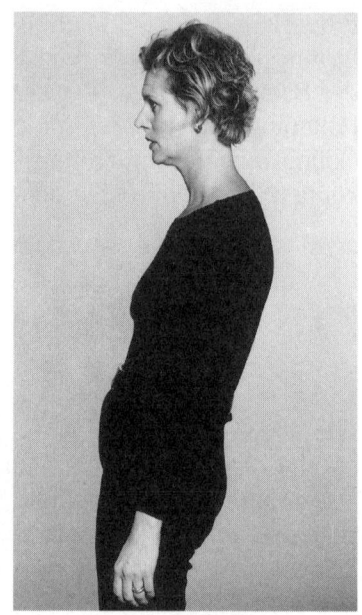

Diese Körperhaltung vermittelt keine präsente Persönlichkeit, da der Körper *unterspannt* ist. Das zeigt sich in dem nach vorn verlagerten Becken.

Tiere bewegen sich jederzeit organisch, natürlich und harmonisch. Es gibt kein Tier, das nicht authentisch ist, denn ein Tier hat immer einen direkten Zugang zu seinem Schwerpunkt. Durch seine vier Auflagepunkte hat der Vierfüßler seinen Schwerpunkt genau in seiner Mitte, deshalb agieren Tiere völlig authentisch aus ihrem Körperzentrum heraus. Eine Löwin beispielsweise kann völlig entspannt in der Mittagssonne liegen und, wenn sie etwas wittert, aus dieser Haltung heraus sofort zum Sprung ansetzen. Jede ihrer Bewegungen wird vollkommen entspannt und organisch sein. Mühelos und ohne Anstrengung. Wir Menschen jedoch, die wir uns aufgerichtet haben, haben nur zwei Auflagepunkte. Der Schwerpunkt unseres Körpers verliert seine Mitte und ist uns kaum noch bewusst.

Kinder besitzen ihn noch, sie sind noch nicht in dem Maß sozialisiert und zivilisiert wie der Erwachsene. Deshalb haben Kinder einen vollkommen authentischen Selbstausdruck. Ist

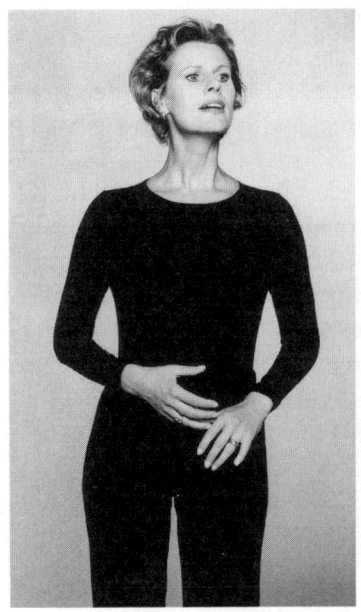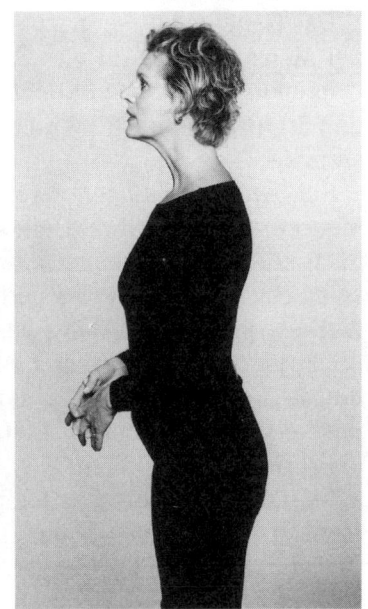

Solche Menschen wirken »überspannt«, da zu viel Energie den Körper in Überspannung führt.

ein Kind wütend, wird sein ganzer Körper bis ins letzte Glied dieses Gefühl ausdrücken, schmust ein Kind mit den Eltern, tut es auch das hingebungsvoll mit seinem gesamten Körper. Körper und Geist sind noch eins. Doch wir erwachsenen Menschen haben dieses Bewusstsein für unser Zentrum und den Kontakt zum Schwerpunkt meist verloren. Unsere Aufmerksamkeit halten wir fast ausschließlich im Kopf geballt, wir setzen uns meist nur noch intellektuell mit dem Leben auseinander, wir sitzen zu viel, fühlen uns dadurch von unserem Körper abgeschnitten und nehmen ihn kaum noch wahr. Das äußert sich darin, dass wir unser körperliches Zentrum nachlässig nach vorn verlagern. Wir schieben das Verletzbarste, was wir haben, unseren Bauch, nach vorn. Diese Fehlleistung unseres Körpers kompensieren wir, indem wir die Hände schützend auf den Bauch legen. Das wirkt nicht nur nachlässig, auch der Energiefluss des Körpers ist blockiert.

Das Gegenteil dieser nachlässigen Körperhaltung sehen wir bei Menschen, die zu viel Energie haben. Sie sind in ihrer Überenergie so auf den Kopf fokussiert, dass dieser den Gang anführt, das Kinn schiebt sich vor, das Becken im Gegenzug zurück.

Bei beiden Haltungen verliert das Becken seine Mitte. Ein Mensch, der mental und emotional in seiner Mitte ist, wird auch körperlich in seiner Mitte sein, das heißt, sein Becken, sein Schwerpunkt, sein körperliches Zentrum ist in seiner Mitte. Diese körperliche Mitte, dieses Gefühl für unseren Schwerpunkt ist für jede unserer Bewegungen von größter Bedeutung – für unseren Stand, unseren Gang, unseren Auftritt, unsere Gestik, und nicht zuletzt, um ausdauernd und mühelos sprechen zu können.

Im Lauf der verschiedenen Lebensphasen tendiert der Mensch dazu, seinen Schwerpunkt zu verlagern. Bei einem dreijährigen Kind sitzt er noch in den Knien. Der Körperschwerpunkt ist also noch unterhalb des Rumpfes.

Jugendliche verschieben ihren Schwerpunkt gerne in die Hüften. Das kann ich gut bei der Clique meiner 15-jährigen Tochter beobachten. Das Becken wird vorgeschoben und die Bewegungen verlaufen sehr hüftbetont. Der Oberkörper verschiebt sich extrem nach hinten, die Schultern hängen.

In Filmen, die besonders Jugendlichkeit vermitteln wollen, bewegen sich auch Erwachsene sehr hüftbetont. Denken wir dabei an Western oder erinnern wir uns an Filmklassiker wie »Denn sie wissen nicht, was sie tun« mit James Dean.

Der erwachsene Mensch, der Kompetenz, Selbstsicherheit und Macht ausstrahlen will, verlagert sein körperliches Zentrum in den Bauch- und Beckenbereich. Der Brustkorb ist aufgerichtet und die Wirbelsäule wird in größtmögliche Streckung gebracht.

Bei Menschen, die wenig Bewusstheit für ihren Körper entwickelt haben, rutscht der Schwerpunkt im Alter von 50 bis 60 Jahren wieder in den Hüftbereich. Dann hat sich meist der Bauch schon etwas gerundet und die Ausstrahlung bekommt eine gewisse Gemütlichkeit aber auch Nachlässigkeit.

70- bis 80-Jährige verlieren das körperliche Zentrum, das

ja auch Sitz der Vitalität ist, und der Schwerpunkt wandert nach unten in die Knie. Mit dem Stock schleppen sich solche Menschen dann oft mühsam von Schritt zu Schritt.

Wie eine Welle richtet sich der Körper in der ersten Lebenshälfte von den Knien über Hüfte, Becken und Brust auf und fällt im Alter wieder zurück – wenn der Mensch sich gehen lässt. Zwangsläufig ist dies jedoch nicht, denn jeder Mensch kann für sich entscheiden, ob er der Schwerkraft folgen mag oder sich bewusst für eine aufrechte Haltung entscheidet. Für eine Haltung also, die, gleich in welchem Alter, die Basis für eine offene Ausstrahlung ist. Voraussetzung hierfür ist das Bewusstsein dafür, die notwendige geistige Haltung und ein kleines Training, das die entsprechenden Muskelgruppen stärkt. Wie finden Sie nun Ihr physiologisches Zentrum?

ÜBUNG: SITZ DES KÖRPERLICHEN ZENTRUMS

Der Schwerpunkt oder das körperliche Zentrum jedes erwachsenen Menschen befindet sich im Beckenraum.
- Stellen Sie sich bequem hin.
- Stellen Sie sich vor, Sie werden am Scheitelpunkt Ihres Kopfes an einem unsichtbaren Gummiband emporgezogen. Bringen Sie Ihre Wirbelsäule in größtmögliche Streckung.
- Das Becken sollte fast waagerecht stehen, also keinesfalls zurück, eher ein wenig nach vorn geneigt sein.
- Achten Sie auf Ihre Schultern! Lassen Sie sie entspannt und locker. Ziehen Sie sie keinesfalls hoch, sondern leicht herunter und ein wenig zurück.
- Die Schulterkuppen und die Arme hängen seitlich schwer herab, wobei die Wirbelsäule senkrecht aufwärts strebt.
- Stellen Sie sich ein flexibles Stäbchen vor, das vom unteren Ende des Brustbeins quer durch den Körper zum Kreuzbein geht. Würden Sie das nun Becken abkippen, zerbräche das Stäbchen.

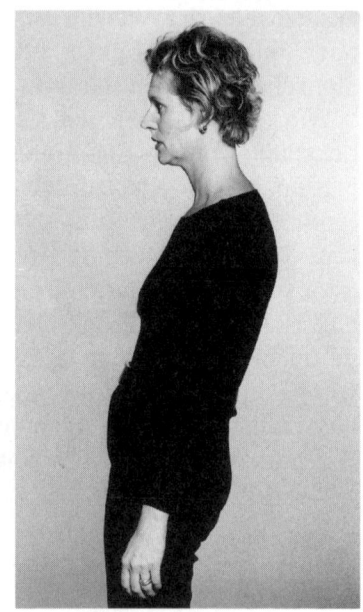

Hier befindet sich der körperliche Schwerpunkt in der Mitte. Mit dieser Körperhaltung können Sie richtig stehen, gehen, Gesten setzen und atmen. – Sie wirken jederzeit authentisch und präsent.

Die legendäre Nuss

Gleich zu Beginn meiner Seminare, Trainings und Coachings etabliere ich gern die »Nuss im Hintern«, die immer für viel Gelächter sorgt. Aber sie stellt auch eine der größten Hilfen dar. Wenn ich nach Monaten oder Jahren ehemalige Seminarteilnehmer treffe, flüstern sie mir oft grinsend zu: »Frau Landauer, die Nuss hat es gebracht – durch sie finde ich jederzeit mein körperliches Zentrum. Egal in welcher Situation ich mich befinde, denke ich an die Nuss, bin ich sofort zentriert.« Deshalb möchte ich Ihnen besagte Nuss auch nicht vorenthalten.

ÜBUNG: DIE NUSS

- Stehen Sie aufrecht wie in der vorigen Übung.
- Kippen Sie das Becken ein wenig nach vorn.
- Halten Sie die Gesäßmuskeln in Anspannung, als ob Sie eine kleine Haselnuss festhalten müssten.
- Bitte auch hierbei keine Übertreibungen.
- Eine *leichte* Spannung in den Gesäßmuskeln – eine Haselnuss ist schließlich keine Walnuss!

Vermeiden Sie jedes Überspannen und Verkrampfen der Muskelgruppen, aber auch jede Unterspannung, also körperliche Laschheit. Damit Sie die Spannungsverhältnisse in Ihrem Körper verstehen und jederzeit für sich nutzbar machen können, trainieren wir mit so genannten Isolationsübungen. So lernen Sie, verschiedene Muskelgruppen in Spannung zu halten, diese Spannung jedoch nicht auf andere Muskeln und Körperteile zu übertragen.

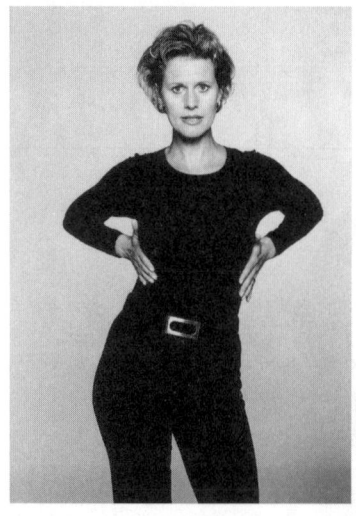 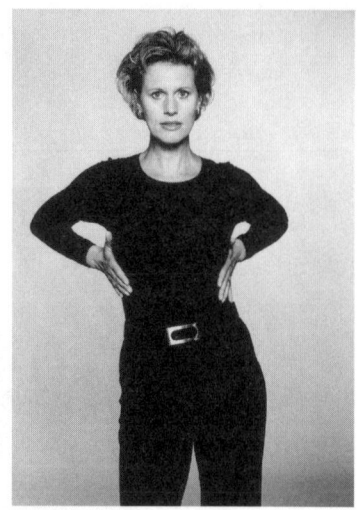

ISOLATIONSÜBUNG 1:

- Stellen Sie sich bequem hin, die Füße schulterbreit, fest wie Saugnäpfe auf dem Boden. Die Knie leicht gebeugt.
- Stützen Sie die Hände in die Hüften.
- Schieben Sie nun das Becken weit nach vorn.
- Achten Sie darauf, dass sich nur das Becken verschiebt. Der Oberkörper verharrt wie einbetoniert an seiner Stelle.
- Schieben Sie das Becken vom Steißbein aus möglichst weit nach hinten.
- Wiederholen Sie diese Beckenverschiebung dreimal.
- Ziehen Sie nun das Becken nach rechts.
- Schieben Sie Ihr Becken jetzt weit nach links.
- Wiederholen Sie die seitliche Beckenverschiebung dreimal.
- Lassen Sie Ihr Becken nun mehrmals kreisen – nach vorn, rechts, hinten, links. Wiederholen Sie diese Kreisbewegung in die andere Richtung.

Gehen Sie immer bis an Ihre Grenze und noch etwas darüber hinaus. Während der Übung bleibt der Oberkörper völlig unbeweglich und stabil. Bitte entspannen Sie nun.

ISOLATIONSÜBUNG 2:

- Stellen Sie sich bequem hin, die Füße schulterbreit, fest wie Saugnäpfe auf dem Boden. Die Knie leicht gebeugt.
- Achten Sie darauf, dass sich nur der Oberkörper verschiebt. Der Unterkörper verharrt wie betoniert an seiner Stelle.
- Die Bewegung beginnt am Brustbein, an dem ein unsichtbarer Faden befestigt ist. Der Faden zieht das Brustbein nach vorne, die Arme folgen und ziehen den Oberkörper sehr weit vor.
- Nun zieht Sie ein unsichtbarer Faden zwischen den Schulterblättern weit nach hinten. Lassen Sie die Arme fallen.
- Ziehen Sie sich noch ein Stück weiter nach hinten, achten Sie darauf, dass Sie das Becken nicht verschieben.
- Wiederholen Sie diese Übung dreimal.
- Entspannen Sie sich.

ISOLATIONSÜBUNG 3:

- Nehmen Sie die Ausgangsposition der Übungen 1 und 2 ein.
- Heben Sie beide Arme seitlich auf Schulterhöhe.
- Lassen Sie sich wie von einer unsichtbaren Kraft über den Mittelfinger nach rechts ziehen. Das Becken bleibt stabil.
- Achten Sie darauf, dass sich das Becken nicht in die Gegenrichtung verlagert. Dafür müssen Sie Ihre Gesäßmuskeln anspannen.
- Nun zieht Sie diese Kraft weit nach links. Sie wollen rechts bleiben, die Kraft ist stärker.
- Wiederholen Sie diese Übung noch dreimal. Gehen Sie nicht zu bereitwillig in die andere Richtung, machen Sie es sich richtig schwer.
- Gehen Sie nun schnell, mit einem ruckhaften Impuls auf die rechte Seite und dann nach links.
- Wiederholen Sie diese Übung dreimal.
- Schütteln Sie Arme und Hände aus, entspannen Sie sich.

Agieren aus dem körperlichen Zentrum

Indem Sie mit diesen Übungen einen guten Zugang zu ihrem körperlichen Zentrum gefunden haben, haben Sie die ideale Voraussetzung für eine authentische Körpersprache und die ideale Basis für das professionelle Sprechen.

Alle Gesten und alle Bewegungen kommen aus dem körperlichen Zentrum und werden auch zu diesem zurückgeführt. Alle körpersprachlichen Äußerungen gehen von diesem Zentrum aus und werden dorthin zurückgeführt. Achten Sie beim Stehen darauf, dass die Schultern entspannt sind und die Arme locker an den Seiten herunterhängen. Nur im Beckenbereich, dort wo sich das körperliche Zentrum befindet, ist eine gewisse Spannung. – Denken Sie an die Nuss!!

2.3 Der authentische Gang

Dieses wiedergefundene körperliche Zentrum ist die ideale Ausgangsbasis für Ihren authentischen Gang.

ÜBUNG: AUS DEM ZENTRUM HERAUS GEHEN

• Nehmen Sie Ihre aufrechte Haltung ein, nutzen Sie dazu die Übung zum Finden des körperlichen Zentrums.
• Stellen Sie sich vor, ein unsichtbarer Faden aus dem körperlichen Zentrum zieht Sie nach vorn.
• Gehen Sie aus diesem Punkt heraus los.
• Halten Sie Ihre Schultern gerade, Ihren Kopf aufrecht und nehmen Sie das Kinn heran.
• Achten Sie auf Ihre Schrittgröße. Bitte nicht zu gemütlich laufen, gehen Sie etwas schneller.

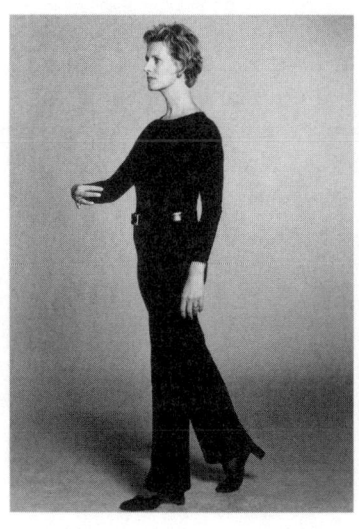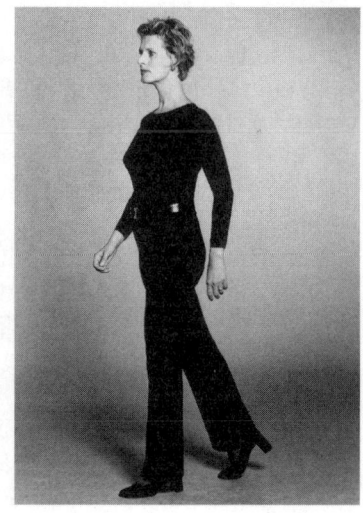

- Bleiben Sie mit der Aufmerksamkeit im körperlichen Zentrum und wenden Sie sich mit dem Blick an Ihre Umwelt.
- Die Schultern sind entspannt, der Brustbereich ist aufgerichtet, die Arme schwingen locker neben dem Körper hin und her, Sie haben keinerlei Spannung in den Armen, die Hände sind vollkommen locker.
- Die einzige Kraftquelle ist Ihr Schwerpunkt, alles andere macht der Körper von selbst.
- Achten Sie darauf, dass Sie die Spannung vom körperlichen Zentrum nicht mit in den Schulterbereich oder sogar mit in die Arme nehmen.
- Nehmen Sie das Kinn heran. – Sehr wichtig! Geht die Spannung mit in das Kinn, wird es vorgereckt. Das wirkt leicht arrogant und angespannt.

Diese Übung können Sie überall durchführen, beim Spazierengehen, beim Joggen oder wo auch immer Sie gerade sind.

Die Länge der Schritte

An der Länge der Schritte können wir viel über die innere Verfassung oder den Charakter eines Menschen ablesen. Geht ein Mensch mit kleinen Schritten und agiert mit kleinen, vielen, nicht unbedingt nervös wirkenden Bewegungen, ist das in der Regel ein detailverliebter Mensch. Er schätzt genaue, gründliche Erläuterungen, das heißt, sie sollten ihm Dinge bis ins Detail erklären, davon jedoch nicht zu viele.

Menschen, die große Schritte und große Gesten machen, sind für den großzügigen Entwurf geschaffen. Sie treten auf, erfassen alles mit einem Blick und wollen schnelle Informationen im Abriss. Erzählt man ihnen hingegen kleine Details, nervt sie das eher.

Danken Sie innerlich diesen körpersprachlichen Signalen und was sie Ihnen alles verraten. Diese können sie nun für die Kommunikation mit den Menschen nutzen.

An der Länge der Schritte können wir viel über den Charakter
eines Menschen ablesen.

2.4 Die Gestik

Unsere Hände stehen entwicklungsgeschichtlich in enger Beziehung zu unserem Hirn. Mit den Händen und mithilfe ihrer immer feiner werdenden Motorik begannen wir die Welt zu begreifen und auch zu gestalten. Was das menschliche Hirn erdachte, setzten die Hände um, und was die Hände ergriffen, erfuhr auch das Hirn. Wir greifen nach der Welt, um sie uns be-greifbar zu machen. Die Bedeutung der Hand liegt also nicht nur in der Fähigkeit zu handeln und zu reagieren, sondern auch im Erkennen und Empfinden. Hand und Hirn stehen in enger Wechselbeziehung beim Erfassen und Gestalten unserer Welt. Wir begreifen und sind ergriffen, wir berühren oder sind berührt, um hierfür nur einige sprachliche Beispiele zu nennen.

Unabhängig vom konkreten Handeln führen wir auch eine Fülle von Gesten aus. Gesten können als sprachliches Handeln bezeichnet werden. Denken wir nur daran, wie begeistert wir von der gestenreichen Sprache der Südländer sind, die sich uns doch nicht immer vollkommen erschließt. – Aber auch ein Mensch, der seine Gesten sehr sparsam einsetzt, kann uns faszinieren. Klein und bewusst gesetzt, kann eine Geste weit mehr aussagen, als viele, die schnell hintereinander folgen.

Die Bedeutungen einzelner Gesten sind sehr komplex und verschieden, und, wie alle körpersprachlichen Äußerungen, stark situationsabhängig. Sie dienen nicht nur der Ergänzung oder als Ersatz des Gesagten, sondern können auch eine eigenständige kommunikative Funktion haben. In der nonverbalen Kommunikation zwischen uns und unserem Gegenüber ist die Hand eines der wichtigsten Mittel. So wie alle Bewegungen geht auch die Gestik vom körperlichen Zentrum aus und wird wieder zu diesem zurückgeführt.

ÜBUNG: DAS SETZEN VON GESTEN

• Stehen Sie mit beiden Füßen fest auf dem Boden.
• Stellen Sie sich vor, Ihre Füße haften wie Saugnäpfe am Boden, die Knie sind leicht gebeugt, das Becken ist etwas nach vorne gekippt – denken Sie an die Nuss!
• Lassen Sie die Arme locker hängen.
• Nun machen Sie eine Geste, mit der Sie zum Beispiel Ihr Publikum einladen, Ihnen zuzuhören, lassen Sie diese Geste etwas stehen, bevor Sie sie wieder zurücknehmen.

Die offene und einladende Geste

Welche Gesten führen wir aus? Es gibt Gesten, mit denen wir auf etwas zeigen, Sachverhalte verdeutlichen oder räumliche Abstände aufzeigen. Mit Gesten verleihen wir dem Gesagten Nachdruck, laden unsere Zuhörer zu einer Reaktion ein oder kleiden unsere Worte in passende Gebärden, um Körper und Worte zu einem Gesamteindruck zu verschmelzen. Mit Gesten erweitern wir unsere Ausdrucksfähigkeit.

Interessant in diesem Zusammenhang ist, dass Schauspieler in einem Synchronstudio, obgleich sie den Text vor einem Mikrofon sprechen und demzufolge von niemandem gesehen werden, die gleichen Gesten ausführen wie auf der Bühne vor Publikum. Oder sie benutzen und kopieren die Gesten, die der Schauspieler auf der Leinwand verwendet. So findet der Synchronsprecher den Sprachduktus und die Haltung des Schauspielers, dessen Text er spricht.

Auch wenn ein Schauspieler im stillen Kämmerlein seinen Text lernt und sich seine Rolle erarbeitet, verstärkt er oft seine Gestik, um die richtige Haltung der Rolle zu finden, und zu begreifen, wie seine Figur spricht. Auf diese Weise beginnt der Text zu leben. So läuft der Schauspieler nicht Gefahr, dass ein Text aufgesagt oder pathetisch klingt, sondern sein Spiel wird natürlich, authentisch und glaubhaft.

Widersprechen Gesten der verbalen Aussage, offenbaren sie die wahren Absichten. Aber auch dann ist es entscheidend, die Situation als Ganzes intuitiv zu erfassen. Des Weiteren gibt es Gesten, die in die gesellschaftliche Konvention einer Kultur eingegangen sind. Dazu zählen das Händeschütteln zur Begrüßung, das Winken zum Abschied, das Klatschen als Zeichen der Zustimmung und gefaltete Hände als Zeichen der Andacht. Darüber hinaus gibt es auch rein optische Signale der Verständigung. So regelt ein Polizist nur mit seinen Armen und Händen den Verkehr und Sporttaucher bedienen sich unter Wasser bedeutungsmäßig festgelegter Handzeichen. Am weitesten entwickelt ist ein solches Gestensystem in der Taubstummensprache.

Gesten müssen jedoch nicht immer im Zusammenhang mit Sprache, sie können auch für sich stehen. Dies ist bei emotionalen Gesten der Fall. Während die Mimik mehr über die Art der Gefühle aussagt, drückt die Gestik eher den Grad der Erregung aus. Solche Gesten dienen nicht der Kommunikation, sondern helfen eher, gefühlsmäßige Spannungen abzubauen. Sie treten dann in Erscheinung, wenn es uns »die Sprache verschlägt«.

Um einzelne Gesten richtig zu interpretieren, muss man stets ihre vielfältigen Funktionen berücksichtigen. Lassen Sie uns einige näher betrachten:

Der Zeigefinger

Sehr beliebt ist bei vielen Rednern immer noch der Zeigefinger. Er wird – meist unbewusst – für viele Zwecke genutzt. Er dient beispielsweise als Hinweis, man *zeigt* mit ihm etwas, wahlweise durch den Kugelschreiber ersetzt. Symbolisch wirkt er wie ein Pfeil, der auf sein Ziel gerichtet ist. Die geballte Hand dient sozusagen als Bogen.

Mit dem *befehlsgebenden* Zeigefinger geben wir Anweisungen und Befehle, mit dem *drohenden* Zeigefinger werden oft Kinder erzogen, auch Lehrer benutzen ihn gern. Der *belehrende* Zeigefinger signalisiert, dass der Redner es besser weiß.

Niemals wirkt der Zeigefinger jedoch angenehm und wertschätzend auf das Gegenüber und niemals erreicht er die Wirkung, die der Redner beabsichtigt. Wir fühlen uns durch den Zeigefinger bedroht, bedrängt, belehrt, ertappt und unangenehm berührt. Wie empfinden Sie es, wenn jemand mit einem spitzen Finger auf Sie zeigt, Sie bedroht oder schulmeisterlich damit vor Ihnen herumfuchtelt?

Wenn Sie Menschen einladen möchten, an Ihren Gedanken teilzuhaben, wenn Sie Flexibilität und Kreativität bei Ihren Mitarbeitern fördern wollen, ist es nicht ratsam, eine befehlsgebende Geste einzusetzen. Denn Sie wollen ja nicht, dass Ihr Team lediglich Befehle ausführt, ich nehme an, Sie wollen eigenständige und selbst denkende Mitarbeiter.

Im alten Führungsstil wurde diese Geste oft benutzt – viele dachten, sie sei für einen Chef angemessen. Gott sei Dank wandelt sich dieser Führungsstil in einen mitmenschlicheren. Dennoch sind uns alte Gewohnheiten oft nicht bewusst, auch

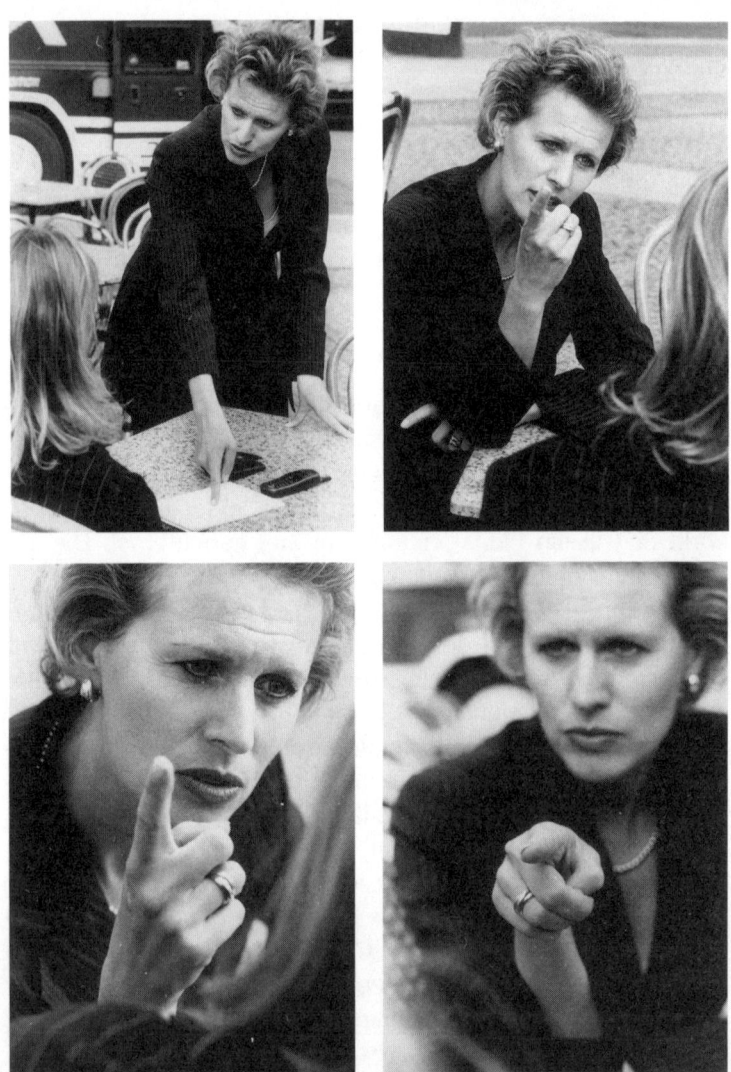

Die Geste des Zeigefingers wirkt immer unangenehm und dominierend. Auch Gesichtsausdruck und Stimme werden unvorteilhaft hart. Alles in allem – keine sympathische Erscheinung!

Im Gegensatz dazu signalisiert diese Geste
Offenheit, Sympathie und die Bereitschaft,
etwas zu geben und zu nehmen.

wenn sie nicht einmal selbst entwickelt sind, sondern nur in
der Kindheit von den Erwachsenen abgeschaut wurden. Hier
ist Bewusstheit sehr angebracht. Denn niemand liebt als Zuhörer oder Mitarbeiter den erhobenen, belehrenden, drohenden und befehlsgebenden Zeigefinger. Und dem Agierenden
ist er oft nicht einmal bewusst. Lassen wir ihn doch einfach
weg.

Die offene Geste

Im Gegensatz dazu wirkt die offene Geste wesentlich angenehmer und verbindlicher. Und wir verbinden in der Kommunikation ja tatsächlich etwas, nämlich unsere Zuhörer mit

unseren Ideen. Mit dieser Geste signalisiere ich, dass ich mit einer offenen Haltung auf den anderen zugehe und bereit bin, etwas von mir zu geben.

Ich signalisiere aber auch, dass ich bereit bin, etwas von meinem Gegenüber anzunehmen. Zum Beispiel Information. Außerdem ist es eine einladende Geste. Ich lade beispielsweise ein zuzuhören, teilzuhaben, Anteil zu nehmen. Die Energie fließt während eines Vortrags von der Brust durch die Arme zum Publikum hin.

Gesten und deren Auswirkung

Wir wirken nur dann authentisch und charismatisch, wenn unsere Sprache und Körpersprache übereinstimmen. Solch eine Übereinstimmung wirkt sich auch auf andere Aspekte der Kommunikation aus – wie zum Beispiel auf die Stimme.

Richten wir den Zeigefinger befehlsgebend auf einen Menschen oder einen Punkt, schlagen wir automatisch auch stimmlich einen härteren und befehlsgebenden Ton an. Auch unsere Mimik wird strenger, verschlossener und damit unfreundlicher. Ebenso spitz, wie der Zeigefinger auf den anderen zeigt, treffen ihn die Worte. Mit einer offenen, sympathischen Geste haben wir auch einen offenen Gesichtsausdruck. Mit beiden laden wir den anderen Menschen ein, uns und unsere Worte anzunehmen. Die Stimme ist weich, wohlklingend und signalisiert Verständnis, Sympathie und Anerkennung. Mit offenen Gesten, einer offenen Mimik und einer angenehmen Stimme vermitteln Sie Ihrem Gegenüber immer Wertschätzung. Die Energie fließt dabei von der Körpermitte durch die Arme des Redners zum Publikum und vom Publikum wieder zurück zum Redner. Je offener die Bewegungen, desto positiver wirken wir auf andere Menschen. Zugleich werden wir von anderen auch positiver beurteilt.

Alle Gesten, die wir setzen, sollten aus unserem körperlichen Zentrum kommen, eine Weile stehen bleiben und dann wieder zum körperlichen Zentrum zurückgenommen werden. Nervös und unkonzentriert wirken viele kleine Gesten, die rasch aufeinander folgen und nie zu einem Ende gebracht werden. Entscheiden wir uns für eine Geste, dann führen wir diese bewusst aus. Wir machen die Geste, lassen sie eine Weile stehen und führen sie dann wieder zurück zu unserer Körpermitte. Während wir die Geste stehen lassen, können wir auch sprachlich eine Pause setzen, damit das Gesagte sich setzen kann oder etwas mehr Gewicht bekommt.

Die individuelle Geste

Im Gegensatz zu Büchern über Körpersprache, in denen körpersprachlichen Signalen eine bestimmte Bedeutung beigemessen wird (einige Körperhaltungen haben sogar feste Bezeichnungen, wie der »Stacheligel« und die »Pistole«), geht es in der Schauspielkunst nicht darum, Gesten gemäß eines bestimmten Codes zu erlernen und dann in entsprechenden Situationen einzusetzen oder zu deuten.

In der Schauspielkunst geht man wie im Leben von individuellen Gesten aus, die nur im situativen Kontext gemeinsam mit anderen Ausdrucksformen ein Ganzes ergeben. Wenn Sie die Körpersprache Ihres Gegenübers unbedingt deuten wollen, dann beachten Sie die Grundregel, dass jedes körpersprachliche Signal dreimal beim Gegenüber auftauchen muss, erst dann kann man es mit einer bestimmten Bedeutung versehen.

Sehen wir uns eine Körperhaltung genauer an. Ein Mensch hat die Arme vor der Brust verschränkt. Dies bedeutet – so die einschlägige Literatur zur Körpersprache –, dass der Mensch verschlossen ist. Blickt dieser Mensch uns jedoch offen und freundlich an und neigt sich dabei vielleicht sogar etwas nach vorn, dann kann er gar nicht verschlossen sein. Er

Nicht eindeutig   Eindeutig

wendet sich uns mit offenem Blick zu und ist uns, sozusagen im doppelten Sinn des Wortes, »zugeneigt«. Doch warum hat er die Arme verschränkt? Vielleicht ist es ihm kühl oder er ist ein kinästhetischer Mensch, der sich durch die Berührung aus sich selbst Energie holt. Es gibt immer viele Möglichkeiten, warum ein Mensch eine körpersprachliche Geste ausführt, sie lässt sich keineswegs nur auf eine Interpretation festlegen.

Nur wenn eine Geste durch zwei weitere verstärkt wird, kann man eine klare Schlussfolgerung ziehen: Hält beispielsweise ein Mensch die Arme vor der Brust verschränkt, lehnt sich mit dem Oberkörper zurück und hat auch noch einen verschlossenen Gesichtsausdruck – dann ist die Interpretation eindeutig.

Die Arme verschränkt, eine ablehnende Körperhaltung und eine verschlossene Mimik – das sind drei körpersprachliche Signale, die dasselbe aussagen. Noch deutlicher kann ein Körper »Bleib mir vom Leib« kaum »sagen«.

Keine starren Regeln

Lösen Sie sich also bitte von den weit verbreiteten herkömmlichen körpersprachlichen Regeln und vertrauen Sie Ihrer Intuition und Ihrer emotionalen Intelligenz. Betrachten Sie die Situation und achten Sie darauf, was der andere mit seinem ganzen Körper ausstrahlt.

Das geschieht auch im Schauspieltraining. Hier ist das Wichtigste das körperliche Zentrum. Wenn Sie aus Ihrem Schwerpunkt heraus agieren, werden Sie intuitiv die Geste setzen, die situativ angemessen ist. Ihr Körper wird das, was Sie sagen, unterstützen und spiegeln. Ihre Worte und Ihr körperlicher Ausdruck ergeben ein sinnhaftes Ganzes.

Haben Sie den Zugang zum körperlichen Zentrum gefunden und haben Sie es trainiert, mit diesem im Einklang zu agieren, dann werden Sie sich auch in Stresssituationen automatisch erinnern und aus Ihrem Zentrum heraus die richtigen Gesten setzen. Sie können sich dann ganz auf die Kommunikation mit Ihren Gesprächspartnern konzentrieren.

Skeptisch? Machen Sie sich immer wieder bewusst, dass es nicht nur ein gedankliches, sondern auch ein körperliches Erinnerungsvermögen gibt.

Immer noch skeptisch? Erinnern Sie sich an Ihre erste Fahrstunde. Gas, Kupplung, Bremse – drei Pedale und nur zwei Beine zum Bedienen. Mit den Händen das Lenkrad bewegen, schalten und blinken. Die Augen auf die Straße vor uns, auf den Rück- und den Außenspiegel richten. Dabei auch noch die Armaturen im Blick behalten. – Auto fahren war, bevor wir es trainiert hatten, richtig anstrengend und erforderte damals unsere gesamte Aufmerksamkeit. Inzwischen läuft all dies von selbst ab. Während des Fahrens planen wir unseren Tag, unterhalten uns angeregt auch über schwierige Themen und träumen vom nächsten Urlaub. Unser körperliches Erinnerungsvermögen hat all die Bewegungen abgespeichert, die zum Fahren eines Autos notwendig sind. Es ist nicht mehr nötig, uns völlig darauf zu konzentrieren.

Auch im Bereich der Körpersprache und beim professionellen Sprechen (mehr dazu im nächsten Kapitel) müssen Sie am Anfang des Trainings viele kleine Schritte und Aktionen neu lernen – mit ein bisschen Übung wird aber auch das automatisiert und fügt sich zu einem harmonischen Ganzen. Sie können dann vollkommen spielerisch damit umgehen. Sie müssen nicht ständig auf all die Dinge achten – das körperliche Erinnerungsvermögen hat sie schon nach wenigen Übungen abgespeichert und stellt sie Ihnen in jeder Situation zur Verfügung. So können Sie sich wieder auf Ihr Gespräch, Ihr Interview oder Ihren Vortrag konzentrieren und bleiben dennoch offen für sich selbst.

Fazit

Verschiedene Menschen setzen unterschiedliche Gesten. Impulsive oder extrovertierte Menschen machen große Gesten, ängstliche und introvertierte Menschen machen eher kleine Gesten. Für einen authentischen Körperausdruck ist letztlich nur wichtig, dass die Gesten aus dem körperlichen Zentrum kommen und zu diesem wieder zurückgeführt werden. Ob große oder kleine, ob dynamische oder gemäßigte Gesten – dies alles ist völlig unwichtig. Aus Ihrem körperlichen Zentrum heraus setzen Sie automatisch die Gesten, die zu Ihnen passen, und die dem Inhalt Ihrer Worte sowie Ihrer inneren Einstellung entsprechen.

2.5 Territoriale Distanzen

Das Beachten der Intimsphäre

Für die Kommunikation mit unseren Mitmenschen ist der körperliche Abstand, den wir zu ihnen halten, von großer Wichtigkeit.

Wir alle kennen Gesprächspartner, die uns zu nah »auf die Pelle« rücken. Das hat zur Folge, dass wir ständig versuchen, unmerklich zurückzuweichen, um wieder den für uns angenehmen Abstand zwischen uns zu bringen. Der Gesprächspartner scheint das jedoch nicht zu merken und rückt ständig nach. Er klopft uns vielleicht noch auf die Schulter und ist sich nicht im Geringsten bewusst, wie unangenehm uns diese ungewollte Nähe ist. Man kann sich kaum darauf konzentrieren was er sagt, so sehr ist man bemüht, seine eigene Intimsphäre zu schützen.

Das Gegenteil ist genauso unangenehm. Menschen, die im Gespräch permanent zurückweichen, vermitteln ein Gefühl von Unsicherheit oder Desinteresse. Möglicherweise ist man an dem, was sie uns mitzuteilen haben, interessiert, aber durch den zu großen Abstand versteht man sie so schlecht, und die Energie zwischen beiden Gesprächspartnern kommt nicht in Fluss.

Beide Gesprächspartner haben kein Gefühl für die eigene Intimsphäre und die des anderen. Das unangenehme Gefühl während der Kommunikation hat auch hier weder mit dem Aussehen des anderen zu tun, noch mit dem, was er sagt. Allein durch den falsch gewählten Abstand kann man sich bedrängt oder vielleicht auch abgelehnt fühlen, nicht wahrgenommen und in seiner Persönlichkeit nicht anerkannt. Beide Verhaltensweisen können Unbehagen und sogar Aggression auslösen. Seien Sie also bitte achtsam und sensibel für die ter-

ritoriale Distanz. Spüren Sie genau, wo Ihre Intimsphäre aufhört und wo die des anderen beginnt.

ÜBUNG: DER ANGEMESSENE ABSTAND

• Laufen Sie aus einiger Entfernung auf einen Partner zu, so
  wie man sich auf einem Empfang aus der Entfernung erkennt
  und aufeinander zugeht.
• Bleiben Sie dort voreinander stehen, wo Sie meinen, dass die
  territoriale Distanz gewahrt bleibt.
• Fragen Sie Ihren Partner, ob ihm dieser Abstand angenehm ist.

Normalerweise spricht man nicht über diese Dinge. Dem, der
kein Gefühl für territoriale Distanzen hat, ist nicht bewusst,

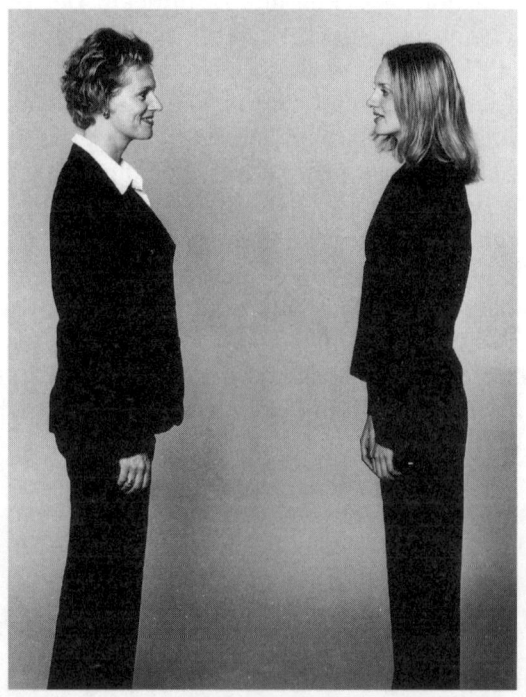

Erspüren Sie, wo Ihre Intimsphäre aufhört
und die des anderen beginnt.

was er beim Partner auslöst. So ist es gut, an dieser Stelle das Gespräch darüber zu eröffnen.

Durchbrechen der territorialen Distanzen

Natürlich ist es möglich, diese territoriale Distanz zu durchbrechen. Bewusst und sensibel getan, kann das ein starkes nonverbales Kommunikationsmittel sein.

Auf das Durchbrechen dieser Schutzgrenze gibt es zwei mögliche Reaktionen. Entweder, mein Gegenüber empfindet dieses Überschreiten als Bedrohung oder es wertet es als besonderen Vertrauensbeweis. Gehe ich frontal in die Intim-

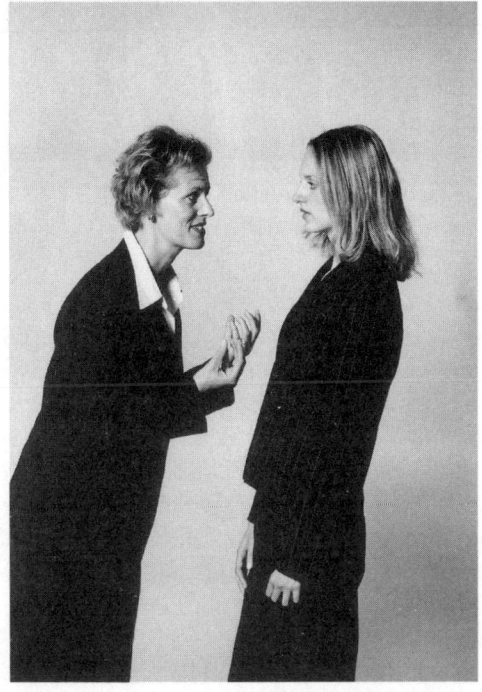

Frontales Durchbrechen der Intimsphäre wirkt bedrohlich.

Seitliches Durchbrechen der Intimsphäre
kann Vertrauen schaffen.

sphäre meines Gegenübers, wird die Person es als Attacke
deuten und sich bedroht fühlen. Daraufhin wird sie körpersprachlich entweder mit einer Gegenattacke antworten oder
ausweichen – es ist nicht möglich, *nicht* darauf zu reagieren.

Drehe ich mich jedoch etwas ein und schraube mich sozusagen von der Seite mit der Schulter in die Intimsphäre des
anderen, kann ich ihm dadurch signalisieren, dass ich ihn aus-
erwähle, um ihm intime Informationen anzuvertrauen. Dieses
Signal lässt ihn erkennen, dass er nun in einen speziellen inneren Kreis einbezogen ist und ihm ein besonderes Vertrau-
en entgegengebracht wird.

Aber auch mit dieser positiven Haltung bleibt es ein Durchbrechen der Intimsphäre. Starte ich eine solche Aktion, muss
ich sie sensibel und behutsam vollziehen. Man kann nie wis-

sen, ob der andere schon offen genug für so ein Vertrauensverhältnis ist. Beim kleinsten Zögern oder Stocken des Gegenübers sollte man nicht weiter voranpreschen und sich lieber zurückhalten – jeder hat ein Recht auf seine Intimsphäre. Wo diese beim anderen beginnt, wie viel er bereit ist aufzugeben, wie weit er offen ist, Sie hineinzulassen, das sollten Sie vorsichtig und sensibel erspüren. Auf jeden Fall leicht und spielerisch, ohne jeden Druck. Das alles läuft natürlich nonverbal ab, während Sie in Ihrer verbalen Kommunikation geistig auf ganz andere Dinge fokussiert sind.

2.6 Begrüßen durch Handgeben

Nun, da Sie herausgefunden haben, wo Ihre Intimsphäre aufhört und die des anderen beginnt, begrüßen Sie sich, indem
Sie sich die Hand geben. Sie werden feststellen, dass Sie haar-
genau den richtigen Abstand hierfür gefunden haben. Sie müssen keinen Zentimeter ausgleichen. Weder müssen Sie mit
den Füßen einen halben Schritt vor- oder zurückgehen, noch
den Oberkörper vorbeugen. Hat man den idealen Abstand
zwischen sich und seinem Partner gefunden, ist das die perfekte Ausgangsposition für den Handschlag.

Ist es nicht erstaunlich, dass wir uns genau in der Mitte, genau an der Grenze der beiden Intimsphären, sozusagen im
Niemandsland die Hand reichen? Genau in dieser Mitte ist es
gesellschaftlich üblich, sich zum ersten Mal zu berühren. Wird

Dort wo die Intims-
phäre des einen
aufhört und die des
anderen beginnt,
geben wir uns die
Hand

einem das klar, setzt man diese Berührung bewusster und genießt sie sogar.

Auf jeden Fall sollte während des Handgebens diese Mitte gewahrt bleiben. Es gibt Menschen, die bei der Begrüßung die Hand des Gegenübers kurz zu sich herüberziehen, sozusagen in seine Intimsphäre hinein. Unbewusst oder auch bewusst signalisieren Sie damit, wer hier der Chef und Tonangeber ist – logisch, dass ihm das beim Partner keine Sympathien einbringt.

Dieses körpersprachliche Grundmuster kennen wir bereits aus dem Tierreich, wir nennen es die Attacke. Auf diese kann als Reaktion wiederum eine Attacke oder ein defensives Verhalten folgen. Auf jeden Fall eröffnet ein Mensch, der bei einer Begrüßung die Hand ein Stück zu sich zieht, den Kampf. Sie senden ein Signal aus und der andere reagiert darauf – entweder mit einer Gegenattacke, dann haben Sie den offenen Kampf, oder er entzieht sich. Das wiederum macht eine nachfolgende Kommunikation auf partnerschaftlicher Ebene unmöglich.

Bei dieser Begrüßung wird die Hand in die Intimsphäre hineingezogen – eine Aktion, die keine Sympathien schafft.

113

Auch das schafft keine Sympathiepunkte.

Problematisch wird es nur, wenn Ihnen das nicht bewusst ist. Sie begrüßen so vielleicht seit Jahren ihre Mitarbeiter und wundern sich, warum die anderen manchmal aggressiv oder mit Rückzug auf Sie reagieren. Auch hier ist das Gegenteil ebenso unangenehm. In meinen Seminaren treffe ich immer wieder auf Menschen, die bei dieser Übung ihre Hand dem anderen viel zu weit entgegenstrecken, sodass sie in seine Intimsphäre hineingreifen. Oder sie strecken beim Aufeinanderzugehen die Hand weit aus, beugen den Oberkörper dabei vor, aber kaum ergreifen sie die Hand des Partners, gehen sie wieder einen halben Schritt zurück. Beim Befragen des Partners bestätigt dieser jedesmal, wie unangenehm das sei. Er rätselt, ob der andere ihn vielleicht nicht mag, ihn lieber meiden würde und ihm nur gezwungenermaßen die Hand gibt. Wie viele Missverständnisse existieren auch hier nur aus Unachtsamkeit. Denn der Begrüßende weiß ja selten, dass er das tut, es ist ihm gar nicht bewusst. Er hat sich darüber noch nie Gedanken gemacht und nimmt seinen Körper und dessen Bewegungen auch nicht bewusst wahr.

Deshalb gehen Sie bitte auf den Menschen, den Sie begrüßen wollen, frohen Mutes zu, schätzen Sie den Abstand, den es zwischen ihm und Ihnen bedarf, ab und bleiben Sie dort beherzt stehen. Nun treffen Sie genau in der Mitte dieser Distanz seine Hand.

Blickkontakt beim Handgeben

Es ist selbstverständlich, den Partner bei der Begrüßung anzuschauen und ihm für diesen kleinen Augenblick des Handgebens die volle und uneingeschränkte Aufmerksamkeit zu schenken. Für diesen kurzen Moment signalisieren Sie ihm Achtung und Wertschätzung. Es ist mehr als erniedrigend, wenn Sie während des Handgebens schon den nächsten anschauen, sich im Raum umsehen oder auch nur in Gedanken bei anderen Dingen sind.

Dann lassen Sie den Handschlag lieber weg. Kein Mensch zwingt Sie dazu. Ist es Ihnen kein Bedürfnis, dem anderen durch diese kurze Berührung Anerkennung zu schenken, ver-

kommt diese Geste zu einer gesellschaftlichen Floskel und sollte lieber unterlassen werden. Entscheiden Sie sich aber zur Begrüßung mit Handschlag, sollten Sie das bewusst und mit ganzem Herzen tun.

Die Stärke des Händedrucks

Begrüßen Sie mit dieser Einstellung Ihre Partner, wird Ihr Händedruck auch die angemessene Stärke haben. Weder zu lasch, noch zu hart. Beides ist unangenehm und zeugt von wenig Aufmerksamkeit und Sensibilität dem Partner gegenüber. Manche wollen signalisieren, dass sie das Leben kennen und sich nichts vormachen lassen und zerquetschen dem Gegenüber die zarten Glieder. Besonders Männer bedenken oft nicht, dass Frauen Ringe tragen. Ein zu starker Händedruck kann dadurch sehr schmerzhaft sein.

Ein zu lascher Händedruck zeugt umgekehrt von wenig Charakter und Durchsetzungsvermögen und weckt ebenfalls keine Sympathien. Meine Tochter konnte deshalb nie ihre Klavierlehrerin, eine Asiatin, leiden. Mag sein, dass ihre Kultur die Frau zu diesem vollkommen laschen Händedruck veranlasst. Meine Tochter, damals noch ein Kind und demzufolge ganz naiv und unvoreingenommen, mochte deshalb die ganze Person nicht.

Verbreitet ist auch der Händedruck mit einer hohlen Hand, wobei die Hand so gewölbt wird, dass zwischen den Handflächen zu viel Luft bleibt. Man bekommt sozusagen nicht alles vom Gegenüber, er enthält einem etwas vor.

Aber auch hier gibt es unendlich viele Deutungen, die nicht unbedingt in jedem Fall zutreffen. Wichtig ist nur, dass solche körpersprachlichen Signale nicht besonders angenehm sind und alles andere als Sympathie und Interesse beim Partner wecken.

Das Handgeben ist die erste gesellschaftlich erlaubte Berührung zweier Menschen. Sie sollte genutzt werden, den an-

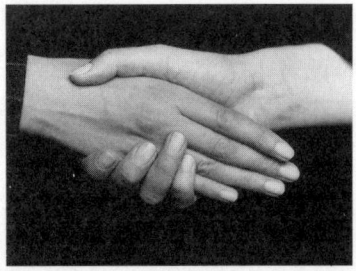

Der lasche Händedruck   Der zu feste Händedruck

Die hohle Hand   Der normale Händedruck

deren für sich und sein Anliegen zu öffnen und ihm Vertrau-
en und Herzlichkeit entgegenzubringen. Allein dadurch kann
unsere Welt wesentlich mit-menschlicher werden.

2.7 Ein funktionierendes Kommunikationssystem – ein kleiner Ausflug ins NLP

Wenn Sie Inhalte optimal kommunizieren, ist es wichtig, schon auf nonverbaler Ebene vollständig verstanden zu werden. Dadurch sollten die Signale, die Sie aussenden, kongruent sein und Ihre Gedanken mit Ihren Worten und Ihrem Körper eine Einheit bilden. Bisher habe ich dafür Übungen aus dem Schauspieltraining benutzt.

An dieser Stelle möchte ich ein Kommunikationssystem mit hinzunehmen, das sich seit langem erfolgreich bewährt hat. Das Neurolinguistische Programmieren, kurz NLP genannt, das viele von Ihnen sicherlich kennen, hat in meinen Augen einige sehr wertvolle Grundbausteine, die sich mit den bisher besprochenen Schauspieltechniken hervorragend verbinden lassen. Nach diesem Kommunikationssystem unterscheidet man im Wesentlichen drei Typen von Menschen, die Informationen in verschiedenen Wahrnehmungskanälen unterschiedlich aufnehmen und verarbeiten. Aufgrund dieser Verschiedenheit senden sie auch verschiedene Signale aus. Das schlägt sich natürlich in der Körpersprache nieder, um die es uns hier geht.

Der visuelle Typ

Dieser Mensch nimmt seine Umwelt primär mit seinen Augen auf. Das bedeutet, dass er Erinnerungen als Bilder abspeichert. Wenn er sich Ziele setzt, sieht er diese bildlich vor sich.

Er verwendet in seiner Sprache vorwiegend Verben und Adjektive aus dem visuellen Bereich. Zum Beispiel: *»Ich sehe meinen Erfolg deutlich vor mir.«* – *»Das erscheint mir ein-*

leuchtend.« – »Ich sehe für die Zukunft schwarz.« – »Ich kann mir davon kein klares Bild machen.«

Da er alles über die Augen aufnehmen möchte, ist er in seiner Körpersprache eher agil. Er neigt zu schnellen Kopfbewegungen und hat seine Augen praktisch überall. Er erfasst Dinge schnell, möchte sie schnell umsetzen und wird leicht ungeduldig.

Das betrifft sowohl die wieselflinke Sekretärin, die aufgeregt zwischen Vor- und Chefzimmer hin und hertippelt, stets darauf bedacht, viele Informationen in kürzester Zeit zu sammeln, als auch den großen Strategen, der seine Visionen in der Vorstandssitzung leidenschaftlich und mit dynamischen Gesten vertritt.

Der auditive Typ

Der auditive Mensch nimmt seine Umwelt vorwiegend über den Hörsinn wahr. Für ihn ist typisch, dass er beispielsweise findet: *»Die Stimme des Herrn Meyer klingt wirklich sympathisch!«*, bei einem interessanten Angebot reagiert er mit: *»Das hört sich aber gut an!«* und beim Autokauf begeistert ihn der satte Klang des 8-Zylinders mehr als die stromlinienförmige Karosserie. Schlägt ihm jemand einen Termin vor, dann bevorzugt er es, die Angelegenheit eher telefonisch zu klären, als jemanden unter vier Augen zu treffen.

Er ist ein guter Zuhörer und seine Körpersprache ist eher langsam, da er alles, was er hört, erst einmal nachklingen lässt.

Der kinästhetische Typ

Dieser Mensch begreift seine Umwelt hauptsächlich über den Kanal des Fühlens und Empfindens. Sein bevorzugter Sinn ist der Tastsinn.

Sie erkennen den Kinästheten daran, dass er sich selbst und auch andere Mitmenschen oft und gern berührt. Zum Beispiel gefällt es ihm, bei der Begrüßung die Hand des Gegenübers mit beiden Händen zu ergreifen (um ihn intensiver zu spüren) oder jemandem vertraulich die Hand auf die Schulter zu legen. Beim Nachdenken streicht er sich vielleicht den Arm auf und ab oder massiert sich den Nacken.

Da er über den Kanal des Empfindens in sich hineinfühlt, ist seine Körpersprache nicht dynamisch nach außen gerichtet, sondern eher zurückhaltend. Seine Aufmerksamkeit liegt mehr im Fühlen, deshalb verlagert er sein körperliches Zentrum gern nach vorn. Wie beim auditiven Menschen sind die Gesten beim Kinästheten eher langsam und bedächtig.

Der Vollständigkeit halber sei erwähnt, dass es auch den olfaktorischen Typ gibt. Das sind Menschen, die ihre Umwelt im Wesentlichen mit dem Geruchssinn, also dem Sinnesorgan Nase, aufnehmen. Einen solchen Typen beschreibt Patrick Süskind in seinem berühmten Roman »Das Parfüm«. Weiterhin gibt es den gustatorischen Typ, der die Welt hauptsächlich durch den Sinneskanal des Geschmacks wahrnimmt. Beide Typen kommen jedoch so selten vor, dass ich hier nicht näher auf sie eingehen möchte.

Mischtypen

Natürlich sind Menschen nicht immer ausschließlich visuell, auditiv oder kinästhetisch. Menschen sind komplex angelegt und lassen sich nicht in starre Systeme pressen. Wenn ein Sinn besonders dominant ist, muss das nicht notwendigerweise heißen, dass ihm die anderen Wahrnehmungskanäle nicht zur Verfügung stehen.

Ich selbst bin zum Beispiel ein visueller Typ mit starken kinästhetischen Anteilen. Als Trainerin beim Coaching und als Schauspielerin am Set erfasse ich schnell die Zusammenhänge und setze sie sofort um. Demzufolge ist meine Körpersprache schnell, kräftig und nach außen gerichtet. Andererseits bin ich aber auch ein typischer Vertreter des kinästhetischen Typs. Ich mag es, mir vertraute Menschen zur Bestätigung am Arm zu berühren und, wenn ich mit mir selbst im inneren Dialog bin, meinen eigenen Arm zu streicheln.

Meine Freundin, eine perfekte Mischung von auditiven und kinästhetischen Anteilen, verliebt sich regelmäßig in Männer mit einer warmen und angenehmen Stimme. Gleichzeitig weiß sie bereits bei der ersten zarten Berührung der Hände, ob die Chemie stimmt.

Das Nutzen aller Sinneskanäle

Natürlich verfügt jeder Mensch über alle Sinneskanäle und wird diese auch in unterschiedlichen Situationen entsprechend nutzen. Nach Sport und Sauna nimmt auch der visuelle Mensch seinen Körper intensiver wahr, demzufolge werden seine kinästhetischen Kanäle verstärkt. Etwas geschafft und müde von der körperlichen Anstrengung, spürt er seinen Körper stärker, er fühlt in sich hinein, und die Bewegungen seines Körpers werden nicht mehr ganz so kraftvoll und dynamisch sein. Da die visuelle Fokussierung nun in den Hintergrund getreten ist, sind auch seine Gesten eher langsam und bedächtig.

Zusammentreffen der unterschiedlichen Typen

Wir haben gesehen, wie unterschiedlich die Körpersprache bei Menschen ist, die durch verschiedene Wahrnehmungskanäle ihre Umwelt erleben.

Wenn Menschen unterschiedlichen Typs aufeinander tref

fen, können aufgrund ihrer unterschiedlichen körperlichen Motorik, ihrer verschiedenen Gestik und Mimik große Missverständnisse entstehen. Ein visueller Arzt trifft beispielsweise eine kinästhetische Patientin, gibt ihr schnell und kräftig die Hand, mustert sie kurz und erfasst mit einem Blick ihren Gesundheitszustand. Damit hat der Visuelle alles getan, um die Situation zu erfassen und könnte nun mit der professionellen Behandlung beginnen. Der kinästhetischen Patientin wird es jedoch schwer fallen, zu diesem Arzt Vertrauen zu fassen, sich angenommen und verstanden zu fühlen. Dafür bräuchte sie Zeit und Einfühlungsvermögen. Wie viel wohler würde sie sich fühlen, wenn der Arzt bei der Begrüßung den Händedruck etwas einfühlsamer und den Blick etwas länger halten würde.

Alles das hat aber nichts mit dem zu tun, was die beiden Menschen verbal austauschen. Verbal wird der Arzt seiner Patientin sicher fachlich versiert die Diagnose stellen und ihr Tipps und Medikamente für ihre Genesung geben. Er wird sie entlassen mit: »Nächste Woche sehen wir uns wieder.« Es ist fraglich, ob sie kommt. Wahrscheinlich fühlt sie sich bei diesem Arzt, so professionell er sein mag, nicht wirklich wohl und wird ihn eventuell wechseln. Wenn der Arzt mit einer ruhigen, empfindsamen Körpersprache auf seine Patientin zugegangen wäre, ihr vielleicht auf ihre Bedenken hin sanft die Hand auf den Oberarm gelegt und sie gefragt hätte, wie sie sich heute fühlt, dann hätten seine nonverbalen Signale Anteilnahme und Mitgefühl ausgestrahlt – und das ist genau das, was die kinästhetische Patientin braucht.

Natürlich ist auch seine Kompetenz und Professionalität als Arzt gefragt! Ich unterstelle jedoch, dass jeder, der dieses Buch liest, sein Fachgebiet inhaltlich und intellektuell beherrscht. Mir geht es vor allem darum, erst einmal eine vertrauensvolle Kommunikation herzustellen, in der sich diese Kompetenz auch entfalten kann. Das geschieht in erster Linie durch die nonverbalen Signale, die Sie aussenden.

Ein weiteres Beispiel handelt von einem auditiven Chef einer Firma und seinem kinästhetischen Mitarbeiter. Der Chef ist hoch zufrieden mit der Arbeit seines Mitarbeiters. Er nutzt

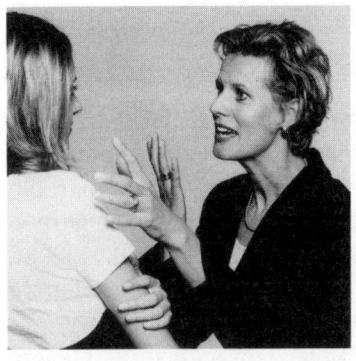 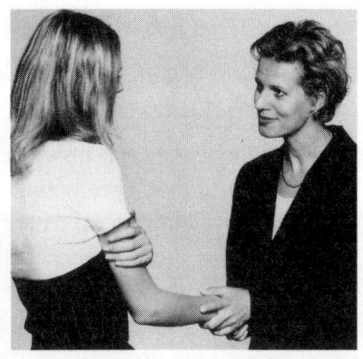

Ein visueller Typ trifft auf einen
kinästhetischen.

Diese Körpersprache kann den
Kinästheten gewinnen.

jede Gelegenheit, ihm das auch zu sagen. Auch in Betriebs-
versammlungen lobt er ihn oft vor allen Mitarbeitern. Irgendwann kündigt dieser Mitarbeiter. Der Chef ist fassungslos, sein
bestes Pferd im Stall zu verlieren und fragt nach den Gründen. Der Mitarbeiter erklärt, er hätte nie das Gefühl gehabt,
dass der Chef mit seiner Arbeit zufrieden sei. Der Chef er-
widert, er hätte es ihm doch immer wieder wortreich gesagt,
worauf der Mitarbeiter antwortet: »Ja, Ihre Worte habe ich
zwar gehört, aber ich habe es nie gespürt. Kein anerkennen-
des Schulterklopfen, kein freundlicher Händedruck – nichts!
Wie sollte ich Ihnen da glauben?«

Sie sehen an diesen Beispielen, dass jede Menge Missverständnisse nur dadurch entstehen können, dass wir Menschen unsere Welt durch verschiedene Wahrnehmungskanäle erfassen. Hätten der Arzt oder der Chef ihre kinästhetischen
Kommunikationspartner als solche erkannt und wären dem-
entsprechend körpersprachlich auf sie eingegangen, wäre die
Kommunikation harmonischer und verständnisvoller verlaufen. Beide hätten ihr Ziel innerhalb kurzer Zeit erreicht, denn
ich denke, man kann voraussetzen, dass sowohl dem Arzt als
auch dem Chef daran gelegen war, nicht nur professionell zu
wirken, sondern auch ein vertrauensvolles Verhältnis aufzubauen.

Körpersprache spiegeln

Dieses Wissen, im NLP »Pacing« genannt, kann uns helfen, wesentlich besser mit unseren Mitmenschen zu kommunizieren. Denn um erfolgreich zu kommunizieren, ist es immer hilfreich, seine Gesprächspartner dort abzuholen, wo sie gerade stehen, ihnen auch innerlich die Hand zu reichen und ihnen das Gefühl zu geben, dass man sie achtet, versteht und in ihrer gesamten Person wertschätzt. Das können Sie hervorragend erreichen, indem Sie die Körpersprache Ihres Gegenübers spiegeln.

Sitzt zum Beispiel jemand völlig niedergeschlagen da, nützt es überhaupt nichts, ihm mit einem: »Na, wird schon wieder« aufmunternd auf die Schulter zu klopfen. Beobachten Sie lieber erst einmal diesen Menschen. Wie ist seine Körperhaltung? Wahrscheinlich lässt er seine Schultern hängen, der Kopf ist nach unten geneigt, der Blick auf den Boden gerichtet, die Atmung flach und die Stimme leise. Seine ganze Erscheinung ist alles andere als zentriert.

Nun spiegeln Sie Ihr Gegenüber. Gehen Sie vorsichtig in die gleiche Haltung. Nehmen Sie in etwa die gleiche Stellung der Beine und Füße ein. Neigen auch Sie Ihren Kopf etwas und nehmen Sie mit leiser Stimme Kontakt zu ihm auf. Allein dadurch, dass Sie die Körpersprache Ihres Gegenübers auf diese Weise spiegeln, wird er sich verstanden fühlen und Vertauen zu Ihnen fassen.

Bitte verstehen Sie mich nicht falsch: Ich meine nicht mit ihm mitleiden oder sich gar mit herunterziehen lassen, sondern körpersprachlich mit ihm auf eine Ebene gehen, um die Kommunikation möglich zu machen. Denn erst, wenn er Vertrauen gefasst hat, wenn er sich angenommen und verstanden fühlt, kann er sich auch etwas sagen lassen. Erst wenn diese Kommunikationsebene erreicht ist, ist er offen für Hilfe und neue Angebote. Wenn Sie mit Worten beteuern, ihn zu verstehen, bedeutet das noch lange nicht, dass er Ihnen glaubt. Erst wenn Ihr ganzer Körper Gleichklang ausdrückt, kann er sich öffnen und neue Sichtweisen zulassen. Dazu müs-

sen Sie körpersprachlich die gleiche Haltung wie er einnehmen und seine Gesten spiegeln.

Das Pacing (wörtlich: mitgehen, mit dem anderen Schritt
halten), geht zurück auf unser limbisches System, dem ältes-
ten Teil unseres Gehirns. Damit registrieren wir eine gleiche
Körperhaltung als verwandt und somit nicht feindlich oder le-
bensbedrohlich. Der archaische Kampf- und Fluchtreflex
bleibt aus und wir nähern uns dem Artverwandten entspannt
und mit Vertrauen.

Sensibilität, Achtsamkeit und Genauigkeit

Beim Pacing ist jedes noch so kleine Detail wichtig. Beobachten Sie also genau, wie Ihr Gegenüber sitzt, atmet, gestikuliert, seine Mimik und die Haltung des Kopfes. Sollten seine Hände einen Rhythmus trommeln, können Sie diesen mit
dem Fuß aufnehmen, reibt er sich die Hände und streicht sich
durchs Haar, können Sie das ein wenig später auch tun. Beugt
er sich im Lauf des Gesprächs nach vorn, folgen Sie ihm nach

einer Weile. Lehnt er sich zurück, spiegeln Sie das ebenfalls. Natürlich darf das Ihrem Gesprächspartner nicht auffallen, sonst könnte er sich veralbert fühlen. Er weiß ja nicht, dass Sie das aus Liebe und Mitgefühl tun, um eine wahrhaft kommunikative Situation herzustellen. Gehen Sie sensibel vor und spiegeln Sie seine körperlichen Bewegungen etwas zeitversetzt. Letztlich geht es in erster Linie um ein tiefes Einfühlen, um ein Zeichen an sein Unterbewusstsein, das dann in einem Gefühl des Verstandenseins und der Wertschätzung resultiert.

Spätestens jetzt wird auch klar, warum wir im vorigen Kapitel das periphere Sehen eingeführt und trainiert haben. Durch die Übungen zur Wahrnehmungserweiterung sind Sie in der Lage, Ihre volle Aufmerksamkeit auf das verbale Gespräch zu lenken und dabei Augenkontakt mit Ihrem Gesprächspartner zu halten. Gleichzeitig sind Sie wachsam und offen für die Bewegungen seines Körpers und für das, was er Ihnen erzählen will. Sie sollten immer im (peripheren) Blick haben, was seine Hände, seine Beine und Füße tun – ohne dass Sie direkt dorthin schauen.

Es funktioniert!

Der kritische Leser mag bezweifeln, dass eine solche »Technik« funktioniert. Aber sie zeigt sogar dann ihre Wirkung, wenn das Gegenüber »eingeweiht« ist, also genau durchschaut, was Sie gerade tun.

Wir Trainer wenden das Spiegeln oft auch in der Kommunikation untereinander an und durchschauen »das Spiel« natürlich sofort. Als NLP-Master müssen wir dann schmunzeln, aber es funktioniert trotzdem! Man kann sich des so entstehenden Gleichklangs nicht entziehen.

Unbewusstes, automatisches Spiegeln in fließender Kommunikation

In Gesprächssituationen, in denen dieser Gleichklang vorhanden ist, und die Kommunikation auf allen Ebenen hervorragend läuft, funktioniert das Spiegeln der Körpersprache übrigens automatisch. Beobachten Sie einmal in einem Café ein frisch verliebtes Paar: Streicht sie sich durch das Haar, wird er kurze Zeit später dasselbe tun; lehnt er sich genüsslich zurück, folgt sie ihm etwas später; schlägt sie ein Bein über das andere, können Sie amüsiert feststellen, dass er im nächsten Moment dasselbe tut, und lehnt sie sich während der Unterhaltung wieder nach vorn, folgt er ihr unbewusst nach.

Der Gleichklang, der durch das innere Einverständnis bereits vorhanden ist, lässt sie automatisch ihre Körpersprache spiegeln. Das funktioniert bei allen Gesprächen, die harmonisch im Fluss sind und bei denen die Gesprächspartner einander verstehen.

Kongruente Körperhaltung –
Die Kommunikation fließt.

Inkongruente Körperhaltung –
Die Kommunikation fließt nicht.

Manipulation oder Hilfestellung?

Oft kommt der Vorwurf, NLP könne auch manipulativ eingesetzt werden. Entscheidend ist dabei immer die Intention: Es
ist nichts Negatives dabei, seinem Gesprächspartner auf seiner Ebene zu begegnen und damit einen Gleichklang im Gespräch herzustellen. Was Sie mit der so entstandenen vertrauensvollen Situation dann weiterhin tun, liegt ganz allein in
Ihrer Verantwortung. Obiges Beispiel zeigt, dass Pacing bei jeder vertrauensvollen Kommunikation automatisch geschieht.
NLP macht es uns lediglich bewusst.

Leaden

Doch das Spiegeln allein würde nicht genügen, um unseren
Gesprächspartner für neue Gedankengänge und Sichtweisen
zu öffnen. Bleiben wir bei dem Beispiel unseres niederge-
schlagenen Menschen: Nachdem Sie durch das Spiegeln seiner Körpersprache die vertrauensvolle Kommunikationsebene geschaffen haben, können Sie nun beginnen, ihn langsam
aus seinem psychischen »Loch« herauszuleaden. Sie können
aber erst dann einen Menschen *leaden*, wenn sie ihn zuvor
sensibel *gepact* haben, das heißt, wenn Sie auf der nonverbalen Ebene einen Gleichklang geschaffen haben. Während
Sie mit hängenden Schultern und zu Boden gerichtetem Blick
einige Sätze mit ihm gewechselt haben, können Sie sich nun
langsam aufrichten, den Blick heben und ihm mit festerer
Stimme Vorschläge zur Lösung seines Problems unterbreiten.
Ist es Ihnen zuvor tatsächlich gelungen, die Vertrauensebene
aufzubauen, wird der andere Ihnen nun gerne folgen. Auch
er wird sich aufrichten, den Blick heben (womit er unbewusst
signalisiert, er richtet den Blick in die Zukunft), die Vorschläge überdenken und nun fähig sein, neue Lösungsmöglichkei-
ten zu sehen.

Damit haben Sie ihn aus der so genannten Problemphysiologie herausgeführt und es ist ihm nun möglich, sein Schwarzsehen aufzugeben und Licht ins Dunkel zu lassen.

Ich betone noch einmal – die Veränderung hat nicht so viel damit zu tun, was Sie sagen, den größeren Anteil haben die nonverbalen Signale, die Sie aussenden und die er empfängt. Ihre Worte sind eher nur der i-Punkt dessen, was Sie auf körpersprachlicher Ebene vorbereitet haben.

Die reale Kommunikation im Vergleich mit der Schauspielkunst

Apropos i-Punkt: Auch der Text des Schauspielers auf der Bühne darf nur der i-Punkt dessen sein, was er zuvor körperlich vorbereitet und ausgedrückt hat. Deshalb wird den Studenten auf der Schauspielschule von Anfang an beigebracht, den Gedanken zuerst in den Körper zu schicken, und ihn dann erst mit den Worten des Textes auszudrücken. Das bedeutet, die Worte sozusagen auf das draufzusetzen, was der Körper bereits ausdrückt. Dadurch wird der Text lebendig und glaubhaft. Lernt der Schauspieler dagegen seinen Text nur vordergründig auswendig, wirkt er schnell aufgesagt und pathetisch.

Natürlich kann man auch gegen den Text spielen. Dann ist der Körper nicht kongruent zum Text. Das bedeutet, der Körper drückt etwas anderes aus, als die Figur sagt. Gerade durch diese Inkongruenz von Körper und Text spürt der Zuschauer, das etwas nicht stimmt, die Figur ein Geheimnis hat oder etwas verbergen will.

Wenn Sie wollen, dass man Ihren Worten glaubt, sollten diese mit Ihrer Körpersprache kongruent sein. Schaffen Sie eine vertrauensvolle Situation und einen Gleichklang unter Ihren Gesprächsteilnehmern. Nur so können Sie erfolgreich kommunizieren und Ihre Gesprächspartner so bewusst führen, dass es ihnen möglich ist, Ihren Angeboten und Inhalten zu folgen.

Pacing und Leading als Partnerübung

Bitten Sie einen Partner, Freund oder Arbeitskollegen, dem Sie vertrauen, diese Übung mit Ihnen gemeinsam durchzuführen. Seien Sie beide mutig, öffnen Sie sich, wecken Sie Ihren Spieltrieb und gehen Sie körpersprachlich ruhig einmal ins Extrem. So ist die Körpersprache am deutlichsten zu erkennen und das Pacen und Leaden am leichtesten erlernbar.

ÜBUNG: PACING UND LEADING

- Setzen Sie sich einem Partner gegenüber.
- Bitten Sie ihn, ein Erlebnis zu erzählen, bei dem er wirklich niedergeschlagen, geschockt oder gar depressiv war – das kann ein Verkehrsunfall sein, eine verhauene Prüfung oder die Trennung von einem geliebten Partner. Lassen Sie sich die ganze Geschichte bis ins Detail erzählen.
- Beobachten Sie dabei genau seine Körpersprache: Wie ist seine Körperhaltung, sein Gesichtsausdruck, die Bein- und Fußstellung, was machen seine Hände, wohin sind die Augen gerichtet, wie atmet er und so weiter?
- Beobachten Sie ganz genau die ihm eigene Körpersprache. Nutzen Sie dazu das periphere Sehen, schauen Sie ihm hauptsächlich in die Augen und seien Sie gleichzeitig wachsam für die Bewegungen in Ihrem Gesichtsfeld.
- Beginnen Sie nun ganz unmerklich, seine Körpersprache zu spiegeln. Nehmen Sie seine Haltung ein, sitzen Sie wie er, übernehmen Sie seine Gesten, seinen Gesichtausdruck, seinen Blick. Sollte er mit dem Kopf nicken, übernehmen Sie auch das und so weiter.
- Nun geben Sie sich gegenseitig Feedback. Erzählen Sie Ihrem Partner, was er körpersprachlich getan hat, um dieses Gefühl auszudrücken. Ihr Partner kann Ihnen berichten, ob er gespürt hat, wie Sie ihn gespiegelt haben, und ob er daraufhin Mitgefühl oder Verständnis empfand.

- Bitten Sie ihn nun, ein lustiges Erlebnis zu erzählen oder eine Situation, in der er begeistert und euphorisch war, wo er so richtig dynamisch aus sich herausging – das kann ein gewonnenes Match sein, eine bestandene Prüfung, eine Beförderung, ein rauschendes Fest, ein genussvolles Kunsterlebnis und so weiter. Lassen Sie sich den ganzen Hergang des Erlebnisses erzählen und was er dabei empfunden hat.
- Beobachten Sie seine Gestik. Wohin ist sein Blick jetzt gerichtet? Wie drückt er seine Begeisterung über das Gesicht, die Augen und den ganzen Körper aus? Wie ist seine Körperhaltung dabei?
- Merken Sie sich genau, was er tut und wodurch sich sein Gefühl körperlich ausdrückt – und spiegeln Sie dies. Lächeln Sie, wenn er es tut, lassen Sie Ihre Augen leuchten, übernehmen Sie die Bewegungen seines Körpers.
- Geben Sie sich gegenseitiges Feedback, machen Sie Ihrem Partner bewusst, was er alles mit seinem Körper, seinen Augen, seinen Armen, Händen, Füßen und seiner Mimik getan hat, um sein Gefühl der Begeisterung auszudrücken – wahrscheinlich war ihm das gar nicht bewusst. Lassen Sie sich von ihm erzählen, ob er einen Gleichklang in der Kommunikation spürte, ob Sie ihn gut gespiegelt haben.

DER CLOU:

- Nachdem Sie wissen, wie Ihr Partner mit seinem Körper das Gefühl der Trauer beziehungsweise Niedergeschlagenheit und das Gefühl der Freude oder Begeisterung ausdrückt, bitten Sie ihn, die erste Geschichte noch einmal zu erzählen. Fällt ihm eine Wiederholung schwer, kann er auch eine andere Geschichte wählen, in der er ähnliche Gefühle erlebt hat. Wichtig ist, dass er körperlich wieder voll sein Gefühl ausdrückt und mit seinen Gesten unterstützt.
- Nun spiegeln Sie ihm seine Körpersprache wider – und nachdem Sie ihn eine Weile seine Geschichte mit seinen nonverbalen Signalen haben ausdrücken lassen, führen Sie ihn aus diesem negativen oder traurigen Gefühl heraus. Verwenden

Sie dazu dieselbe Körpersprache, die er in seiner euphorischen Geschichte benutzt hat. Also richten Sie sich auf, heben Sie den Kopf, den Blick oder was Sie sonst beobachtet haben.

Sie werden beide feststellen, dass es Ihrem Partner nicht länger möglich sein wird, in seinem depressiven oder traurigen Gefühl zu bleiben. Selbst, wenn er sich darum bemüht, das Erlebnis zu Ende zu erzählen, endet die Übung meistens im Gelächter – es ist einfach nicht möglich, weiterhin niedergeschlagen zu sein, wenn der Partner körpersprachlich Begeisterung ausdrückt.

Das funktioniert aber nur, wenn Sie vorher mit dem Pacing eine vertrauensvolle Basis geschaffen haben.

Nachklang

Mit dieser Übung möchte ich das Kapitel Körpersprache abschließen. Sie haben gesehen, der Körper spricht seine eigene Sprache, und wir können selbst entscheiden, ob wir sie uns bewusst machen und gezielt einsetzen wollen, oder ob wir unseren Körper weiterhin unbewusst agieren lassen und damit wertvolle Möglichkeiten der Kommunikation verschenken. Machen wir sie uns bewusst und trainieren wir unsere erschlafften Muskeln etwas, können wir sie auch gezielt einsetzen. Je bewusster wir unseren Körper wahrnehmen und seine Sprache beherrschen, desto erfolgreicher werden wir in der Kommunikation sein. Unser Gegenüber mit seinen nonverbalen Signalen genau zu verstehen und sie richtig zu lesen, ist eine unschätzbare Hilfe. Mit den hier genannten Techniken können Sie dies erreichen. Wie Sie diese Inhalte auch verbal Ihrem Publikum optimal vermitteln, erfahren Sie im nächsten Kapitel.

Checkliste für Ihre authentische Körpersprache

Ich bin keine Liebhaberin von schnellen Check-ups; gewisse Dinge brauchen Zeit. Dennoch möchte ich Ihnen die Möglichkeit einer schnellen Überprüfung Ihrer körpersprachlichen Tools nicht verwehren. Wenn Sie das Kapitel vorher gelesen und die entsprechenden Übungen dazu gemacht haben, kann die folgende Checkliste Ihnen eine tägliche Hilfe sein:

- Denken Sie immer an Ihr körperliches Zentrum als Basis für Ihre authentische Körpersprache. Jede körperliche Aktion hat dort ihren Ursprung.
- Seien Sie sich Ihres Schwerpunkts bewusst – beim Stehen, Gehen, Sitzen und Gestikulieren.
- Denken Sie an die legendäre Nuss – damit zentrieren Sie sich jederzeit selbst.
- Überprüfen Sie besonders beim Stehen, ob sich Ihr Schwerpunkt nach vorn oder hinten verlagert hat. Finden Sie Ihre Mitte.
- Auch Ihre Gestik beginnt im körperlichen Zentrum. Widerstehen Sie der Versuchung, viele kleine Gesten zu machen – das wirkt nervös, kleinlich oder unsicher. Setzen Sie stattdessen eine Geste aus Ihrem Zentrum heraus, lassen Sie sie eine Weile stehen und nehmen Sie sie dann bewusst zurück – das wirkt selbstsicher und überzeugend.
- Meiden Sie den belehrenden oder befehlsgebenden Zeigefinger, bevorzugen Sie die offene Geste.
- Finden Sie Ihre individuelle Gestik, halten Sie sich nicht an starre Regeln, kopieren und übertreiben Sie nicht.
- Beachten Sie in der Kommunikation und bei Begrüßungen die territorialen Distanzen.
- Überprüfen Sie Ihren Händedruck beim Handschlag.
- Schauen Sie Ihre Gesprächspartner und Ihr Publikum offen an.
- Erinnern Sie sich immer wieder daran, dass es visuelle, auditive und kinästhetische Typen gibt, die Kommunikation durch ihre bevorzugten Sinneskanäle wahrnehmen.
- Achten Sie auf die Körpersprache Ihres Gesprächspartners und spiegeln Sie diese mit Ihrer Körpersprache für einen harmonischen Gesprächsablauf.
- Erinnern Sie sich, welche Wunder das Pacing-Leading-Spiel bewirken kann.

Beherrschen Sie Ihren Körper und seine Sprache, dann werden Sie in jeder Situation die Wirkung erzielen, die Sie sich wünschen. – Ohne übertriebene, aufgesetzte Show, sondern einfach durch zentriertes, authentisches Agieren.

Professionelles Sprechen

Sprechen ist ein komplexer Vorgang, bei dem sehr viele Bewegungsabläufe der verschiedenen Muskelgruppen im ganzen Körper harmonisch ablaufen müssen. Meist sind sie dem Redner nicht bewusst, und durch Nachlässigkeiten entstehen artikulatorische und stimmliche Ungenauigkeiten. Selbst kleinste Fehlleistungen führen zu Heiserkeit, Frosch im Hals, Verspannungen und Schmerzen im Kehlkopf oder unverständlicher Aussprache.

Da Sprechen ein komplexer Vorgang ist, ist auch das nachfolgende Sprechtraining sehr systematisch aufgebaut. Es beginnt mit der richtigen Atemtechnik, die eine der Grundvoraussetzungen für das professionelle Sprechen ist. Damit die Stimme einen angenehmen Klang erhält, müssen die Resonanzräume geöffnet und geweitet und der physiologische Stimmsitz gefunden werden. Um dialektfrei und gut verständlich zu sprechen, müssen Sie wissen, wie und wo Ihre Sprechwerkzeuge die Vokale und Konsonanten bilden, und um lange und ausdauernd sprechen zu können, sollten Sie jede verbale Äußerung mit der Bauchdecke abstützen. Im letzten Teil lernen Sie, wie Sie Worte betonen und Sinninhalte Ihrer Sätze gestalten, damit Ihre Gedanken und der Inhalt Ihrer Rede von jedem im Publikum verstanden werden.

Wenn Sie all diese Techniken beherrschen, werden Sie das Sprechen als einen mühelosen und lustvollen Vorgang empfinden, der ebenso viel Spaß macht wie Lachen und Singen.

3. Professionelles Sprechen ist ganzkörperliches Sprechen

3.1 DIE PROFESSIONELLE ATEMTECHNIK   144
Die Stimmatmung   154
Von Räusperzwängen, Luftschnappen
und anderen Unarten   155

3.2 DIE ATEMSTÜTZE   157

3.3 DIE INDIFFERENZLAGE   161
Die überhöhte Sprechstimmlage   161
Ihre physiologische Sprechstimmlage   163
Finden der Indifferenzlage in jeder Situation   164

3.4 ÖFFNEN UND WEITEN DER RESONANZRÄUME   165

3.5 MÜHELOS UND VERSTÄNDLICH
ARTIKULIEREN   168
Die Sprechwerkzeuge   170

3.6 DIE INTONATION   177
Die abgelesene »Rede«   177

3.7 PROFESSIONELLES, UMFASSENDES
SPRECHTRAINING   179

3. Professionelles Sprechen ist ganzkörperliches Sprechen

Nachdem wir uns in den vorangegangenen Kapiteln der Öffnung unserer Sinne, dem Erweitern unseres Energiefelds und dem bewussten Wahrnehmen und Einsetzen der Körpersprache gewidmet haben, wenden wir uns nun dem komplexen Kapitel der professionellen Sprechtechnik zu.

Wie bereits im ersten Kapitel angemerkt, sind die Eigenschaften der Stimme zu 38 Prozent dafür verantwortlich, wie Ihre gesamte Persönlichkeit auf andere Menschen wirkt.

Schade, dass ich an dieser Stelle nicht meine schauspielerischen Fähigkeiten nutzen und Ihnen vormachen kann, wie es klingt, wenn ich Ihnen eine spannende, interessante Geschichte erzähle, dabei aber eine viel zu hohe Stimmlage nutze. Meine Halsschlagader schwillt an, mein Kopf wird knallrot und je engagierter ich werde und meine Zuhörer mit allen Mitteln zu überzeugen versuche, desto mehr gerät meine Stimme außer Kontrolle: Sie wird gepresst, schrill, und droht, sich zu überschlagen.

Wenn ich das in Vorträgen oder Seminaren vorspiele, ist immer für viel Gelächter gesorgt, denn jeder kennt Personen, die während einer Rede ihre Stimme in dieser Weise traktieren. Das zieht die Aufmerksamkeit so auf die Stimme, dass der Zuhörer selbst bei starkem Interesse dem Inhalt nur schwer folgen kann.

Zum Beispiel kenne ich Politikerinnen, die einen interessanten politischen Ansatz vertreten – ich kann ihnen nur so gut wie gar nicht zuhören. Sie äußern ihre Thesen so laut und überhöht, oft schreien sie sogar so, dass es mir fast wehtut. Natürlich sind diese Frauen nur engagiert und nicht hysterisch, aber sie erscheinen so.

Jedoch auch Männer, deren Stimme von Natur aus tiefer liegt, wirken beim Reden oft angestrengt. Die berühmte Rede von Lafontaine in Stuttgart, nach der er Parteivorsitzender wurde, ist ein gutes Beispiel dafür, dass sich auch Männer, sobald sie Engagement zulassen und etwas aus sich herausgehen, beim Sprechen überanstrengen können. Sein roter Kopf, seine verspannten Halsmuskeln und die hervorquellende Halsschlagader sind uns allen noch gut in Erinnerung. Oft höre ich den Einwand, dass Lafontaine mit dieser Rede doch sehr erfolgreich gewesen sei und dass es doch toll sei, wenn endlich einmal jemand seine Sache mit solcher Begeisterung vertritt. Richtig. Natürlich kann jemand nur mitreißen, wenn er selbst mitreißend ist. Natürlich muss ich selbst brennen, um andere zu entzünden. Aber um wie viel wirkungsvoller hätte Lafontaine sein können, wenn er während seiner mutigen und authentischen Rede nicht so angestrengt gewirkt hätte! Gerade wer mit Leidenschaft und Begeisterung spricht, sollte über eine Sprechtechnik verfügen, bei der er sich und seinen Stimmbändern nicht schadet und die Stimme weder schrill noch gepresst klingt.

Der Redner schadet sich bei einer überhöhten Sprechstimme nicht nur selbst, auch der Zuhörer empfindet diese vergeblichen Anstrengungen oft als »peinlich« und ahmt unbewusst die Redeweise des Sprechers durch »inneres Sprechen« nach. Tucholsky meinte dazu: *»Eine stumme Masse spricht nämlich ununterbrochen mit.«* Deshalb überträgt sich die Anstrengung und Verspannung auf jeden einzelnen Zuhörer. Der Redner verliert den Kontakt zum Publikum, und diesem bleibt nichts weiter übrig als abzuschalten und sich gelangweilt zurückzulehnen. Der Sprecherzieher Fiukowski meint sogar, dass sich die physische Anstrengung des Redners so weit überträgt, dass der Zuhörer unter Umständen selbst Halsschmerzen bekommt.

Auch sollten die Mimik und Gestik des Redners bei einem

leidenschaftlichen Vortrag weder angespannt noch hektisch wirken, sondern trotz allen Engagements angenehm anzusehen sein. Nur so kann man dem Redner nicht nur in jedem Punkt seiner Ausführungen folgen, sondern man wird auch von seiner Begeisterung angesteckt und mitgerissen.

Aber nicht nur die überhöhte Sprechstimmlage und die gepresst-überanstrengte Stimme lenken vom Inhalt der Rede ab, genauso fatal ist eine andere Unart beim Sprechen, das Nuscheln. Der Unterkiefer wird beim Sprechen oft nicht ausschöpfend bewegt, Konsonanten und Vokale werden nicht sauber gebildet. Die Zunge, eines unserer Sprechwerkzeuge, kann durch ihre extreme Beweglichkeit die größte Behinderung beim Sprechen darstellen. Viele Redner sind sich nicht bewusst, wo ihre Zunge die Vokale und Konsonanten genau bildet. Die Lippen werden nicht richtig eingesetzt, kurz: Es hat sich eine allgemeine Maulfaulheit breit gemacht. Im normalen Arbeitsalltag und in der Freizeit mag das noch okay sein, aber in dem Moment, in dem man sich in eine öffentliche Situation begibt, ist man mit vernuschelter Artikulation schwer verständlich. Natürlich ist die Wirkung dann auch nicht besonders charismatisch.

Das Gleiche gilt für einen starken Dialekt. Im gewohnten Umfeld und am Biertisch stört das nur wenig, solange man den Menschen einigermaßen versteht. Beim öffentlichen Vortrag lenkt ein extremer Dialekt jedoch von den Inhalten der Rede ab. Manchmal erlebt man bei Rednern auch das Gegenteil. Da sie sich an ihre nuschelige Aussprache im Alltag gewöhnt haben, bemühen Sie sich nun, auf dem Podium besonders deutlich zu sprechen. Das führt jedoch zu einer übertriebenen und künstlichen Aussprache. Gekoppelt mit Überbetonungen und einer Satzmelodie, die eher an Märchentöne erinnert, wirken diese Menschen unauthentisch.

Bei all diesen Fällen ist man entweder belustigt, genervt oder gelangweilt. Auf jeden Fall schaltet man nach einiger Zeit ab und der wertvolle Inhalt wird nur bruchstückhaft von den Zuhörern aufgenommen oder er geht ganz verloren.

Lernen Sie also die professionelle Sprechtechnik, wie Schauspieler, Entertainer oder Moderatoren sie jeden Abend nutzen. Lernen Sie Ihre Stimme so abzustützen, dass sie jeden im Publikum erreicht, Ihre Resonanzräume so weit zu öffnen, dass Ihre Stimme ein warmes angenehmes Timbre bekommt, Ihre Worte so deutlich zu artikulieren, dass Sie wirklich jeder versteht und Ihre Betonungen so zu setzen, dass sie dem Inhalt Ihrer Rede angemessen sind. Es wird nicht nur für das Publikum angenehmer sein, Ihnen zuzuhören und Ihren Ausführungen selbst über einen längeren Zeitraum zu folgen; diese Sprechtechnik wird vor allem auch Ihnen selbst helfen, in jeder Situation mit Ihrer Stimme den ganzen Raum zu füllen. Sie werden in jedem Winkel gut verständlich sein, und weder Heiserkeit, noch Frösche im Hals werden Sie daran hindern, lange und ausdauernd zu sprechen.

Sprechen sollte als etwas Lustvolles empfunden werden. Ein gesunder Mensch kann mit der richtigen Sprechtechnik stundenlang sprechen, ohne heiser zu werden. Selbst in der Öffentlichkeit kann er locker eine sechsstündige Rede halten – mühelos, ausdauernd und kräftig. Sprechen ist nichts Anstrengendes, solange man die grundlegenden natürlichen Regeln einhält.

Diese Regeln sind, wie Sie in diesem Kapitel erkennen werden, nicht schwer zu erlernen. Mit etwas Übung kann jeder Mensch, egal in welchem Rahmen, egal wie groß die Aufregung ist, jederzeit kraftvoll und überzeugend sprechen.

Bitte lassen Sie sich auf diese Übungen ein. Versuchen Sie, kindlich und unbefangen den Übungsabläufen zu folgen. Lesen allein reicht leider nicht – Sie müssen es üben! Sonst wird sich an Ihren stimmlichen und sprachlichen Äußerungen nichts ändern.

Wichtig ist, dass Sie Erfahrungen mit sich selbst machen. Durch das tatsächliche Üben erlauben Sie Ihrem Zwerchfell, Ihrer Atmungsmuskulatur, Ihren Sprechwerkzeugen und so weiter, Sie beim Sprechvorgang optimal zu unterstützen.

Wenn Sie nur ein bisschen trainieren, können sich eingeschliffene Gewohnheiten ändern und Sie werden all Ihre stimmlichen und verbalen Äußerungen souverän beherrschen.

3.1 Die professionelle Atemtechnik

Ohne Atmung ist kein Leben möglich – einige wenige Mikroorganismen ausgenommen. Der Atem wurde in vielen Kulturen des Altertums mit Lebenskraft in Verbindung gebracht. Das griechische Wort für Atem *pneuma* bedeutet *Seele* oder *Geist*. In Indien wird diese Lebensenergie *prana* genannt, in China *chi*, in Japan *ki*. Bei Zen, Yoga, Meditationen, bei allen asiatischen Kampfsportarten, bei Chi Gong und Tai Chi, spielt die Kontrolle über *chi* beziehungsweise *prana* die entscheidende Rolle für geistige und körperliche Gesundheit. Da Körper und Geist untrennbar zusammengehören, kann der Geist nur dann sein volles Potenzial ausschöpfen, wenn auch der Körper fit und gesund ist. *Prana* ist die Verbindung zwischen Geist und Körper.

Ohne Atmung kein Leben, keine Lebensenergie; ohne Atmung aber auch keine Stimme und damit kein Sprechen. Denn auf dem Ausatmungsluftstrom sprechen wir. So kann man Sprechen als »klingend gemachtes Ausatmen« bezeichnen. Richtiges Sprechen beginnt mit richtiger Atmung! Das haben Sie gewiss schon irgendwann einmal gehört. Die wenigsten wissen jedoch, wie es tatsächlich funktioniert oder halten es für schwierig. Auf jeden Fall wendet die professionelle Sprechatmung kaum jemand an. Um es vorauszuschicken, es ist überhaupt nicht schwierig. Im Gegenteil, es ist das, was Ihr Körper von Natur aus machen möchte. Durch unsere ständige Hektik, die Fokussierung auf den Kopf, das viele Sitzen, haben wir unsere natürliche Atmung verloren. Tiere und Kinder atmen noch vollkommen natürlich. Ein Grund dafür ist ihr Zugang zu ihrem körperlichen Zentrum, zu ihrer Körpermitte, ihrem Schwerpunkt. Da wir im letzten Kapitel schon viel dafür getan haben, unser Zentrum zu finden und aus ihm heraus zu agieren, wird es Ihnen nun leichter fallen, die natürliche Atmung wiederzufinden und die professionelle

Sprechatmung zu erlernen. Denn das körperliche Zentrum ist die Voraussetzung für natürliche Atmung.

Sollte Ihnen Ihr körperliches Zentrum gerade nicht bewusst sein, lesen Sie bitte die entsprechenden Seiten noch einmal und machen Sie die Übungen. Die aufrechte Haltung und der bewusste Schwerpunkt sind die Voraussetzung für die richtige und natürliche Atmung. Und die sitzt nicht im oberen Brustkorb. Die überwiegende Mehrheit der Menschen atmet dort mit der so genannten Hochatmung hinein und atmet damit falsch.

Die natürliche Ruheatmung und **Sprechatmung** ist eine **kombinierte Atmung aus Zwerchfell und Rippen, die so genannte Voll- oder Tiefatmung.**

Während der Einatmung ziehen sich die Zwerchfellmuskeln zusammen und die Zentralsehnenplatte herab. Dieses sich nach unten senkende Zwerchfell drängt die Organe des Bauches zusammen und nach vorn. Durch diesen Druck wölbt sich der Bauch nach außen. Gleichzeitig weitet sich der untere seitliche und hintere Brustkorb, sodass sich auch die Muskulatur der Flanken und des unteren Rückens weitet.

Der obere Brustkorb bewegt sich nicht, er hebt und senkt sich also nicht. Auch der Schultergürtel ist nicht im Geringsten beteiligt. Stellen Sie sich einen Ring um den Bauch, die Flanken und den unteren Rücken vor, der sich bei der Einatmung weitet. Bei der Ausatmung steigt das Zwerchfell wieder nach oben, die erweiterte Einatmungsmuskulatur wird losgelassen.

Danach folgt eine natürliche Atempause, in der sich die Kräfte entspannen, die an der Einatmung beteiligt waren. Hält man diese Atempause nicht ein, führt das zu flacher und hastiger Atmung. Wichtig ist auch, dass Sie immer bis zum Ende ein- und ausatmen, also nicht mit einer Restluft im Körper schon wieder einatmen. Deshalb ist die Atempause besonders nach der Ausatmung enorm wichtig.

Es sollte niemals forciert eingeatmet werden. Wie Sie vielleicht wissen, unterliegt die Atmung dem vegetativen Nervensystem. Das bedeutet, dass sie auch dann funktioniert, wenn Sie schlafen oder bewusstlos sind. Somit brauchen Sie also niemals aktiv einzuatmen, der Atem kommt von ganz allein. Atmet man aktiv ein, zum Beispiel um etwas zu sagen, schnappt man oft nach Luft, und das hat dann vielfach die *Hochatmung* zur Folge. Was bedeutet, dass sich in erster Linie der obere Brustkorb und der Schultergürtel hebt und nicht der Bauchraum weitet. Diese Atmung ist auch schulmedizinisch gesehen von Nachteil, da der Körper nicht ausreichend mit Sauerstoff versorgt wird und mit Ermüdungserscheinungen und Leistungsabfall reagiert.

Will man allerdings etwas rufen, singen oder schreien, braucht man mehr Luft. Dann wird der Atem bis nach oben gezogen, wobei sich beide Lungenflügel fast vollständig mit Luft füllen. Dabei hebt sich auch der obere Brustkorb. Aber selbst bei diesem großen Atemvolumen weitet sich zuerst der Ring, wobei das Zwerchfell nach unten sinkt, dann erst füllen sich die oberen Lungenflügel und der obere Brustkorb weitet sich. Bei einer normalen Ruheatmung und Sprechatmung jedoch bewegt sich der obere Brustkorb nicht, sondern man verwendet die kombinierte Atmung aus Zwerchfell und Rippen – die Vollatmung, die Tiefatmung.

Lassen Sie uns diese Vollatmung, die eine unbedingte Grundvoraussetzung für das Sprechen ist, mit einer vorangehenden Entspannungsübung trainieren. Denn wenn wir entspannt sind, atmen wir alle tief in den Bauch. Kein Mensch bedient sich während des Schlafes der Hochatmung.

Atemspezialisten mögen es mir verzeihen, wenn ich aus Platzgründen hier nicht die allumfassenden Übungen für die perfekte Zwerchfellatmung bringen kann. Ich weiß sehr genau, dass die folgenden Übungen nur der Beginn für die Aktivierung des Zwerchfells sind. Dennoch helfen sie, die Tiefatmung zu erlernen. Die Technik der fortgeschrittenen Zwerchfellatmung füllt ein ganzes Buch oder ist nur in mehreren Coachingstunden zu erlernen.

ÜBUNG: DIE NATÜRLICHE TIEFATMUNG

Diese Übung ist zugleich ein hervorragendes Entspannungstraining in stressvollen Situationen. Sie kann später auch im Sitzen ausgeführt werden.

- Legen Sie sich auf dem Boden auf den Rücken und entspannen Sie sich.
- Gehen Sie im Geist durch alle Körperteile, Muskelgruppen, Organe, Gliedmaßen, ohne äußerlich etwas zu verändern. Kontrollieren Sie deren vollkommene Entspannung. Lassen Sie die Glieder Ihrer eigenen Schwere nachgehen und die Härte der Unterlage empfinden. Drehen Sie leicht den Kopf hin und her, um die totale Entspannung der Halsmuskeln zu kontrollieren. Nehmen Sie das Kinn heran. Die Hände und Finger sind völlig locker, ebenso die Füße, die durch die Entspannung vom Oberschenkel aus nach außen fallen.
- Wer das autogene Training etwas beherrscht, dem ist hier sehr geholfen. Nutzen Sie autosuggestive Formeln, wie »Ich bin ruhig und entspannt – mein linker Arm ist ganz schwer.« Dann gehen Sie mit Ihrer Aufmerksamkeit zum rechten Arm, zu den Beinen, in den Bauchraum, dem Rücken und so weiter. Stellen Sie sich vor, mit jeder Ausatmung etwas tiefer in die Unterlage zu sinken.
- Nun beobachten Sie Ihren Atem. Unschuldig und absichtslos. Nutzen Sie die Formel: »Es atmet mich.«
- Der Atem kommt, der Atem geht, ohne dass Sie etwas beeinflussen.
- Beobachten Sie, wie sich in der Einatemphase Ihr Bauch, die Flanken und der untere Rücken weiten und wie in der Ausatmungsphase alle Muskelgruppen losgelassen werden.
- Der obere Brustkorb bewegt sich nicht.
- Atmen Sie immer bis zum Ende ein und anschließend vollständig aus.
- Beobachten Sie nach der Ausatemphase eine gewisse Atempause.
- Bitte atmen Sie nicht aktiv ein, im Gegenteil, versuchen Sie die Atempause auszudehnen und spüren Sie, wie ganz von allein neuer, frischer Atem in Sie einströmt.

Diese Atemübung sollten Sie mehrere Tage wiederholen, bis sich Ihr Körper umgestellt hat. Keine Angst, es geht sehr schnell, auch wenn Ihnen diese Atmung noch fremd ist. Möglicherweise haben Sie seit 20 bis 30 Jahren nur in Ihren Brustkorb geatmet. Da die Vollatmung jedoch die natürliche Atmung ist, ist sie dem Körper auch gemäß, und meist stellt er sich nach zwei bis drei Tagen um. Sie können diese Übung vor dem Einschlafen und nach dem Aufwachen liegend im Bett machen. In der Regel ist Ihr Körper dann so entspannt, dass Sie die autosuggestiven Übungen vorher nicht brauchen.

Wenn man ganz entspannt ist, atmet man automatisch richtig und natürlich. Nun müssen wir nur noch lernen, in *jeder* Situation so zu atmen, im Stehen, im Sitzen, beim Reden, egal in welcher Situation, auch wenn wir diesen Grad der Entspannung nicht halten können. Deshalb folgt nun eine Reihe von Übungen, die diese Tiefatmung in verschiedenen körperlichen Stellungen trainiert. Gewöhnen Sie Ihren Körper an diese Atmung, indem Sie ihn in den folgenden Übungen langsam aufrichten vom Liegen über den Vierfüßlerstand, zum Sitzen und schließlich zum Stehen.

ÜBUNG: ERWEITERTE ATEMÜBUNG BEI AKTIVERER ATMUNG

- Legen Sie sich nun auf den Bauch.
- Das Gesicht liegt auf einer Seite, die Hände dienen dem Gesicht als Unterlage. Die Handflächen sind nach oben gekehrt.
- Bringen Sie Ihren Körper auch in dieser Lage in die größtmögliche Entspannung.
- In dieser Lage werden Sie sehr gut die Streckung des Körpers empfinden.
- Da Sie auf dem Bauch liegen, spüren Sie deutlicher, wie sich der seitliche und hintere Brustkorb weitet.
- Atmen Sie durch die Nase ein und durch den Mund aus, wobei Sie beim Ausatmen den Luftstrom in blasender Weise langsam durch Ihre Lippen strömen lassen.

• Atmen Sie wieder vollständig ein und vollständig aus. Achten Sie auf die Atempause nach der Ausatmung.

Wie Sie sicherlich gemerkt haben, ist in dieser körperlichen Stellung die Atmung bereits aktiver, als in der Rückenlage. Da Sie auf dem Bauch liegen, können Sie die Atembewegungen deutlicher spüren. Diese Stellung verstärkt Ihr Bewusstsein für den Ring.

ÜBUNG: STELLUNGSÄNDERUNG BEI GLEICH BLEIBENDER TIEFATMUNG

• Gehen Sie nun in den Vierfüßlerstand.
• Machen Sie einen Katzenbuckel.
• Lassen Sie Ihren Rücken ganz durchhängen.
• Finden Sie nun mit dem Rücken die Mitte.
• Atmen Sie auch in dieser Stellung in Ihren Ring, spüren Sie die Atembewegungen im Bauch, im unteren seitlichen und hinteren Brustkorb.

In dieser Stellung können Sie sich in ein Tier hineinfühlen (hilfreich ist zu diesem Zweck eine Katze, wenn es Ihnen gefällt, auch eine Raubkatze). Spüren Sie genau Ihren Mittelkörper, der nun tatsächlich in der Mitte ist. Wie bei jedem Tier, wird Ihre ruhevolle Einatmung in dieser Stellung den gesamten »Ring«, besonders die Flanken, weiten.

ÜBUNG: KOMBINIERTE ATMUNG AUS ZWERCHFELL UND RIPPEN IM SITZEN

• Da wir die meiste Zeit des Tages im Sitzen verbringen, ist diese Übung von großem Wert.
• Setzen Sie sich bitte auf einen Stuhl.
• Setzen Sie sich ganz auf Ihre Sitzhöcker, halten Sie Ihren Oberkörper aufrecht und bringen Sie die Wirbelsäule in die größtmögliche Streckung. Nehmen Sie das Kinn heran.

- Finden Sie auch im Sitzen ein ausgewogenes Verhältnis von Ge- und Entspanntheit in Ihrem Körper, das heißt, Sie sitzen aufrecht, erspüren Ihren Schwerpunkt und entspannen alle anderen Muskelgruppen.
- Die Füße stehen fest und parallel auf dem Boden.
- Atmen Sie aus und lassen Sie Ihren Kopf gleichzeitig nach vorn auf die Brust fallen.
- Atmen Sie durch die Nase ein und lassen Sie den Kopf über die Schulter nach hinten kreisen.
- An der äußeren hinteren Neigung des Kopfes verharren Sie bitte und halten den Atem an.
- Dann drehen Sie mit der Ausatmung den Kopf auf die Seite und wieder nach vorn in seine Ausgangsstellung.
- Wiederholen Sie diese Übung bitte mehrmals. Ändern Sie dabei die Drehrichtung.
- Der Kopf bewegt sich volkommen entspannt – bei der Aufwärtsbewegung erfolgt die Drehung aktiv, bei der Abwärtsbewegung passiv, er folgt sozusagen der eigenen Schwerkraft.
- Nun üben Sie bitte auf einen Atemzug eine ganze Umdrehung.
- Wichtig ist, dass während der ganzen Übung Ihre Gesichts- und Halsmuskeln vollkommen entspannt bleiben.
- Nach ungefähr sechs Wiederholungen sitzen Sie aufrecht und atmen ruhig weiter.
- Stützen Sie dabei die Hände in die Hüften und achten Sie weiterhin auf die Tiefatmung.

Diese Übung trainiert die Ringatmung im Sitzen. Durch den aufrechten Oberkörper können Sie die Atembewegungen in Kombination von Rippen und Zwerchfell sehr deutlich spüren. Diese Übung koordiniert auch die Atmung mit körperlichen Bewegungen. Ihre entspannende Wirkung können Sie hervorragend in Ihren Arbeitspausen am Schreibtisch erleben.

ÜBUNG: TIEFATMUNG IM STEHEN

- Seien Sie sich bei dieser Übung Ihres körperlichen Zentrums bewusst. Verlagern Sie es nicht nach vorn oder hinten. Denken Sie an die Nuss!
- Stehen Sie wie im vorigen Kapitel beschrieben mit den richtigen Spannungsverhältnissen im Körper.
- Entspannen Sie aktiv die Muskulatur des Gesichts, des Halses und der Schultern. Lassen Sie Ihre Arme locker hängen und nehmen Sie jegliche Spannung aus dem Brustkorb. Die Wirbelsäule ist in ihrer größtmöglichen Streckung. Nehmen Sie Ihr Kinn heran. Finden Sie Ihr Zentrum.
- Stützen Sie die Hände in die Hüften und atmen Sie in Ihre Hände.
- Verstärken Sie den Druck, indem Sie Ihre Hände fest in Ihre Seiten drücken und atmen Sie gegen diesen Druck an.
- Drücken Sie mit der Einatembewegung Ihre Hände weg.
- Stellen Sie sich vor, Sie tragen einen Gürtel, der zu eng geschnallt ist, atmen Sie gegen diesen Gürtel an.
- Die Einatmung erfolgt durch die Nase, die Ausatmung durch den Mund, wobei Sie auch hier leicht pusten oder blasen.
- Atmen Sie bei dieser Übung bitte immer bis zum Ende aus und ein und beachten Sie nach der Ausatmung die natürliche Atempause.
- Dehnen Sie diese Atempause wieder so lang wie möglich aus, der Körper holt sich ganz von allein neuen Atem. Bitte nicht aktiv einatmen.
- Sollten Sie immer noch nicht tief genug atmen, können Sie sich ein Nasenloch zuhalten. Dadurch wird der inspiratorische Zug verstärkt und das Zwerchfell zu größerer Aktivität angeregt.

Gut gemacht! Mit dieser Übung haben Sie Ihren Körper nun ganz aufgerichtet – und dennoch die Tiefatmung beibehalten, die Sie zu Beginn nur mit autosuggestiven Entspannungsübungen im Liegen erreichten. Nun können Sie in jeder körperlichen Haltung die Ringatmung anwenden.

Wann immer Sie irgendwo stehen, nutzen Sie die Chance,

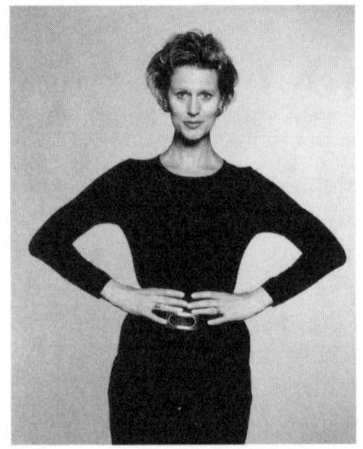

Atmen Sie gegen Ihre Hände an, drücken Sie sie in der Ein-
atmungsphase mit der Atmungsmuskulatur nach außen.

Ihre Atembewegungen zu kontrollieren – so kann jedes War-
ten an der Bushaltestelle, am Kopierer, am Kaffeeautomaten
oder in der Warteschlange effektiv genutzt werden.

VERSTÄRKENDE ÜBUNG ZUR TIEFATMUNG

Hartgesottene Hochatmer erreichen mit dem so genannten
Atemschnüffeln garantiert die Tiefatmung.
• Saugen Sie mit kräftigen kurzen Stößen die Luft dreimal hör-
bar durch die Nase.
• Zwischen jeden Stoß legen Sie eine kurze Pause.
• Also: ausatmen – Pause – dreimal einschnüffeln – Pause –
ausatmen und so weiter.
• Halten Sie dabei die Bauchmuskulatur in Spannung.
• Stützen Sie Ihre Hände in die Hüften, damit Sie die Erweite-
rung Ihres Gürtelumfangs bei jedem Atemstoß spüren kön-
nen.

Nun haben Sie nicht nur ein Gefühl für die kombinierte Atmung, die so genannte Vollatmung oder auch Ringatmung,

sondern durch dieses Training weiß Ihr Körper auch, welche Muskelgruppen bei der Tiefatmung beteiligt sind und welche nicht.

Während der nächsten Tage sollten Sie auch außerhalb dieser Übungen Ihre Atmung bewusst kontrollieren, bei jeder alltäglichen Handlung wie Auto fahren, spazieren gehen, am Schreibtisch, beim Fernsehen. Langweilige Sitzungen zum Beispiel können Sie sich damit versüßen. Die Vollatmung ist unsere natürliche Atmung. Jeder, der sie im Lauf der Zeit, in der Hektik des Geschäftslebens und in der Nachlässigkeit des Alltags verlernt hat, sollte sie sich wieder zurückerobern.

Die Atemübungen haben ihr Ziel erreicht, wenn Sie zu jeder Zeit und in jeder Situation ohne Anstrengung die kombinierte Atmung beherrschen.

Diese Tiefatmung ist aber nicht nur die natürliche Ruheatmung und damit die optimale Voraussetzung für professionelles und lang andauerndes Sprechen, sie ist auch eine hervorragende Möglichkeit, sich bei Aufregung wieder zu beruhigen. Denken Sie an unser Kapitel »Lampenfieber«. Wenn Sie aufgeregt sind, beispielsweise vor einem öffentlichen Auftritt, geht die Atmung automatisch in den oberen Brustkorb. Das ist normal. Immer, wenn wir uns aufregen oder bei körperlicher Anstrengung, geht der Atem hoch. Wenn Sie nun Ihre Atmung mit den Übungen trainiert haben, brauchen Sie nur für den Bruchteil einer Sekunde an Ihren Ring zu denken, den Atem dorthin zu schicken und Ihr Körper wird sich sofort an das Erlernte erinnern und es ohne Ihr bewusstes Zutun unmittelbar umsetzen. Statt den oberen Brustkorb vor Aufregung zu heben und zu senken, schicken Sie Ihren Atem in den Gürtelumfang. Sie haben damit nicht nur zu Ihrem Zentrum und zu Ihrer körperlichen Basis zurückgefunden, Sie werden auch augenblicklich ruhiger werden. Atmen Sie mit jedem Atemzug Entspanntheit und Ausgeglichenheit in Ihren Bauchraum – das Lampenfieber wird damit deutlich weniger und Ihr Kopf wird frei für die wirklich wichtigen Dinge.

Die Stimmatmung

Beim Sprechen wird etwas tiefer eingeatmet als in der Ruheatmung. Auch die Atembewegungen sind intensiver. Das bedeuet aber nicht, dass Sie sich bei der Stimmatmung anstrengen müssen. Die Stimmatmung sollte genauso mühelos sein, wie die Ruheatmung. Man sieht sehr oft Menschen beim Ansetzen zum Reden besonders tief einatmen, meist auch noch in der gefährlichen Hochatmung. Es geht aber nicht darum, besonders große Atemzüge zu machen – wir müssen also nicht das Viel-Luft-Haben trainieren –, sondern es geht vielmehr um effektives Haushalten mit der zur Verfügung stehenden Luftmenge.

Beim Sprechen muss oft ganz schnell und kurz eingeatmet werden. Das sollte auf jeden Fall geräuschlos geschehen. Die Einatmung ist beim Sprechen also verkürzt, die Ausatmung stark verlängert, etwa in einem Verhältnis von 1:2, denn wir sprechen ja auf dem Ausatemstrom und nicht während des Einatmens. So müssen wir nun die Führung der Ausatmung, den sparsamen Luftverbrauch trainieren.

Wie viel und wie oft Sie einatmen, richtet sich nach dem, was Sie sagen wollen. In Sinnpausen können Sie jederzeit nachatmen. Auch dieses schnelle und kurze Einatmen sollte auf jeden Fall mit der Tiefatmung erfolgen, wobei sich die Muskulatur Ihrer Gürtellinie weitet. Genau dann bedienen sich viele Redner nämlich fälschlicherweise der Hochatmung.

Von Räusperzwängen, Luftschnappen
und anderen Unarten

Beim Sprechen sollten Sie hörbares Luftschnappen vermeiden. Das klingt nicht nur unschön, besonders wenn Sie mit einem Mikrofon sprechen, es ist auch eine extreme Reizung für Ihre Stimmbänder. Wann immer es durch eine kleine Pause möglich ist, sollten Sie durch die Nase einatmen. Ihre Stimmbänder empfinden das als kleine Schonung zwischendurch. So verhindern Sie Räusperzwänge.

Tritt ein Räusperzwang bei Ihnen auf, geben Sie ihm bitte nicht nach. Versuchen Sie durch Schlucken oder Trinken den Frosch im Hals zu vermeiden. Das Räuspern ist sehr verbreitet unter den Rednern. Viele betreten das Podium und noch bevor sie zu sprechen beginnen, räuspern sie sich erst einmal kräftig. Das klingt nicht besonders einladend und ist keine angenehme Begrüßung oder Einleitung, mit der das Interesse der Zuhörer für den kommenden Vortrag geweckt wird.

Sehen Sie zu, dass Sie, bevor Sie die ersten Worte sagen, Ihre Stimmbänder »geölt« haben, sodass gleich Ihre ersten Worte voll und kraftvoll tönen. Durch das Räuspern schaden Sie Ihren Stimmbändern extrem. Würde man sie sich nach dem Räuspern unter dem Mikroskop anschauen, würde man sehen, wie sie an den Rändern ausgefranst sind. Außerdem nützt es nicht viel, denn Räuspern verstärkt den Drang nur noch mehr. Beobachten Sie, wie Redner, einmal damit angefangen, ihr Räuspern in immer kürzer werdenden Zeiträumen wiederholen müssen. Fangen Sie also gar nicht erst damit an. Schlucken Sie oder trinken Sie etwas stilles Wasser (das sollte übrigens immer bereitstehen). Nützt das alles nicht, husten Sie lieber einmal kurz und kräftig, statt mit Räuspern Ihre Stimmbänder zu reizen.

3.2 Die Atemstütze

Ist es nicht erstaunlich, dass ein Baby stundenlang schreien kann, ohne heiser zu werden? Wie funktioniert das?

Sie kennen bestimmt eine Situation, in der Sie bei lauter Musik in einem Club oder über weite Entfernung schreien, rufen oder zumindest über einen längeren Zeitraum laut reden mussten. Viele von Ihnen werden danach eine Überanstrengung der Stimmbänder bemerkt haben. Heiserkeit und der berühmte Frosch im Hals sind nicht selten das Ergebnis dieser stimmlichen Anforderungen. Was ist es, was bei einem Baby noch ganz natürlich und problemlos funktioniert und was wir Erwachsenen verloren haben?

Ein Baby hat, dadurch, dass es liegt, einen natürlichen Zugang zu seinem körperlichem Zentrum, sodass die Atmung und die Atemstütze bei jeder Lautäußerung mit einer physiologischen Selbstverständlichkeit funktionieren. Es atmet ein, wobei sich die Muskulatur des Mittelkörpers weitet. Da es für seinen Schrei mehr Atemvolumen benötigt, zieht es – wohlgemerkt *nachdem* sich der Ring geweitet hat – den Atem nach oben und damit weitet sich auch der obere Brustkorb. Wenn es zum Schrei ansetzt, hält es die Muskulatur weitgehend in dieser Einatmungsstellung. Diese Kontraktion der Muskeln wird über längere Zeit während des Schreies gehalten. Somit entlasten seine Muskeln den Hals und unterstützen den Schrei. Am Ende des Schreies entspannt sich die gesamte Muskulatur. Neuer Atem strömt ein, wobei sich die Gürtellinie wieder weitet und der Vorgang kann von neuem beginnen.

Auch Kinder, die schon laufen können, agieren durch ihre extreme Körperlichkeit aus ihrem Schwerpunkt. Deshalb funktioniert auch bei ihnen die Atmung und die Atemstütze noch ganz selbstverständlich.

Machen Sie die Probe aufs Exempel: Legen Sie Ihren Kindern oder denen Ihrer Freunde die Hände um die Hüften und bitten Sie sie zu schreien. Gesunde Kinder werden das sofort lustvoll tun. Spüren Sie, wie sie bei der Einatmung die Muskulatur des Bauches, der Flanken und des Rückens weiten und bei ihrem Schrei diese in der Einatmungsstellung belassen. Dadurch stützen sie ihren Schrei über die Körpermitte ab. Somit ist der Hals entlastet und die Stimme kann ihn frei und ungepresst verlassen.

Weitere Beispiele dafür, dass die Atemstütze ein natürlicher Vorgang ist und von allen genutzt wird, deren Bewegungsabläufe im Körper natürlich verlaufen, finden wir im Tierreich. Ein Tiger kann entspannt und faul herumliegen und aus dieser Entspannung heraus brüllen, dass man es kilometerweit hört. Diese enorme Lautstärke erreicht er, weil seine massigen Muskeln sein Brüllen unterstützen. Sie sehen also, welch große Rolle auch bei der stimmlichen Äußerung das körperliche Zentrum spielt.

Ich hoffe, diese Beispiele haben verdeutlicht, wie der Vorgang der Atemstütze funktioniert. Nun müssen wir in Alltag und Beruf jedoch nicht so oft rufen oder schreien. Aber wie es im Großen funktioniert, so funktioniert es auch im Kleinen. Auch wenn wir nur sprechen, muss das Gesagte von der Bauchdecke abgestützt werden. So können wir lange und ausdauernd reden, egal in welcher Lautstärke und Intensität. Diese Fähigkeit hat natürlich einen starken Einfluss auf die Ausdruckskraft Ihres Vortrags und Ihrer Stimme. Mit ihr können Sie spielend die Intensität Ihres Vortrags variieren, ohne dass Ihre Stimme gepresst klingt. Indem Sie Ihre Worte mit Ihrem Mittelkörper abstützen und in Ihrer physiologischen Sprechstimmlage sprechen, auf die wir im nächsten Punkt eingehen, werden Sie weder Heiserkeit noch Räusperzwänge quälen. Wir müssen also eine flexible, bewegliche Bauchdecke trainieren, die ständig bereit und fähig ist, sich zu weiten, zu stützen und zu entspannen.

ÜBUNG: ERLERNEN DER ATEMSTÜTZE

- Legen Sie sich auf dem Boden auf den Rücken.
- Entspannen Sie sich mit den oben genannten Übungen.
- Atmen Sie mit der Tiefatmung, wobei Sie spüren, wie sich die Muskulatur Ihres Bauches, Ihrer Flanken und Ihres Rückens weitet.
- Atmen Sie nun auf den Konsonanten *f* aus.
- Versuchen Sie, die Muskulatur in der Einatemstellung zu halten – ohne Druck oder Gegenpressen.
- Nach der Ausatemphase entspannen Sie in der Atempause blitzschnell alle Muskelgruppen.
- Nun strömt ganz von allein neuer Atem ein, der Ihre Gürtellinie weitet.
- Diesmal atmen Sie bitte auf einem stimmlosen *ss* aus.
- Wiederholen Sie diese Übung, in dem Sie diesmal stimmhafte Konsonanten ausatmen: *w, s.*

Wichtig ist, dass Sie keinen Spannungsdruck auf Ihre Muskulatur ausüben. Bitte pressen Sie auf keinen Fall oder stauen Sie den Atem oder halten ihn zurück. Das Drücken gegen einen Widerstand ist hier nicht gemeint; es ist eher ein Anlehnen an den Atem.

ÜBUNG: ATEMSTÜTZE IM STEHEN

- Jetzt stehen Sie bitte auf.
- Nehmen Sie Ihre aufrechte entspannte Haltung ein und spüren Sie Ihren Schwerpunkt.
- Stützen Sie die Hände in die Hüften, sodass Sie Ihre Atembewegungen an den Flanken kontrollieren können.
- Atmen Sie in den Ring Ihrer Gürtellinie.
- Atmen Sie nun aus im Wechsel von *f, w* und halten Sie ohne Druck die Muskulatur so lange wie möglich in der Einatmungsstellung.
- In der Atempause lassen Sie die Kontraktion der Muskeln los und atmen wieder tief in Ihren Bauch und die Flanken.

• Nun atmen Sie aus, indem Sie abwechselnd ein stimmloses und ein stimmhaftes *s* bilden, also *ss, s*.

Auch hierbei arbeiten Sie bitte leicht und spielerisch; kein Drücken, kein Pressen. Wenn Sie es schaffen, die Einatemstellung über ein Drittel der Ausatmung zu halten und sich der Bauch erst dann allmählich senkt, sind Sie schon gut!

ÜBUNG: VARIATIONEN UND ERWEITERUNGEN
ZUM ERLERNEN DER ATEMSTÜTZE

• Nun erweitern Sie bitte die Übung, indem Sie auf dieselbe Art ein- und über die Konsonanten ausatmen, sich nun aber eine Linie vorstellen, die von Ihnen zum Zuhörer oder einem gedachten Punkt reicht.
• Sie können diesen Bogen zwischen Ihnen und dem Zuhörer auch durch eine Armbewegung versinnbildlichen, die dem Ausatmungsstrom adäquat ist. Wichtig hierbei ist, dass diese körperliche Bewegung mit der Ausatmung synchron verläuft.
• Eine weitere Variation ist, dass Sie die Ausatmung mehrmals willkürlich anhalten können – ohne neu einzuatmen.
• Sie können die Stimme bei den stimmhaften Vokalen anschwellen und abschwellen lassen.

Spielen Sie, Ihrer Fantasie sind keine Grenzen gesetzt, und vor allem: Haben Sie Spaß!

3.3 Die Indifferenzlage

Die Indifferenzlage ist die Sprechstimmlage des Redners. Sie ist physiologisch bedingt und somit individuell verschieden. Die Sprechstimmlage ist jener Bereich unseres Stimmumfangs, bei dem man mit dem geringsten Kraftaufwand der Kehlkopfmuskeln und dem geringsten Atemdruck sprechen kann, das bedeutet auch, mit dem geringsten Energieaufwand der Sprechmuskulatur. Die physiologische Sprechstimmlage befindet sich im unteren Drittel des Gesamtstimmumfangs. Der Kehlkopf steht in der Sprechstimmlage naturgemäß tief, und der mittlere und obere Kehlraum sind so erweitert, dass der Ton die optimale Möglichkeit hat, den Mundraum zu verlassen und den Zuhörer zu erreichen.

Die überhöhte Sprechstimmlage

Mit jeder Verkrampfung oder Verspannung überschreitet man seine Indifferenzlage. Auch bei Aufregung, Hektik, Stress und bei Gefühlsbewegungen, wie Begeisterung, Wut oder Unbeherrschtheit geht die Stimme bei fast allen Menschen hoch. Dasselbe trifft zu, wenn man bewusst laut spricht, zum Beispiel in großen Räumen oder, um andere Geräusche zu übertönen. Doch laut sprechen bedeutet nicht automatisch hoch sprechen! Auch bei erhöhter Lautstärke ist es wichtig, im Bereich der Indifferenzlage zu bleiben, dafür aber besonders gut zu artikulieren (siehe das Kapitel »Mühelos und verständlich artikulieren«). Diese Überhöhung der Sprechstimmlage verursacht eine Verkrampfung der Kehlkopf- und Artikulationsmuskulatur, die sich sogar auf den ganzen Körper übertragen kann. Für unsere Stimme bedeutet das eine ungeheure Überanstrengung.

Viele Menschen sprechen jedoch gewohnheitsmäßig zu hoch. Wenn Sie dann auch noch aufgeregt sind, beispielsweise wegen einer öffentlichen Präsentation, und bewusst laut sprechen oder gar voll Enthusiasmus ihre Zuhörer überzeugen möchten, schnappt die Stimme förmlich über und wird schrill. Damit schadet man seiner Stimme in erheblichem Maß. Findet man jedoch seine Indifferenzlage und lernt man, in jeder Situation in ihr zu sprechen, verschwinden in der Regel diese stimmlichen Probleme recht schnell. Selbst fortgeschrittene Schädigungen können damit recht bald behoben werden. Das ist ein Zeichen, dass die meisten Stimmschäden aufgrund des Verlassens der Indifferenzlage entstehen.

Diese gewohnheitsmäßig überhöhte Sprechstimme ist den meisten Menschen jedoch nicht bewusst. Da sie seit Jahren so sprechen, haben sie sich an die Überhöhung gewöhnt, und es erscheint ihnen bequem und natürlich, so zu sprechen. Ich habe in Seminaren oft erlebt, dass Menschen mit gewohnheitsmäßig überhöhter Sprechstimme eine tiefer liegende Indifferenzlage ablehnen, da sie ihnen unnatürlich und künstlich vorkommt.

Doch eine zu hohe Sprechstimme rächt sich immer. Bei öffentlichen Reden – und auf Dauer auch im Alltag – ermüdet die Stimme sehr schnell, der Redner wird Schmerz und Druck in der Kehle empfinden und auch hier versuchen, sich durch Räuspern Abhilfe zu verschaffen. Zeitweilige oder häufig schon chronische Heiserkeit sind die unliebsame Folge. Das bedeutet nun nicht, dass die Indifferenzlage ein feststehender Ton ist, auf dem Sie monoton sprechen sollen, sondern sie umfasst einen Bereich, in dem sich die Satzmelodie gleitend auf und ab bewegt.

Es ist auch durchaus normal, dass Ihre Stimme sich etwas erhöht, wenn Sie aufgeregt oder emotional sprechen. Sie darf sich nur nicht überschlagen und muss immer wieder zu Ihrer Indifferenzlage zurückfinden. Hat man sich einmal von ihr entfernt, läuft man Gefahr, stimmlich oben zu bleiben, auch wenn der Enthusiasmus sich gelegt hat und man seine Inhalte schon wieder ruhiger vorträgt.

Ihre physiologische Sprechstimmlage

Wenn Sie sich also vor stimmlichen Schädigungen schützen wollen und ausdauernd, mühelos und kräftig sprechen lernen möchten, sprechen Sie in jeder Situation in Ihrer individuellen physiologischen Sprechstimmlage.

ÜBUNG: FINDEN IHRER PHYSIOLOGISCHEN
SPRECHSTIMMLAGE

- Schließen Sie die Augen und denken Sie an gutes Essen. Nutzen Sie dafür alle Sinne. Sehen Sie es vor Ihrem inneren Auge, riechen Sie es und schmecken Sie es auf Ihrer Zunge.
- Lassen Sie genussvoll die Stimme mitsummen.
- Summen Sie immer wieder und denken Sie dabei: »Das schmeckt ja köstlich«, bis Ihre Stimme voll, tief, dunkel und weich klingt.
- Öffnen Sie nun während des Summens Ihren Mund, so als würden Sie sich Ihr Essen genießerisch kauend auf der Zunge zergehen lassen, so wie man auch guten Wein kaut. Lassen Sie sich dabei hinreißen zu einem *mnjom, mnjum, mnjam*, wobei Sie bitte beim *m* lange summen und bei den Vokalen kurz den Mund öffnen.
- Versuchen Sie den lustbetonten Essvorgang auf Ihre Stimme zu übertragen, sodass dieser sich auf einen lustbetonten Sprechvorgang überträgt.

ÜBUNG: TRANSFER ZUR NORMALITÄT –
BEWUSSTES EINSETZEN DER INDIFFERENZLAGE IN SÄTZEN

- Sprechen Sie nun in dieser Tonlage einige normale Sätze, wie: »Es geht mir gut.« – »Ich bin entspannt und glücklich.« – »Die Blumen blühen wunderschön.«
- Bleiben Sie im unteren Bereich Ihrer Sprechstimmlage wie bei der Kauübung.

Ihre Stimme befindet sich nun im unteren Bereich der Ihnen gemäßen Sprechstimmlage. Der Gesamtumfang Ihrer Indifferenzlage, mit dem Sie beim Sprechen modulieren und akzentuieren können, liegt etwa eine große Terz darüber.

Finden der Indifferenzlage in jeder Situation

Natürlich können Sie diese Kauübung nicht überall machen. Trainieren Sie sie im stillen Kämmerlein ein paar Tage hintereinander. Dann wird Ihnen auch hierbei Ihr körperliches Erinnerungsvermögen helfen. Sollten Sie durch Emotionen oder Nervosität Ihre Indifferenzlage einmal verlassen haben, brauchen Sie nur innerlich an diese Kauübung und den Genuss des guten Essens zu denken. Ihre Stimme wird sich sofort erinnern und Sie können spielend in den unteren Bereich Ihrer physiologischen Sprechstimmlage zurückkehren. Ihre Stimme und Ihre inneren Halsmuskeln werden sich augenblicklich entspannen, der Räusperzwang verschwindet, und Sie können weiterhin mühelos, ausdauernd und kräftig sprechen.

3.4 Öffnen und Weiten der Resonanzräume

Für eine klang- und modulationsfähige Stimme ist es wichtig, die Resonanzräume zu weiten und zu öffnen, denn auch sie sind dafür verantwortlich, dass unsere Stimme voll und warm klingt.

Denken Sie einmal daran, was bei Ihnen ein warmer Ton, ein angenehmes, volltönendes Timbre auslöst. Es entspannt, macht aufnahmebereit und wach, weckt Sympathie und schafft Vertrauen. Geöffnete Resonanzräume erwecken unseren Körper zum Klangkörper. Wie bei einer Geige ist der Klangkörper dafür verantwortlich, dass die Töne den Raum und die Zuhörer optimal erreichen. Was unterscheidet die Stradivari von einer gewöhnlichen Geige? Nicht ihre Saiten, sondern ihr Klangkörper.

Beim Geigenbau wird ungeheuer viel Wert auf die Beschaffenheit des Holzes gelegt, und die Kunstfertigkeit des Geigenbauers besteht darin, dass der Resonanzkörper den Ton, der durch das Streichen der Saiten in Schwingung gebracht wird, optimal weiterträgt. So sollten auch Sie Ihren Körper zum Klangkörper erwecken. Denn nicht nur Ihre Stimmbänder, die in unserem Fall mit den Saiten vergleichbar sind, sind beim Sprechen beteiligt, sondern der ganze Körper.

Wir haben an verschiedenen Stellen unseres Körpers Hohlräume. Diese können wir für unsere Stimme nutzen. Die Stimme bekommt dann einen vollen, satten Ton, ein warmes Timbre. Das empfinden Zuhörer immer als ausgesprochen angenehm, da es das genaue Gegenteil von einer kalten und gepresst klingenden Stimme ist. Ebenso sichert die Weite Ihrer Resonanzräume, dass Sie im Kehlkopf und in den Artikulationsräumen das wohlige Gefühl der Entspanntheit haben. So ist jederzeit entspanntes Reden möglich.

Nutzen Sie also Ihre Resonanzräume, und lassen Sie sie nicht brach liegen.

ÜBUNG: ÖFFNEN DER RESONANZRÄUME

- Summen Sie sich frei!
- Sitzen Sie bequem in entspannter, dennoch aufrechter Haltung.
- Schließen Sie Ihre Augen und legen Sie Ihre Finger leicht auf die Seiten Ihrer Nase und die Wangenknochen.
- Summen Sie in Ihrer Indifferenzlage eine Melodie Ihrer Fantasie – genussvoll, lustvoll.
- Versuchen Sie sich vorzustellen, Ihre Stimmbänder säßen unter Ihren Fingern, erzeugen Sie dort den Ton und lassen Sie es unter Ihren Fingern vibrieren. Schicken Sie den Ton unter Ihre Finger.
- Nun legen Sie bitte die Hände leicht auf Ihre Stirn und schicken den Summton wieder dort hinein. Spüren Sie die Vibration des Tones unter Ihren Händen.
- Jetzt legen Sie die Hände auf den Kopf, direkt auf den Scheitelpunkt, und summen wieder Ihre Melodie, mal hoch, mal tief, wie es Ihnen Spaß macht. An dieser Stelle werden Sie die Vibration am deutlichsten spüren.
- Nun legen Sie Ihre Hände in den Nacken. Singen Sie eine Melodie mit offenen Tönen, also Vokalen – etwa in mehreren Tonhöhen ein *a*, dann *o, u, e, ö* und so weiter und stellen Sie sich wieder vor, die Töne würden direkt unter Ihren Händen produziert.
- Legen Sie Ihre Hände auf die Brust. Singen Sie in derselben Weise aus vollem Hals und genießen Sie die Vibration unter Ihren Händen.
- Legen Sie jetzt die Hände auf Ihre Flanken und schicken Sie Ihre Töne dort hinein. Natürlich werden Sie jetzt kaum noch Vibrationen spüren, aber es hilft, um auch die tiefer liegenden Resonanzräume wachzuküssen.
- Nun ist Ihre Fantasie vollends gefragt. Legen Sie die Hände leicht auf die Oberschenkel. Schicken Sie Ihre Töne an diese Stelle und stellen Sie sich vor, Ihr Ton würde dort entstehen.
- Zum Abschluss gehen Sie mit Ihrer Aufmerksamkeit in Ihre Füße. Spüren Sie, wie sie auf dem Boden stehen und singen Sie Ihre Töne in Ihre Füße.

Wenn Sie nun nachspüren, müssten Sie bemerken, wie Ihr ganzer Körper belebter ist und Ihre Stimme voll, satt und resonanzreich in allen Bereichen des Körpers schwingt. Wiederholen Sie die Übung so oft Sie wollen, auch im Liegen nach einer kurzen Entspannung oder vor dem Einschlafen. Sie werden es genießen, wie sich Ihre Stimme den ganzen Körper erobert.

ÜBUNG: ERWEITERTE KAUÜBUNG ZUM ÖFFNEN DER RESONANZRÄUME

• Hilfreich ist auch, die Übung zum Finden der Indifferenzlage dahingehend zu erweitern, dass Sie bei den Kauübungen die Nasal- und Summtöne in Ihrem gesamten Körper vibrieren lassen. Schicken Sie den Klang besonders in die genannten Stellen des Kopfes und der Brust.
• Sprechen Sie nun folgende Sätze, wobei Sie zu Beginn die Stimme bewusst in Ihre Resonanzräume schicken: »*Das Wetter ist wundervoll.*« – »*Das riecht ja himmlisch.*« – »*Das ist ja fantastisch.*« – »*Wunderbares Wetter.*«
• Übertreiben Sie ruhig etwas und dehnen Sie sowohl die resonanzreichen Konsonanten, als auch die Vokale aus, während Sie das resonante Vibrieren Ihrer Stimme genießen.
• Nun reduzieren Sie bitte die Übertreibung und sprechen Sie diese Sätze ganz normal, so als sprächen Sie diese tatsächlich zu jemandem. Bemühen Sie sich dennoch, Ihre Stimme weiterhin resonanzreich klingen zu lassen.

Öffnen und weiten Sie Ihre Resonanzräume, so empfinden Sie, gekoppelt mit der Tiefatmung, der Atemstütze und der Indifferenzlage keine Kraftanstrengung im Bereich der Kehle. Im Gegenteil, Sie werden jede stimmliche Äußerung als befreiend empfinden.

3.5 Mühelos und verständlich artikulieren

Nun sind wir bei einem der wichtigsten Bereiche des professionellen Sprechens angelangt. Um für den Zuhörer wirklich verständlich zu sein, ist es unerlässlich, klar und deutlich zu artikulieren. Das bedeutet in erster Linie Platz im Mund- und Halsraum zu schaffen, sodass die Vokale und Konsonanten optimal gebildet werden können. Das bedeutet, alle unnötigen Engen in Mund und Hals müssen vermieden werden und alle notwendigen Engen (etwa *e* und *i*) müssen so offen und weit wie möglich gebildet werden.

Leider hat sich durch Bequemlichkeit eine gewisse »Maulfaulheit« verbreitet, das heißt, viele Menschen artikulieren die Vokale und Konsonanten nicht mehr voll aus, sondern sie deuten sie nur an. Das hat zur Folge, dass die Artikulation unsauber und damit undeutlich wird. Beim Sprechen müssen oft sehr schnelle und viele kleine Bewegungen mit den Artikulationsorganen gemacht werden, um eine klare und verständliche Aussprache zu garantieren.

Nehmen wir als Beispiel das Wort *Küchentisch*. Zuerst verschließt sich der Rachenraum, um im hinteren Mundbereich das *k* zu bilden. Im nächsten Moment schießen die Lippen blitzschnell hervor, um ein sauberes *ü* zu bilden, dann verengt sich wieder der Rachenraum, diesmal weicher, die hinteren Zungenränder wölben sich nach oben, sodass durch die entstandene Rinne in der Zunge die Luft für die Bildung des *ch* entweichen kann. Danach senkt sich der Unterkiefer für das *e* und sofort geht er wieder nach oben, um *n* und *t* zu bilden, wobei sich der vordere Zungenbereich an den vorderen Gaumen legt. Im nächsten Augenblick senkt sich der Unterkiefer schon wieder, die Zunge liegt flach unten für die Bildung des *i* und blitzschnell stülpen sich die Lippen wieder nach vorn, die Zungenränder wölben sich nach oben für die Bildung eines sauberen *sch*. Viele verschiedene kleinste Bewegungen für die exakte Bildung eines einzelnen Wortes also.

Es scheint fast verständlich, dass es sich viele Sprecher versuchen leicht zu machen, in dem sie Wege abkürzen. Wahrscheinlich denken sie unbewusst: Da ich ja sowieso den Mund gleich wieder schließen muss, kann ich ihn auch gleich in halbgeschlossener Stellung lassen oder: Wozu die Lippen beim *ü* stülpen, wenn ich diese Stülpung gleich wieder zurücknehmen muss oder: Wieso die Zunge wieder an die unteren Schneidezähne legen, wenn ich sie bei *t* gleich wieder nach oben an den Gaumen legen muss. Lasse ich sie doch gleich in einer undefinierbaren Mittelstellung zwischen oben und unten. Diese Bequemlichkeit und die Unkenntnis, wo und wie man eigentlich genau seine Vokale und Konsonanten bildet, hat leider zur Folge, dass die Redner nuscheln, Dialekte sprechen, schwer verständlich sind und – mit Verlaub – auch manchmal etwas ungebildet oder dümmlich wirken. Denn das viel benutzte *manschmal*, und das beim Berliner häufige *wörklich*, oder noch heftiger *wörklisch*, macht Menschen nicht unbedingt interessant. So gesehen ist unser Beispiel *Küchentisch* ein schwieriges Wort, das kaum jemand deutlich und sauber ausspricht, da weder das *ü* noch das *i*, und auch das *ch* und das *sch* sauber gebildet werden. So wird daraus ein undefinierbares *Küschentüsch*. Natürlich spielen dabei auch dialektale Eigenheiten eine große Rolle.

Nicht immer ist es ein Problem, wenn man durch etwas Lokalkolorit erkennt, wo jemand herkommt. Bei Kundengesprächen kann derselbe Dialekt in der Kommunikation durch Heimvorteil sogar Sympathien wecken, und in privaten Situationen schadet ein Dialekt auch nichts, solange man für seine Gesprächspartner verständlich ist. Aber in öffentlichen Situationen, und vor allem für Präsentationen in anderen Regionen oder gar in den Medien, sollten Sie unbedingt eine dialektfreie, hochdeutsche und klar verständliche Aussprache beherrschen.

Man kann sich jeden Dialekt abgewöhnen, wenn man nur weiß, wo und wie man seine Konsonanten und Vokale mit den Sprechwerkzeugen bildet. Es geht also darum, wie exakt ich die Zunge und die Lippen für den betreffenden Laut einsetze und wie ausschöpfend ich meinen Unterkiefer bewege. Deshalb können Schauspieler als geschulte Sprecher oft so hervorragend Dialekte nachmachen. Sie wissen eben ganz genau, welche Zungenstellung und Unterkieferbewegung für die spezifischen Laute des jeweiligen Dialekts verantwortlich sind, also was zum Beispiel die Zunge an Bewegung vollführen muss, um das sächsische *a* zu bilden. Umgekehrt kann man mit diesem Wissen natürlich auch Dialekte überwinden und Hochdeutsch sprechen.

Die Sprechwerkzeuge

Unsere Sprechwerkzeuge oder Artikulationsorgane sind der **Unterkiefer**, die **Lippen** und die **Zunge**. Sie müssen beim Sprechen schnell und ausschöpfend bewegt werden. Durch das Zusammenwirken der spezifischen Bewegungen der Sprechwerkzeuge werden Sprachlaute geformt.

Die Bewegungen des **Unterkiefers** haben beim Sprechen eine große Bedeutung, denn ausgeprägte Unterkieferbewegungen sind in erster Linie verantwortlich für die Deutlichkeit und den Wohlklang der Aussprache.

Den Unterkiefer können wir vertikal und horizontal bewegen. Beim Sprechen ist allerdings fast ausschließlich eine vertikale Bewegung notwendig, das heißt, ausgeprägte und ausschöpfende Unterkieferbewegungen nach unten und wieder nach oben. Hiervon hängt das Volumen in der Mundhöhle ab. Um Vokale wirklich deutlich zu artikulieren, sollten wir eine relativ große Mundöffnung anstreben. So kann der Laut optimal gebildet werden und die Mundhöhle auch verlassen. Das bedeutet natürlich kein forciertes Aufreißen des Mundes. Senken Sie den Unterkiefer niemals aktiv. Das notwendige Fallenlassen des Unterkiefers erreicht man, indem man sich eine erstaunliche Situation vorstellt und dabei den Mund so weit öffnet, als bliebe einem vor Staunen der Mund offen stehen. Das ist die weiteste Öffnung, die für das normale Sprechen notwendig ist.

ÜBUNG: AUSGEPRÄGTE UND AUSSCHÖPFENDE UNTERKIEFERBEWEGUNGEN

- Halten Sie Ihren Handrücken knapp unter das Kinn, sodass Sie es nicht berühren.
- Sprechen Sie schnell hintereinander die Silben: *ba-ba-ba-ba-ba*.
- Treffen Sie mit jeder Unterkieferöffnung Ihren Handrücken unter dem Kinn.
- Trainieren Sie weiter mit den *Silben: da-da-da-da-da, ma-ma-ma-ma-ma, ja-ja-ja-ja-ja, ga-ga-ga-ga-ga.*
- Üben Sie nun mit Vokalen, bei denen die Mundöffnung nicht mehr so groß ist wie beim *a*. Trainieren Sie mit *o*, sprechen Sie sehr schnell hintereinander: *bo-bo-bo-bo-bo, do-do-do-do-do, mo-mo..., jo-jo..., go-go...*
- Achten Sie weiterhin auf eine ausschöpfende Unterkieferbewegung, ohne künstlich und forciert den Mund aufzureißen. Treffen Sie immer mit den Unterkieferbewegungen Ihre Hand.
- Nun üben Sie bitte die Reihe durch auf *u*, also: *bu-bu..., du-du..., mu-mu...* – Und auch beim *u* öffnen Sie bitte den Mund so weit wie möglich, aber ohne den Unterkiefer aktiv zu senken, und berühren Sie mit dem Unterkiefer Ihren Handrücken.
- Nun trainieren Sie bitte die Reihe durch mit *e* und dann mit *i*. Für diese Vokale benötigen Sie naturgemäß eine Enge im Mundraum, dennoch bewegt sich auch bei *e* und *i* der Unterkiefer nach unten. Bitte ziehen Sie hierbei auf keinen Fall die Lippen breit – warum, das erfahren Sie im Unterpunkt »Lippen«.

Sie werden sehr schnell herausfinden, bei welchen Vokalen Sie den Mund wie weit öffnen müssen. Schöpfen Sie die Bewegungen voll aus, deuten Sie sie nicht nur an, vermeiden Sie aber ein Aufreißen des Mundes. Bei manchen Vokalen und

Konsonanten wird es schwieriger sein, die vertikalen Unterkieferbewegungen herzustellen, wie zum Beispiel bei: *gi-gi-gi-gi-gi*. Dennoch ist auch in dieser Kombination wenigstens eine leichte Auf- und Abwärtsbewegung wichtig.

In unserer deutschen Sprache wird kein Laut mit Kieferschluss gebildet, das bedeutet, dass der Mund beim Sprechen niemals so vollständig geschlossen wird, dass die Zähne aufeinander liegen. Selbst bei Konsonanten, bei denen die Lippen geschlossen sind, wie *m*, *b* und *p*, wird der Kiefer nicht ganz geschlossen. Ein zu enger Zahnreihenabstand sollte also genauso vermieden werden wie ein übertriebenes Aufreißen des Mundes. Beim *i*, dem Vokal mit dem kleinsten Zahnreihenabstand, sollte die Mundöffnung die Breite des kleinen Fingers betragen und beim *a*, dem Vokal mit dem größten Zahnreihenabstand, die Breite des Daumens.

Die **Lippen** sind aktiv am Bilden der Sprachlaute beteiligt. Zum Sprechen der deutschen Standardaussprache ist ein Vorstülpen und eine so genannte hochrunde Einstellung der Lippen notwendig. Besonders bei den Vokalen *o* und *u* sowie *ö* und *ü* und beim *sch* ist für eine klare Verständlichkeit ein stärkeres Vorstülpen der Lippen unerlässlich.

So wichtig wie das Vorstülpen ist, so unnötig ist das Breitziehen der Lippen beispielsweise bei den Vokalen *e* und *i*. Es ist zwar notwendig, bei diesen Vokalen eine innere Enge im Mundraum zu bilden, aber diese darf nicht auf die Lippen übertragen werden. Erstens macht es keinen Sinn, denn dieses Lippenbreitziehen hat keinen Effekt auf den Klang der Vokale, und zweitens sieht es unschön aus. Es wirkt eher verspannt, oft sogar zickig.

Auch der Klang der Stimme verändert sich mit dem Breitziehen. Die Stimme klingt dann oft hart, grell und metallen, denn durch die Lippenverspannung verengt sich der Zahnreihenabstand, die Verkrampfung überträgt sich auf Mund- und Halsmuskulatur und der Kehlkopf drückt sich nach oben. Auch wenn also im Innern des Mundes eine Breite und Enge bei *e* und *i* gebildet wird, geht die Bewegung des Unterkiefers nach unten.

So verspannt wirkt Ihr Gesichtsausdruck, wenn
Sie beim Sprechen den Mund breit ziehen.

ÜBUNG: LIPPENFLATTERN

Mit dieser Übung lockern Sie Ihre Lippen.
• Führen Sie den Ausatemsstrom mit sanftem Druck gegen die
leicht verschlossenen Lippen, bis diese elastisch zu flattern be-
ginnen. Der Kiefer ist dabei nicht ganz geschlossen.
• Haben Sie Spaß an dieser etwas albern wirkenden Übung, die
Ihnen so viel Lockerung und Entspannung der Lippen be-
schert, so wie Kinder, die zum Vergnügen ein schnaubendes
Pferd nachahmen.
• Führen Sie diese Übung zuerst stimmlos aus, dann lassen Sie
die Stimme anstrengungslos mitklingen.

172

Längeres Schweigen bewirkt, dass unsere Sprechwerkzeuge immer wieder »einschlafen«. Mit dieser Übung »erwecken« Sie sie sanft, lockern sie und machen sie bereit für den Sprechvorgang. Suchen Sie sich vor dem öffentlichen Vortrag ein stilles Kämmerlein und lockern Sie auf diese Weise Ihre Artikulationsorgane. So werden sie Ihnen in der öffentlichen Situation problemlos zur Verfügung stehen und Sie vermeiden sowohl artikulatorische Ungenauigkeiten als auch Übertreibungen.

ÜBUNG: LIPPENBLÄHEN

• Blähen Sie bitte mit dem Ausatemsstrom die Lippen beim *b* wie eine Blase auf. Dann lassen Sie die Blase platzen und formen Sie mit den Lippen einen Vokal: *ba-ba-boooo, ba-ba-buuuu*.
• Nutzen Sie die ersten beiden Silben sozusagen als Anlauf, dann springen Sie förmlich in ein langes *o* und stülpen die Lippen kräftig.
• Wiederholen Sie diese Übung mehrmals.

Die **Zunge** ist das beweglichste und aktivste Artikulationsorgan. Sie können die Zunge breit ziehen, schmal ziehen, horizontal und vertikal einrollen, lang ausstrecken, weit einziehen, sich aufwölben lassen – es sind viele kleine Bewegungen möglich, die der Zungenmuskel vollziehen kann. Das können Sie mit keinem anderen Organ oder Muskel Ihres Körpers tun.

Doch genau deshalb ist die Zunge oft das größte Hindernis bei der Artikulation. Unkoordiniert und unkontrolliert hängt sie im Mundraum herum oder versperrt gar den Lautstrom. Damit ist es dem Ton unmöglich, frei und ungehindert Hals und Mund zu verlassen. Das bewirkt, dass der Ton wieder in den Hals zurückfällt und damit nicht den Zuhörer erreicht, geschweige denn, einen ganzen Raum füllt. Die Zunge sollte dem Ton also Platz schaffen. Deshalb ist der **Zungenspitzenkontakt mit den unteren Schneidezähnen** unerlässlich. Das bedeutet, dass Sie bei allen Vokalen die Zungenspitze an die unteren Schneidezähne anlegen. Soweit es möglich ist, auch bei vielen Konsonanten. Damit erreichen Sie, dass die Zunge beim Sprechen flach im Mund liegt. Auch der hintere Zungenrücken flacht sich damit ab, was wiederum den Hals und Rachenraum weitet. Durch Zurückziehen der Zungenspitze wird im Gegensatz dazu der hintere Zungenrücken aufgewölbt, die hintere Mundhöhle verengt sich dadurch und der Ton hat nun weder eine Möglichkeit, klar gebildet zu werden, noch den Mundraum ungehindert zu verlassen. Wie schon mehrmals erwähnt, ist es aber äußerst wichtig, eine Weite in Hals- und Rachenraum anzustreben. Denn im verengten Mundrachen klingt die Stimme »geknödelt«, dumpf, und gepresst.

ÜBUNG: KONTAKT DER ZUNGENSPITZE MIT DEN UNTEREN SCHNEIDEZÄHNEN

• Sprechen Sie wieder einige Silben schnell hintereinander und achten Sie diesmal neben den ausschöpfenden Unterkieferbewegungen darauf, dass die ganze Zunge, also auch der hintere Zungenrücken, so flach wie möglich im Mund liegt und bei der Bildung der verschiedenen Vokale die Zungenspitze Kontakt mit Ihren unteren Schneidezähnen hat: *ba-ba-ba-ba-ba, do-do-do-do-do, mu-mu-mu-mu-mu, ge-ge-ge-ge-ge, ji-ji-ji-ji-ji, sö-sö-sö-sö-sö, nü-nü-nü-nü-nü, wä-wä-wä-wä-wä, leu-leu-leu-leu-leu, mei-mei-mei-mei-mei, bau-bau-bau-bau-bau* ...

Wenn Sie genau darauf achten, werden Sie bemerken, wie Sie bei manchen Silben die Zunge blitzschnell bewegen müssen. Zum Beispiel werden Sie eventuell beim *l* die Zungenspitze an den vorderen Gaumen, also nach oben legen – das muss aber nicht sein, Sie können die Zungenspitze auch unten haben und das *l* mit dem vorderen Zungenrücken am Gaumen bilden. Die meisten bilden jedoch das *l* mit der Zungenspitze oben, dafür müssen sie aber für eine verständliche Bildung der Vokale *a, e, eu* die Zungenspitze blitzschnell wieder nach unten zu den Schneidezähnen legen. Nur so hat der Vokal ei-

ne Chance, Ihren Gesprächspartner zu erreichen, denn nur
so schaffen Sie Platz im Mundraum.

ÜBUNG: ZUNGENSCHLEUDERN

Durch energische Zungenbewegungen wird die Beweglichkeit
der Zunge trainiert.

• Sprechen Sie folgende Silben hintereinander: *blom, blum,
blam, blem, blim, blöm, blüm, bläm, bleum, bleim, blaum.*

• Blasen Sie dabei die Wangen etwas auf, sodass sich hinter
den locker geschlossenen Lippen die Luft ein wenig staut. Die
Zunge sprengt durch das *l* den Lippenverschluss auf.

3.6 Die Intonation

Bis jetzt haben wir uns mit Mitteln und Werkzeugen beschäftigt, die die Verständlichkeit fördern, Ihre Stimme und deren Sitz angenehm machen und das Sprechen zu einem ökonomischen und natürlichen Vorgang werden lassen.

Nun wenden wir uns Mitteln zu, mit denen wir unsere Äußerungen akzentuieren, modulieren und gliedern. Damit geben wir unseren Inhalten ihre Bedeutung. Die Intonation ist die **Sprechmelodie**, die **variierende Lautstärke**, das **Sprechtempo**, die Pausierung und die **Klangfarbe der Stimme** während des Sprechvorgangs.

Die Mittel der Intonation bewirken, dass Ihnen Ihre Zuhörer wirklich folgen können und den Inhalt Ihrer Sätze wirklich verstehen. Bei Akzentuierungen und Betonungen ist es notwendig, dass Sie tatsächlich die Worte und Sinnabschnitte betonen, die Sie als besonders wichtig hervorheben möchten.

Die abgelesene »Rede«

Sicher geben Sie mir Recht, wenn ich behaupte, dass es schwierig ist, einem Redner über weite Strecken zu folgen, der seine Rede einfach nur abliest. Nicht nur, dass dabei der Blickkontakt fehlt, der für die Verbindung von Redner und Zuhörer verantwortlich ist – ein vorlesender Redner wird seine Sätze sprachlich niemals so gliedern und wichtige Informationen hervorheben wie in einer freien Rede. Ausgebildete Sprecher haben natürlich auch gelernt, beim Vorlesen so zu betonen, zu gliedern und zu pausieren, dass der Zuhörer in jedem einzelnen Punkt folgen kann. Das beweisen künstlerische Lesungen von Schauspielern, Hörkassetten, auf denen Weltliteratur vorgelesen wird, und gute Nachrichten-sprecher.

Wir folgen ihren Lesungen deshalb so bereitwillig, weil sie wissen, wie man seine Zuhörer »mitnimmt«, wie man durch Betonungen besonders wichtige Inhalte hervorhebt, wann man dem Hörer eine Pause zum Nachsinnen gönnt und an welcher Stelle man durch Lautstärkenwechsel die Spannung hält.

Sollten Sie unbedingt vorlesen müssen, sei es, weil Sie ein Zitat oder einen Geschäftsbericht wörtlich aus den Unterlagen vortragen, oder weil Ihnen Ihr Redenschreiber die Rede geschrieben hat und Sie nicht genug Zeit hatten, den Inhalt vorher ganzheitlich zu erfassen, dann lesen Sie bitte so vor, dass jeder Ihnen folgen kann.

Das erreichen Sie, wenn Sie so lesen wie Sie sprechen. Erfassen Sie stumm und ganz schnell den Sinn des Satzes, reproduzieren Sie ihn dann nicht in vorlesender Diktion, sondern sprechen Sie ihn so, als würde Ihnen der Inhalt gerade in den Sinn kommen. Dabei teilen Sie den Satz in Sinnabschnitte ein und sprechen immer einen Sinnabschnitt zu Ende, machen eine kleine Pause und dann sagen Sie den nächsten Sinnabschnitt. Genau in den Portionen, wie Sie auch denken. Niemand denkt einen langen Satz von Anfang an und spricht ihn dann ohne Akzentierungen und Pausierungen durch. Das tun aber die meisten Redner, die ihre Rede vorlesen. In der freien Rede hat man eine Idee, einen Gedanken und dann entwickelt sich der Satz während des Sprechens. Damit spricht man so, dass der Zuhörer dem Gedanken folgen kann, wir lassen ihn an unseren Gedanken teilhaben. Sprechen wird damit zum hörbar gemachten Denken. Seien Sie sich bewusst, dass Sie als **Sprecher** immer **Mittler zwischen dem Redegegenstand** (also Ihren Gedanken und Worten) **und Ihrem Zuhörer** sind.

Auf die Intonation der **freien Rede** werde ich im nächsten Kapitel detailliert eingehen, wenn wir all die bisher gelernten und trainierten Techniken der Wahrnehmungsöffnung, der Körpersprache und der professionellen Sprechtechnik miteinbeziehen und in einer ganzen Präsentation praktisch umsetzen.

3.7 Professionelles, umfassendes Sprechtraining

Zum Abschluss dieses Kapitels über professionelle Sprech-technik habe ich Ihnen noch eine Liste mit einer Reihe von sprecherzieherischen Übungen erstellt, die professionelle Sprecher vor ihrem Auftritt anwenden.

Kein Musiker packt sein Instrument auf der Bühne aus und beginnt dann unvorbereitet zu spielen. Er wird zumindest vorher sein Instrument stimmen und auch ein paar Tonleitern darauf spielen. Wie stimmen Sie Ihr Instrument vor einer Rede ein?

Die Sprechwerkzeuge »schlafen« während des Schweigens immer wieder ein und auch die Stimme muss immer etwas »geölt« werden, um einen lang anhaltenden Redefluss zu garantieren. Es ist deshalb sehr ratsam, sich vor einer Rede kurz zurückzuziehen und sich wenigstens etwas einzusprechen, wie es jeder Schauspieler allabendlich tut. Natürlich wird das kaum in Ihren Tages- und Arbeitsablauf hineinpassen, aber wenn Sie diesen Hinweis im Hinterkopf behalten, werden sich vielleicht Möglichkeiten wenigstens für ein kleines Einsprech-programm bieten. Selbst wenn es nur zwei bis drei Locke-rungsübungen für Ihre Sprechwerkzeuge oder einige Stimm-übungen sind, die Sie vorher im Auto oder irgendwo im stillen Kämmerlein machen – Ihr stimmliches Instrument wird es Ihnen danken. Die Übungen für den »Ernstfall«, also wenn Sie eine Rede zu halten haben, beanspruchen immer weniger Zeit, wenn Sie folgende Sprechübungen regelmäßig trainiert haben. Dann weiß Ihr gesamter Stimm- und Sprechapparat, was Sie von ihm wollen.

Üben und trainieren Sie vor allem mit Lust und Vergnügen. Sprechen (wenn man es kann und die Technik beherrscht) macht ebenso viel Spaß wie singen!

ÜBUNG: SPRECH- UND STIMMTRAINING
ZUM ERLERNEN DER PROFESSIONELLEN TECHNIK

Erinnern Sie sich kurz:
- Bei der Einatmung senkt sich das Zwerchfell, der Ring, bestehend aus Bauch-, Flanken- und hinterer Brustkorbmuskulatur, weitet sich und sinkt während der Ausatemphase zusammen, also auch während des Sprechens.
- Während des Sprechens ist keine Hochatmung erlaubt, bei der sich der obere Brustkorb oder gar der Schultergürtel bewegt.
- Bewegen Sie bei den folgenden Sprechübungen den Unterkiefer schnell und ausschöpfend.
- Lassen Sie den inneren Hals weit, ähnlich wie beim Gähnen.
- Lassen Sie Stimme und Ton einfach nur herausfallen, drücken oder pressen Sie nicht!
- Ihre Stimme soll auch nicht wieder in den Hals zurückfallen.
- Üben Sie nie mechanisch, sondern mit Engagement, als ob Sie konkret etwas beabsichtigen.
- Machen Sie sich zuerst durch langsames Sprechen bewusst, wo genau Ihre *Zunge* bei dem jeweiligen Laut sitzt, wie weit der *Unterkiefer* gesenkt und wie die *Lippen* geformt sein müssen, um die Deutlichkeit des Lautes zu garantieren.

Die Sprechübungen werden immer in folgender Vokalreihenfolge trainiert: *o, u, a, e, i, ö, ü, ä, eu, ei, au.*
- Sprechen Sie nun schnell hintereinander und zusammenhängend folgende Silben, wobei Sie jeden Konsonanten und jeden Vokal genau »greifen«. Formulieren Sie den Konsonanten vor dem Vokal deutlich, sozusagen als Absprung für den Vokal.
  monne-monne-monne, munne-munne-munne, manne-manne-manne und so weiter
  weiter auf *e, i, ö, ü, ä, eu, ei, au.*
  wonne-wonne-wonne, wunne und so weiter
  sonne-sonne-sonne und so weiter
  ba-bo, ba-bu, ba-ba und so weiter
  na-no, na-nu, na-na und so weiter

ma-mo und so weiter
sa-so und so weiter.
ja-jo und so weiter
ba-ba-lo, ba-ba-lu, ba-ba-la, ba-ba-le und so weiter
ma-le-wop, ma-le-wup, ma-le-wap, ma-le-wep und so weiter
ba-ma-wo, ba-ma wu und so weiter
ba-ma-wa-go, ba-ma-wa-gu und so weiter
da-la-da-to, da-la-da-tu und so weiter
sa-sa-la-ßo, sa-sa-la-ßu, und so weiter. Achten Sie darauf, das
stimmhafte *s* und das stimmlose *ß* abwechselnd zu artikulieren.
scha-pa-ta-lo, scha-pa-ta-lu, scha-pa-ta-la, scha-pa-ta-le und
so weiter.
Bei all diesen Übungen stützen Sie Ihre Stimme über die flexible Bauchdecke ab.

• Zum Üben der kleinen Übergänge:
ma-mi-mo, ma-mi-mo, ma-mi-mo
ma-mi-mo-mü, ma-mi-mo-mü, ma-mi-mo-mü
ma-mi-mo-mü-mä, ma-mi-mo-mü-mä, ma-mi-mo-mü-mä
weiter auf *n, s, d, b,* also: *na-ni-no* ... *sa-si-so* ... *da-di-do* ...

• Ohne Pausen zwischen den Konsonanten, also zwischen *sch,*
s sowie zwischen *f* und *s* und besonders zwischen *ch* und *s.*
sch-so, sch-su, sch-sa und so weiter
s-scho, s-schu, s-scha und so weiter
f-so, f-su, f-sa und so weiter
s-fo, s-fu, s-fa und so weiter
ch-so, ch-su, ch-sa und so weiter
s-cho, s-chu, s-cha und so weiter

Es gibt in der deutschen Sprache eine ganze Reihe von Wörtern
und Sätzen mit solchen Lauthäufungen: *Nussschale, Guss-*
stahl, Fußspur, Flussschiff, Losscheiben, lossprechen, großspurig,
bloßstellen, Rossschweif, Landessprache, Todesschlaf, Meeres-
spiegel, Siegesschmaus, Schießscheibe, Missstimmung, Schieß-
stand, Glasschale, Maßstab, Bassschlüssel, Hausschuhe, Aus-
schuss, Ausstellung, Hausschlüssel, Ausschank, Ausschnitt,

Schweißspur, Eisschrank, Eisschicht, Schusszahl, Flusszoll, groß-
zügig, Schlosszimmer, Tageszeit, Tageszeitung, Disziplin, Glas-
zelle, auszeichnen, ausziehen, Eiszapfen, Reißzwecke, Eiszeit,
Verszeile, Felszacken, Zinszahl, Szene, Szenarium, obszön, insze-
nieren, bis zwei zählen, das Zeitliche segnen, das Zaumzeug, was
das Zeug hält, aus Zwang, transzendent, Eifersuchtsszene, in-
szenieren, zwitschern, psychisch, Imperialismus, Menschenge-
schlecht, Schneewittchen, Schnarchgeräusch, Milchsuppe,
Milchmischgetränk, schwedisch, tschechisch, sächsisch, hes-
sisch, schweizerisch, thüringisch, berlinerisch.
Ein französischer Regisseur inszenierte ein tschechisches Stück.
– Die Milchsuppe steht auf dem Küchentisch. – Neben dem Kirch-
turm steht ein Kirschbaum. – Zwischen zwei Zwetschgenzwei-
gen saßen zwei zwitschernde Schwalben. – Ein Schnippchen
schlagen – ein russisch sprechender Tscheche – österreichisch-
tschechische Grenze – tschechisches Streichholzschächtelchen –
psychophysischer Parallelismus – chinesisches Riechfläschchen –
sowjetisch-chinesische Grenzstreitigkeiten.

- Formulieren Sie langsam und deutlich die Vokale und Konsonanten.
- Achten Sie besonders auf die kleinen Übergänge, die Schnitt-
  stellen; später können Sie auf Tempo trainieren und die Wör-
  ter und Sätze ganz selbstverständlich sprechen.
- Bitte machen Sie keine Pausen zwischen den Übergängen,
  zum Beispiel sollten Sie nicht *Nuss-schale* sagen.
- Aus Übungszwecken können Sie das anfänglich tun, um *ss*
  und *sch* sauber zu bilden und zu trennen und um sich bewusst zu machen, wo Ihre Zunge das stimmlose *ss* und wie
  die Lippen das *sch* bilden. Ziehen Sie dann die Laute wieder
  zusammen, sprechen Sie also ohne Pause und dennoch sauber getrennt voneinander, sodass man ein deutliches *ss* und
  ein klares *sch* hört.

Wenn Sie diese Übungsliste in der empfohlenen Weise öfter
üben, werden sich Ihre Artikulation und damit die Deutlichkeit Ihrer Aussprache und der Wohlklang Ihrer Stimme spür-
bar verbessern.

Vorhang auf,
die Vorstellung beginnt!

*In diesem Kapitel erfahren Sie, wie Sie die bisher ge-
wonnenen Erkenntnisse und trainierten Techniken in
der Vortragssituation konkret anwenden können.*

*Die einzelnen Teilbereiche werden nun zusammen-
geführt, sodass ein harmonisches Ganzes entsteht. Sie
werden begreifen, wie wichtig der bisherige Bewusst-
werdungsprozess und die Übungen waren. Alles Gelernte kann Sie jetzt bei Ihrer Präsentation verlässlich
unterstützen, da die bisher erlernten Techniken bereits
in Ihrem Körpergedächtnis abgespeichert sind.*

*In diesem Kapitel begleiten wir eine ganze Präsenta-
tion – vom wirkungsvollen Auftritt bis zum würdevol-
len Abgang. Viele Dinge, die während des Vortrags passieren können, werden angesprochen und ich gebe
Ihnen auch leicht anwendbare Hilfestellungen für mögliche Pannen. Darüber hinaus bekommen Sie wertvolle Tipps, wie Licht, Kleidung und ein gutes Make-up Ihre Persönlichkeit wirkungsvoll unterstützen.*

*Schließlich verrate ich Ihnen einige dramaturgische
Kniffe für Ihre Rede, und Sie erfahren von der geheim-
nisvollen Wirkung emotional erzählter Storys.*

*Nach der Lektüre dieses Kapitels können Sie eine
Präsentation von A bis Z überzeugend gestalten.*

4. Die professionelle Vortragstechnik

Die Vision vom Ergebnis   190

4.1 DIE MAGIE DES ERSTEN AUGENBLICKS   193
Ein wirkungsvoller Auftritt   194
Mentaler Standpunkt = körperlicher Standpunkt   197
Der »Präsentierteller«   198
Jede Bewegung hat einen Anfang und ein Ende   200
Die Aufmerksamkeit für den Raum   201

4.2 INHALT VERLANGT NACH GESTALTUNG   203
Die Begrüßung des Publikums   203
Spannung erzeugen   204
Reden ist hörbar gemachtes Denken   205
Die Kunst der Pause   206
Betonungen   206
Vorsicht vor Übertreibungen   207
Von Versprechern, Hängern und Versagensängsten   208

4.3 DIE DRAMATURGIE DES VORTRAGS   211
Eine wirkungsvolle Rede im Vergleich
mit einem inspirierenden Film   211
Eine gute Geschichte weckt Emotionen   213
Abschied und Applaus   220
Ein gekonnter Abgang   221

4.4 WORAUF NOCH ZU ACHTEN IST   222
Overheadprojektor, Grafiken, Folien, Flipchart & Co.   222
Versteckspiel hinter dem Stehpult   224
Das zur Persönlichkeit passende »Kostüm«   226
Soundcheck   229
»Die einen stehen im Dunkeln und die andern stehen im
Licht« *(Mackie Messer)*   230
Checkliste: Die professionelle Vortragstechnik   232

4. Die professionelle Vortragstechnik

In den vorangegangenen Kapiteln ging es in erster Linie um Techniken, mit denen Sie alte Gewohnheiten auflösen und durch gezielte Übungen Ihrem Körper erlauben können, Sie in Ihrer Wirkung optimal zu unterstützen.

Nun möchte ich Ihre Aufmerksamkeit auf die praktische Anwendung dieser Tools in verschiedenen Situationen lenken. Ich werde auf viele Einzelheiten eingehen, auf die Sie während Ihrer Präsentation achten sollten. Eines ist dabei jedoch sehr wichtig: Das Hauptaugenmerk sollte immer dem Vortrag gelten, also Ihren Gedanken, die Sie in Worte fassen.

Die technischen Mittel für den körperlichen Halt Ihrer Gedanken sollten Sie *vorher* trainieren. Im Ernstfall nämlich, also in dem Moment, in dem Sie Ihre Präsentation halten, sollten Sie sich nicht hinreißen lassen, mit Übungen für Ihren Schwerpunkt, Ihre Artikulation oder eine unterstützende Gestik zu beginnen. Es wäre unangebracht, die perfekte Lippenstülpung in den Vordergrund zu stellen, oder nicht weitersprechen zu können, weil Sie erst einmal Atemübungen für die Wiedergewinnung Ihrer Tiefatmung machen müssten.

Bei jungen Schauspielschülern sieht man manchmal auf der Bühne diese Versuche – und das lenkt immer vom Fluss der Szene ab. Die gute Nachricht ist – das kann man nicht oft genug wiederholen –, dass alles, was einmal trainiert wurde, abrufbar bereit ist. Es ist in Ihrem Körpergedächtnis abgespeichert. Während der Präsentation müssen Sie Ihre Aufmerksamkeit nur zu den bereits trainierten Bereichen Ihres Körpers lenken – und er wird reagieren. Durch das vorangegangene Training ist er jederzeit – auch in Stresssituationen – in der Lage, das zu tun, was Sie von ihm wünschen, und er wird Sie optimal unterstützen.

Konzentrieren Sie sich also hauptsächlich auf Ihren Vortrag und vertrauen Sie Ihrem Körper und Ihrem körperlichen Erinnerungsvermögen. Es ist alles vorhanden und steht Ihnen zur Verfügung.

Die Vision vom Ergebnis

Bevor wir im Folgenden eine ganze Präsentation in allen Punkten durchgehen, möchte ich Sie ermutigen, diese vor Ihrem geistigen Auge vorab wie einen Film ablaufen zu lassen. Wie soll Ihr Publikum Sie empfinden, was wollen Sie ausstrahlen, welchen Charakter, welche Ihrer Qualitäten soll es erkennen?

Es ist Ihnen sicher bekannt, dass jedes Projekt, das Sie in Angriff nehmen, erfolgreich ist, wenn Sie ein inneres Bild vom Gesamtergebnis haben. Skiläufer beispielsweise sehen innerlich ganz genau, wie sie ihre Rennstrecke auf der Optimallinie entlangfahren. Sie visualisieren exakt die gesamte Abfahrt, jedes Tor, jede Kurve, sie gehen die ganze Strecke mental durch, sehen wo sie Schwung holen, wo sie abbremsen müssen, wie sie über die Ziellinie fahren und wie die Uhr bei der Bestzeit stehen bleibt. Soll das Ergebnis erfolgreich und überzeugend sein, brauchen Sie eine entsprechende Vision und ein Gefühl, wie sich das erreichte Ziel anfühlt.

Das gilt natürlich auch für eine Rede, eine Präsentation, also für jeden Auftritt in der Öffentlichkeit. Vor Ihrem geistigen Auge sollten Sie deshalb schon bevor Sie die Bühne betreten, Ihre charismatische Erscheinung, Ihre selbstsichere Ausstrahlung, Ihre natürliche Autorität, die Rede – also den gesamten überzeugenden Auftritt in allen Einzelheiten sehen.

Visualisieren Sie, wie Sie Ihre Rede mit Herz, Charme, Humor und Überzeugungskraft halten und wie das Publikum darauf reagiert.

Diese Vision hat einen starken Einfluss auf Ihr Unterbewusstsein, denn es ist für Sinneseindrücke besonders empfänglich. Schaffen Sie es, sich am Ende der erfolgreichen Präsentation strahlend und souverän auf der Bühne zu *sehen*, den Applaus, tatsächlich zu *hören*, die Freude und das gute *Gefühl* wirklich zu *spüren*, wird Ihr Unterbewusstsein darauf entsprechend reagieren. Paradoxerweise kennt es keine Zeit, es kann nicht unterscheiden, ob der Zielzustand, den Sie gerade visualisieren, jetzt oder erst in der Zukunft stattfindet. Alles, was Sie ihm präsentieren, nimmt es als absolute Realität. Ihr Unterbewusstsein bekommt also das Signal: Ich bin ein erfolgreicher Redner, ich habe mich gerade fantastisch präsentiert, die Zuhörer klatschen und ich fühle mich rundum wohl! Da das für Ihr Unterbewusstsein bereits eine Realität ist, wird es nun alles daransetzen, dass es auch tatsächlich passiert. So funktioniert das Mentaltraining, das heute schon weit verbreitet ist. Kein Spitzensportler geht mehr ohne mentale Vorbereitung in den Wettkampf. Mit dem inneren Bild des erfolgreichen Ergebnisses und Ihrem guten Gefühl sollten Sie den Raum, die Bühne, das Podium betreten und sich während des gesamten Vortrags davon leiten lassen. Sie wecken damit bereits zu Beginn den Sieger in sich und er wird Sie begleiten, bis das Ziel tatsächlich erreicht ist. Das ist die innere Einstellung, die Ihnen selbst gilt.

Wenden wir uns nun der Haltung zu, die Sie Ihrem Publikum entgegenbringen. Bei einer Veranstaltung, bei der Sie vorn stehen und etwas präsentieren sind Sie der Führer – selbst wenn im Publikum Ihre Vorgesetzten oder einflussreiche Personen sitzen. Es ist Ihre Verantwortung, Ihre Zuhörer zu führen und zu leiten, sodass Sie Ihnen in jedem einzelnen Punkt folgen können. Am besten erreichen Sie Ihre Zuhörer, wenn Sie deren Ausgangssituation berücksichtigen: Sie haben sich auf den Weg gemacht, sind hierher gekommen, um Ihnen zuzuhören. Sie vertrauen sich Ihnen an, also übernehmen Sie auch Verantwortung für sie. Das tun Sie am besten, wenn

Sie sie wertschätzen, Ihnen Anerkennung und ungeteilte Aufmerksamkeit entgegenbringen.

Diese innere Einstellung kommt nicht nur Ihrem Publikum zugute, in erster Linie profitieren Sie selbst davon. In dem Moment, wenn Sie sich dazu entscheiden, fühlen Sie sich augenblicklich rundum wohl. Wenn Sie darüber hinaus noch mit einer klaren Vision in Ihren Vortrag gehen, haben Sie eine ideale Voraussetzung für Ihren Erfolg geschaffen.

Auf diese Weise mental gewappnet, gehen wir nun eine Präsentation in allen Einzelschritten detailliert durch. Spätestens an dieser Stelle setze ich im Coaching die Kamera ein. Die Aufzeichnung erlaubt dem Klienten, seine Stärken und noch vorhandene Schwächen zu erkennen. Das Medium des Buches erlaubt uns diese praktischen Übungen zum Transfer in die Vortragssituation leider nicht. Deshalb werde ich versuchen, die möglichen Fehler zu beschreiben. Vielleicht trifft der eine oder andere auf Sie zu.

4.1 Die Magie des ersten Augenblicks

Jedes Gespräch, jede Präsentation, jeder Vortrag beginnt mit dem ersten Moment: Ihrem Erscheinen. Da Sie wissen, wie ausschlaggebend Ihre nonverbalen Signale für Ihre Gesamtwirkung sind, sollten Sie gleich zu Beginn diesen ersten Moment nutzen, um Ihr Publikum oder Ihre Gesprächspartner auf sich aufmerksam zu machen und für sich einzunehmen. Seien Sie sich der Magie des ersten Augenblicks immer bewusst.

Für den ersten Eindruck gibt es keine zweite Chance! Ob es sich um Ihren großen Auftritt auf einer Bühne, einem Podium oder in einem Festsaal handelt, ob Sie einen Raum betreten, in dem Sie ein wichtiges Kundengespräch zu führen haben, oder ob sie einfach nur aufstehen, um zu Beginn Ihrer Präsentation nach vorn zu gehen – das ist der Moment, in dem Sie bereits die Aufmerksamkeit Ihrer Zuschauer und -hörer auf sich ziehen. Ob Sie es wollen oder nicht, Sie befinden sich auf dem »Präsentierteller«.

Da Sie sowieso nichts dagegen tun können, wehren Sie sich nicht – nutzen Sie diesen Moment als Chance, um Sympathien aufzubauen, Glaubwürdigkeit zu vermitteln und mit Ihrer Präsenz und Ausstrahlung Ihr Publikum für Ihr Anliegen zu öffnen. Erinnern Sie sich, Ihr Publikum entscheidet in den ersten Sekunden, ob es Ihnen glauben und vertrauen kann, und ob Sie nach seinem Empfinden sympathisch und authentisch sind. Es wird sofort erkennen, ob Sie zu dem auch stehen, was Sie ihm vermitteln wollen. Nutzen Sie also diesen Moment!

Ein wirkungsvoller Auftritt

- Gehen Sie bewusst und aufrecht – aus Ihrem körperlichen Zentrum heraus. Seien Sie sich Ihres Schwerpunkts bewusst. Denken Sie an die Nuss! Die Wirbelsäule ist aufrecht, die Schultern befinden sich im leichten Zug nach unten und zurück. Nehmen Sie das Kinn heran.
- Sehen Sie Ihr Publikum mit einem leichten Lächeln an! Schweißen Sie es energetisch zusammen.
- Senden Sie Ihre Energie bis in die hinteren Reihen. Erobern Sie den Raum und die Herzen der Menschen – jeder sollte sich angesehen, beachtet und willkommen fühlen!
- Finden Sie Ihren Standpunkt, von dem aus Sie Ihren Vortrag beginnen können.
- Beginnen Sie nicht sofort – während Sie Ihr Publikum ansehen und eine Beziehung zu ihm aufbauen, halten Sie die Energie so lange wie möglich ohne Worte.
- In diesem stillen Moment haben Sie eine fantastische Chance, dem Publikum Ihre volle Aufmerksamkeit und Wertschätzung zu geben. Danken Sie ihm, dass es sich Zeit nimmt, Ihnen zuzuhören.
- Atmen Sie dabei tief in Ihren Bauch und den unteren und hinteren Brustkorb.
- Voll Freude über diese Möglichkeit, Menschen an Ihren Gedanken teilhaben zu lassen, werden Sie gleich beginnen.

Ihre Rede mit dieser ruhevollen Energie und einer Pause zu beginnen, ist die eine Möglichkeit. Es gibt auch andere. Wählen Sie eine, die zu dem Thema Ihres Vortrags passt oder Ihrem Temperament entspricht. Sie können die Bühne auch dynamisch, voll Lust und Begeisterung erobern und Ihr Publikum sofort mitreißen.

Einige von Ihnen kennen sicher den amerikanischen Motivationstrainer Antony Robbins. Hochenergetisch, voller Enthusiasmus springt er auf die Bühne und peitscht sein Publikum von Anfang an ein, man nennt ihn auch den Mick Jagger der Seminarszene .

Vor kurzem habe ich einen fantastischen Vortrag des Top-trainers Alexander Christiani erlebt. Auch er fand seinen ganz eigenen Auftritt. Während man ihn anmoderierte, saß ich neben ihm. Er wirkte ruhevoll und gelassen. Auf sein Stichwort stand er auf, lief im Laufschritt nach vorn, joggte die sechs Stufen zur Bühne hinauf, lief in die Mitte der Bühne und fand sofort einen ruhigen Stand – ohne dass sein Körper auspendeln oder nachwippen musste. Vollkommen zentriert begann er seinen Vortrag. Da er trainiert ist, wirkten diese schnellen Bewegungen zu ihm passend und harmonisch – weder kam er außer Atem, noch wirkte er eilig und gehetzt. Im Gegenteil, wie beim Auftritt strahlte er auch während des gesamten Vortrags Ruhe und Zentriertheit aus, gekoppelt mit Energie und Kraft. Diese wunderbare Mischung habe ich bei einem Redner selten erlebt. Sein Auftritt entsprach genau seinem Vortrag.

Für Schauspieler im Theater ist die Magie des ersten Augenblicks ein gehütetes Geheimnis. Vom ersten Moment, in dem sie sichtbar für ihr Publikum sind, verkörpern sie mit ihrer gesamten Präsenz die darzustellende Figur. Ihre ganze Körpersprache drückt bereits den Charakter der Figur aus – noch bevor ein Wort gefallen ist!

Wenn ich Maria Stuart zu spielen habe, laufe ich nicht erst in die Mitte der Bühne, baue mich dort auf, nehme die Körperhaltung ein, von der ich meine, dass sie einer Königin gemäß wäre und beginne dann beliebig und unentschlossen mit dem Text. In der Hoffnung, dass mir irgendwann und irgendwie das Publikum schon folgen wird. Vielleicht belustigt Sie dieses Beispiel, da Sie sich das im Theater nicht vorstellen können. Doch gerade das erleben wir bei Vorträgen, Präsentationen oder auch Interviews und Gesprächen recht häufig.

Auch ein Redner befindet sich in einer Form von Vorstellung – er stellt seine Gedanken, Ideen, Gefühle, seinen Körper und sich selbst anderen vor. Schlurft er jetzt, seiner Wirkung nicht bewusst, in die Mitte der Bühne – im Theater übrigens undenkbar –, den Blick fest auf den Boden gerichtet, räuspert er sich ausgiebig, ordnet seine Papiere und beginnt seine Rede mit einer Begrüßung, die er, wie das Thema des Vortrags, abliest – wie soll sich da ein Publikum angesprochen fühlen? Wie soll es aufmerksam, wach und interessiert dem Inhalt folgen? Wie will er es so überzeugen und faszinieren?

Nutzen Sie also die Magie des ersten Augenblicks, wie es die Theaterschauspieler tun. Sie sind bereits hinter der Bühne ganz in ihrer Rolle und treten sozusagen schon dort, in der Gasse, auf. Und vom ersten Moment an, in dem sie für das Publikum sichtbar sind, drücken sie mit der gesamten Körpersprache, die sie für diese Rolle kreiert haben, ihre Figur aus. Sie beginnen auch nicht sofort zu reden, sondern zeigen in der Stille durch den Gang, Gesten und für die Person typisches Verhalten schon sehr viel von ihrer Figur.

Auch ein professioneller Fernsehmoderator ist, sobald die Kamera auf ihn gerichtet ist, voll in seiner Rolle eines Gastgebers, der seine Zuschauer einladen möchte, ihm durch die Sendung zu folgen. Er läuft nicht erst (wie viele Redner es tun) zur Startposition, pumpt sich dort in die richtige Haltung, räuspert sich und beginnt dann mit der Begrüßung – nein, mit dem ersten Surren der Kamera ist er bereits in seiner Rolle.

Entscheiden Sie vorher, wenn Sie Ihre Vision von der Präsentation kreieren, welche Rolle, welchen Charakter Sie für Ihr Publikum darstellen möchten. Finden Sie Ihren Auftritt – einen Beginn, der zu Ihnen und zu den Inhalten Ihrer Präsentation passt!

Ich habe hier bewusst einen ruhigen Auftritt gewählt. Da er am ehesten zu Fachvorträgen passt, wird er von den meisten Referenten benutzt. Und deshalb will ich Ihnen vermitteln, wie Sie auch bei einem ruhigen und unspektakulären Auftritt sofort die volle Aufmerksamkeit der Zuhörer erhalten, und wie Sie auch diesen Auftritt interessant und energievoll gestalten können.

Mentaler Standpunkt = körperlicher Standpunkt

Haben Sie die Bühne erfolgreich betreten und die Magie des ersten Augenblicks genutzt, dann ist es für den weiteren Verlauf Ihres Vortrags wichtig, zentriert, auf beiden Beinen zu stehen. Stellen Sie sich vor, Ihre Füße sind wie Saugnäpfe am Boden fixiert.

Jedes Auf- und Abwippen, jedes Hin- und Hertänzeln, jedes unkontrollierte Auf- und Ablaufen und jede Gewichtsverschiebung von einem Bein auf das andere wirkt unruhig und reißt das wieder ein, was Sie gerade verbal aufzubauen versuchen. Mit diesen Signalen drückt Ihr Körper nicht dieselbe Überzeugung aus wie Ihre Worte. Körpersprache und verbale Sprache sind dann nicht kongruent. Ihren körperlichen Standpunkt zu finden, ist sehr wichtig, weil Sie sonst den Zuhörern auch Ihren mentalen Standpunkt nicht überzeugend vermitteln können.

Stellen Sie sich doch bitte einmal vor, ein Nobelpreisträger referiert über seine neusten wissenschaftlichen Erkenntnisse – und diese sind wirklich bahnbrechend. Er ist jedoch so auf den Inhalt konzentriert, dass er seinen Körper gar nicht mehr wahrnimmt und dessen Bewegungen nicht registriert. Während des Vortrags wippt er die ganze Zeit von einem Bein auf das andere oder er tänzelt und verschiebt ständig sein Körpergewicht. Manchmal unterbricht er sein Gezappel und läuft dozierend und ziellos hin und her. Dabei schaut er seine Zuhörer kaum an – der Fokus auf sich und seine Gedanken absorbiert seine ganze Konzentration – für seine Zuhörer hat er kaum noch Energie übrig.

Wie soll man bei einem solchen Vortrag den Gedanken des Redners folgen oder wie sie verstehen? Wenn Sie solche Redner kennen, wissen Sie auch, wie viel Mühe es kostet, Ihnen aufmerksam zuzuhören. Selbst wenn der Inhalt neu und spannend ist. Entweder schalten die Zuhörer ab, oder es kostet sie enorme Mühe, dabei zu bleiben. Selbst bei starkem Interesse für den Inhalt ist es fast unmöglich, dem Redner in allen seinen Ausführungen zu folgen.

Der »Präsentierteller«

Wenn Sie auf der Bühne stehen oder auf einem Podium sitzen, selbst wenn es nur vor einer kleinen Gruppe von Zuhörern ist (beispielsweise in einer Pressekonferenz), Sie sind in jedem Fall in einer exponierten Stellung, was bedeutet, dass man alles an Ihnen betrachten kann. Ihren Gang, Ihre Gestik und Mimik, Ihre Kleidung – jede auch noch so kleine Bewegung wird von Ihren Zuhörern bis ins Detail wahrgenommen und begutachtet.

Genau davor haben die meisten Menschen ja Angst, gerade dem wollen sie sich nicht aussetzen. In erster Linie befürchtet man die Bewertungen der vielen Menschen da unten. Und sie haben Recht. Sie bewerten tatsächlich – jeder nach seinen eigenen Kriterien. Natürlich kann das für Sie unangenehm oder peinlich sein – wenn Sie sich dem nicht stellen!

Sie haben sicher selbst schon erlebt, wie unangenehm es ist, zu spüren, dass es dem Vortragenden peinlich ist, dort vorn zu stehen und von allen angesehen zu werden. Man zittert dann mit ihm, hofft, dass der arme Mensch bald ein Ende findet und endlich von diesem Druck erlöst wird. Vielleicht versteckt er seine Angst vor Peinlichkeit auch hinter ganz besonderer Coolness. Welche Form er auch wählt, er hat damit wieder einmal eine Chance vertan, Menschen seine Gedanken, Visionen oder das Angebot seiner Firma zu vermitteln. Denn kein Zuhörer kann einem Redner interessiert folgen, wenn er mit ihm leidet.

Deshalb stellen Sie sich dieser exponierten Position. Sie können sich sowieso nicht dagegen wehren. Nehmen Sie die Herausforderung an, kehren Sie die Situation um und versuchen Sie, sich diesen Umstand zunutze zu machen. Genießen Sie, dass alle Sie ansehen! Nach Ihrem gelungenen Auftritt richten Sie sich einfach satt auf der Bühne ein – das ist jetzt Ihr Platz, Ihre große Stunde!

Wie Sie da vorn stehen müssen, um eine »gute Figur« zu machen, haben Sie im Kapitel »Körpersprache« gelernt. Denken Sie immer an die Nuss! Atmen Sie in den Ring! Strahlen

Genießen Sie den Präsentierteller! Dieses Wohlgefühl überträgt sich auf Ihre Ausstrahlung und damit auf jeden Zuhörer.

Sie ein Gefühl des Wohlseins, des Genusses aus. Es wird sich garantiert auf jeden Zuhörer übertragen. Natürlich ist hier keine eitle Selbstdarstellung gemeint. Je mehr Sie das wohlige Gefühl im Innern kreieren, desto weniger müssen Sie es äußerlich darstellen.

Lieben Sie also Ihren Präsentierteller, denn er bietet Ihnen ein exzellentes Forum, um Angebote zu unterbreiten, Gedanken zu vermitteln und Ideen zu vernetzen.

Jede Bewegung hat einen Anfang und ein Ende

Da Sie, wie gesagt, auf diesem Präsentierteller in Ihrer Gesamtheit unter die Lupe genommen werden, fallen auch Ihre Bewegungen sehr deutlich auf. Jede noch so kleine Geste und unbewusste Bewegung wird stärker und genauer wahrgenommen, als wenn Sie gleichberechtigt in einer Gruppe von Menschen stehen. Wie bereits erwähnt, gibt es in der Schauspielkunst und der Pantomime das Gesetz: »*Jede Bewegung hat einen Anfang und ein Ende.*« Wenn Sie dieses Gesetz ernst nehmen und verinnerlichen, werden Sie sensibel für die Bewegungen, die Ihr Körper oft unbewusst ausführt.

Das bedeutet, wenn Sie gehen, seien Sie sich bitte bewusst, dass Sie jetzt *gehen*. Wenn Sie die Bewegung des Gehens abgeschlossen haben, ist wahrscheinlich die statische Phase des Stehens die nächste. Das bedeutet auch, dass Sie sich für jede neue Bewegung neu entscheiden müssen. Und damit schränken Sie das ziellose Herumlaufen, das unbewusste Zucken der Hände oder das häufige Lecken der Lippen von vornherein ein. Ebenso das gern und oft gebrauchte Klopfen mit den Fingerspitzen auf der Tischplatte, das Wippen der Knie, das Spielen mit dem Kugelschreiber oder dem Beamer – alles Bewegungen, die Ihnen vielleicht nicht bewusst sind, die Ihr Publikum aber sehr wohl wahrnimmt. Sie möchten doch niemanden von Ihrer wichtigen Botschaft ablenken, also gibt es für diese Bewegungen auch keinen Grund!

Mein über alles geschätzter Schauspieldozent Rudi Penka lehrte mich immer: »*Selbst die Bewegung des kleinen Fingers sollte auf der Bühne eine Bedeutung haben.*« Setzen Sie Ihre Bewegungen also bewusst ein. Haben Sie immer einen Teil Ihrer Aufmerksamkeit auf Ihrem Körper und seinen Bewegungen – nehmen Sie ihn bewusst wahr.

Die Aufmerksamkeit für den Raum

Ein weiterer wichtiger Teil Ihrer Aufmerksamkeit gehört dem Raum und dem Publikum. Schicken Sie Ihre Energie bis in die letzten Reihen des Raumes. Gibt es eine Galerie oder einen Rang, auf dem Menschen sitzen, senden Sie Ihre Energie, Ihre Präsenz auch dorthin.

Damit ist nicht nur Ihr Blick gemeint. Natürlich sollten Sie diesen in gewissen Abständen immer wieder zu den verschiedenen Stellen im Publikum schicken, doch auch dann, wenn Sie gerade einer Gruppe im Raum Ihre besondere Aufmerksamkeit schenken, sollten Sie auch all die anderen Zuhörer energetisch mit einschließen und den gesamten Raum in Ihrem Gesichtsfeld haben. So fühlt sich jeder zu jedem Zeitpunkt angesprochen und im Dialog mit Ihnen. Anderenfalls könnten Sie wichtige Zuhörer im Raum verlieren.

Noch einmal: Es liegt in Ihrer Verantwortung, dass die Menschen im Raum Ihnen mit Aufmerksamkeit und Interesse folgen. Verlassen Sie sich nicht zu sehr auf den interessanten Inhalt Ihres Vortrags. Ich habe in vielen Beispielen belegt, dass selbst ein spannender Inhalt langweilig werden kann, wenn er entsprechend vorgetragen wird. Auf der anderen Seite kann jeder trockene Inhalt interessant werden, wenn Sie ihn zentriert, mit Witz und Charme Ihrem Publikum präsentieren.

Achten und wertschätzen Sie Ihre Zuhörer und seien Sie ihnen innerlich dankbar, dass sie Ihnen Zeit und Aufmerksamkeit schenken. Das ist die ideale Voraussetzung dafür, dass Sie selbst entspannt sind und Ihre Zuhörer erreichen.

Diese Wertschätzung kommt garantiert beim Publikum an und es wird Ihnen dieselben Qualitäten zurückgeben. Was Sie aussenden, kommt zu Ihnen zurück – der Energiekreislauf wird geschlossen. Kein Redner der Welt kann mit dieser inneren Einstellung arrogant, glatt, distanziert, unterkühlt, trocken, langweilig oder desinterssiert wirken.

4.2 Inhalt verlangt nach Gestaltung

Die Begrüßung des Publikums

Zu einem gelungenen Auftritt gehört eine gute Begrüßung. Diese beginnen Sie am besten mit einer einladenden Geste, mit der Sie Ihre Zuhörer ermuntern, Ihnen zuzuhören, Ihnen zu folgen und mit Ihnen auf die Reise zu gehen.

Sehen Sie Ihr Publikum an! Selbst wenn Sie schriftliche Unterlagen für Ihre Rede benutzen – die ersten Sätze sprechen Sie bitte frei. Für eine Begrüßung, ein paar dankbare Worte an den Veranstalter oder einen Scherz über den Verkehrsstau müssen Sie kein Wort ablesen. Empfinden Sie sich während Ihrer ersten Sätze wie ein Gastgeber, der seine Mitmenschen von ganzem Herzen einlädt und ihnen während der ersten Worte seine Freude und Dankbarkeit für ihr Erscheinen vermittelt. Denn in gewisser Weise sind Sie der Gastgeber, auch wenn Sie eigentlich der Gast, zum Beispiel der Gastredner auf einer fremden Veranstaltung sind, oder wenn Sie im Haus Ihres Kunden die Präsentation halten. In dem Moment, in dem Sie das Podium betreten, laden Sie ein, nämlich Ihnen zuzuhören und sich auf die gesamte Komplexität Ihres Konzepts einzulassen. Dann ist es Ihre Veranstaltung und es liegt ganz allein in Ihrer Verantwortung, die Menschen zu interessieren und vielleicht sogar zu faszinieren.

Mit einem energetischen Auftritt und den ersten einladenden Worten, voll Wertschätzung an Ihr Publikum gerichtet, knüpfen Sie die erste Beziehung zu ihm, die entscheidend ist für den weiteren Verlauf des Vortrags.

Spannung erzeugen

Sie haben Ihre Zuhörer begrüßt, ein paar einleitende Worte gefunden und nun stellen Sie in einigen markanten Kernsätzen Ihr Thema vor. Auch jetzt gibt es keinen Grund abzulesen. Beim wichtigsten Satz, sozusagen der Überschrift, die in Schriftform fett gedruckt wäre, ist es mehr als verschenkt, seine Zuhörer nicht anzuschauen.

Dennoch erlebe ich immer wieder, dass Redner gerade dann, wenn sie ihren Zuhörern mitteilen, wovon der gesamte Vortrag handelt, nach unten in ihre Unterlagen sehen und das Thema ablesen – welch eine vertane Chance!

Im Gegenteil: Wenn es um die Hauptsache geht, sollten Sie Ihre Zuhörer nicht nur ansehen, sondern diesen Teil so spannend wie möglich gestalten. Wege, diese Spannung zu erzeugen, gibt es viele, zum Beispiel:

- vorher eine verbale Pause einlegen, um die Aufmerksamkeit zu erhöhen,
- die Lautstärke der Stimme leicht anheben,
- das Thema mit einer passenden Geste unterstreichen,
- eventuell einen Schritt auf das Publikum zugehen – es eben wie eine Überschrift ins Publikum werfen. Danach können Sie wieder eine Pause setzen und mit weniger Intensität weitersprechen.

Und was für den Anfang unverzichtbar ist, gilt auch für die Hervorhebung wichtiger Einzelaspekte im weiteren Verlauf Ihres Vortrags.

Reden ist hörbar gemachtes Denken

Denken Sie die Worte, die Sie sagen! Wieso, werden Sie fragen, das tue ich doch sowieso. Ja, das stimmt für jede spontane Äußerung, aber nicht für eine vorbereitete Rede. Experten stehen normalerweise voll in ihrem Stoff, kennen ihren Inhalt also bestens und wissen demzufolge sehr genau, was sie zu sagen haben. Dadurch denken sie meistens immer etwas voraus, weiter, als sie mit ihren Worten sind. Viele Redner bleiben deshalb am Ende eines Gedankengangs mit der Stimme oben und machen stimmlich keinen Punkt. Eine Stimmführung, die am Ende des Satzes oben gehalten wird, macht es dem Zuhörer sehr schwer, den Gedanken des Redners wirklich zu folgen. Denn in der deutschen Sprache ist es üblich, am Satzende die Sprachmelodie nach unten zu führen. Folgen Sie also dem Satz und führen Sie am Satzende die Satzmelodie nach unten.

Oft hängen Redner auch ihren Gedanken hinterher, zum Beispiel wenn ihnen eine kleine Panne passiert ist. Ein Versprecher, ein unpassender Lacher oder Zwischenruf aus dem Publikum, das Nichtfunktionieren des Overheadprojektors oder die falsche Reihenfolge der Folien haben schon manchen Redner den Faden verlieren lassen. Wenn sie nach dieser Panne dann weitersprechen, sind sie gedanklich noch bei diesem Versehen oder ärgern sich über ihr Versagen. Dadurch sind sie gedanklich nicht wirklich mit den Worten, die sie gerade sprechen verbunden, sondern hängen etwas Vergangenem hinterher. – Vergessen Sie jede Panne so schnell wie möglich, sodass Ihre Gedanken und Worte wieder deckungsgleich sind.

Die Kunst der Pause

Setzen Sie nach besonders wichtigen Gedanken eine Pause. Damit hat der Zuhörer die Chance, über Ihren Satz nachzudenken und ihm nachzuspüren. Nur wenige Redner haben diesen Mut zur Pause. Damit nehmen sie sich ein wichtiges Gestaltungsmittel. Diese Pause kann man körpersprachlich noch verstärken, indem man eine Geste setzt und sie in der Pause stehen lässt. Danach setzt man stimmlich wieder sehr bewusst ein.

Mit gut gesetzten Pausen gestalten Sie Ihre Rede nicht nur, sondern Sie gliedern sie auch für den Zuhörer (wie Sie das inhaltlich tun, lernen Sie in Rhetorikseminaren).

Auch die variable Lautstärke Ihrer Stimme spielt eine entscheidende Rolle. Wichtige Punkte können Sie unterstreichen, wenn Sie bei Ihrer Rede entweder lauter oder auch besonders leise sprechen, und damit interessante Akzente setzen. Bei leisen Sätzen sollten Sie jedoch gut über die Bauchdecke abstützen und besonders deutlich artikulieren, sonst versteht man Sie in den hinteren Reihen nicht mehr.

Ein weiteres starkes sprachliches Gestaltungsmittel ist die Dynamik Ihrer Sätze. Wenn Sie damit etwas spielen und an manchen Punkten die Geschwindigkeit anziehen, bei anderen bewusst verlangsamen, können Sie etwas mehr Schwung in Ihren Vortrag bringen. Doch auch das sollte natürlich zum Inhalt Ihrer Rede passen und nicht künstlich wirken.

Betonungen

Wie bereits im Kapitel »Intonation« beschrieben, ist neben der Pausensetzung die Betonung ein wichtiges Gestaltungsmittel. Man ist oft unangenehm berührt, wenn Redner überbetonen oder an falschen Stellen betonen. In der Theatersprache nennen wir das Märchentöne oder mit der Stimme malen.

Bitte seien Sie darauf bedacht, wirklich nur die Worte und Wortgruppen zu betonen, die für den Inhalt des jeweiligen Satzes wichtig sind. Prüfen Sie, was genau Sie sagen wollen – und dann sagen Sie es einfach. Es ist nicht nötig, Ihre Worte stimmlich auszuschmücken und auszumalen. Das wirkt übertrieben und lenkt nur ab. Das Gegenteil, nämlich wenig oder kaum zu betonen, ist leider genauso falsch – es wirkt langweilig und ermüdend.

Beides, sowohl Überbetonungen, als auch zu geringe Betonung kann nicht entstehen, wenn Sie die Worte, die Sie gerade sagen, wirklich denken. Wenn Sie Ihr Denken mit Ihren Worten verbinden, werden Sie Ihre ganz natürliche Betonung finden. Die Sätze werden Sie automatisch führen und Sie werden die Worte und Wortgruppen betonen, die für den Inhalt wirklich wichtig sind.

Vorsicht vor Übertreibungen

Jedes Gestaltungsmittel darf der Zuhörer beziehungsweise Zuschauer nicht als solches erkennen, es muss sich harmonisch Ihren Worten anpassen. Brecht hat all die äußerlich produzierten und damit erkennbaren Gestaltungsmittel mit dem berühmten Satz: »Ich sehe die Absicht und bin verstimmt« eindrucksvoll entlarvt. Wann immer ein Schauspieler auf der Bühne nicht authentisch agiert, hört er von seinem Regisseur oder Kollegen diesen Satz. Im Theater bezeichnet man einen Schauspieler, der extrem übertrieben spricht, gestikuliert und damit seine Rolle recht unauthentisch und äußerlich darstellt, als Schmierenkomödianten.

Durch seine übertrieben äußerliche Darstellung illustriert er Vorgänge und Gefühle so stark, dass er dem Zuschauer jede Chance nimmt, in sich eigene Bilder und Vorstellungen entstehen zu lassen. Egal, wie virtuos er stimmlich und körperlich agieren mag, der Zuschauer bleibt innerlich unberührt oder ärgert sich. Nicht nur im Theater, auch unter

Rednern, sogar unter berühmten, gibt es Schmierenkomödianten.

Die Amerikaner haben zum Beispiel hervorragende Redner, aber es gibt auch welche, die eine »Show« abziehen und exzessiv auf ihr Publikum einhämmern. Zumindest wir Europäer fühlen uns von solchen Übertreibungen kaum angesprochen, im Zweifelsfall sogar eher abgestoßen. Hüten Sie sich also vor Übertreibungen oder Äußerlichkeiten und seien Sie kein Schmierenkomödiant! Tasten Sie sich sensibel vor, probieren Sie sich aus, gehen Sie nicht zu weit. Passen Sie Ihre stimmlichen und körperlichen Gestaltungsmittel an den Inhalt Ihrer Worte an.

Von Versprechern, Hängern und Versagensängsten

Eine der größten Ängste von Schauspielern ist die Angst vor einem »Hänger« oder einem Versprecher während der Vorstellung. Als junge Schauspielerin war es für mich das Schlimmste, auf einmal nicht weiterzuwissen, ein völliges Blackout im Kopf zu haben. Und auch alte Hasen sind davor nicht gefeit. Doch sie wissen, wie man äußerlich ruhig bleibt und nicht aus seiner Rolle aussteigt, obwohl innerlich alles tobt. Die kurze Pause, die den Beteiligten auf der Bühne wie Stunden erscheint, wird vom Publikum oft gar nicht bemerkt. Solange man nicht aussteigt, wirkt sie sogar beabsichtigt und bewusst gesetzt. Sobald der Schauspieler allein oder durch die Hilfe der Souffleuse seinen Text wiedergefunden hat, spricht er klar und deutlich weiter. Er schummelt sich nicht wie manche Redner irgendwie weiter, sondern er spricht so, als wäre nichts passiert. Doch bis man diese Panne überwunden hat, vergeht oft einige Zeit. Mancher Schauspieler schafft es während der ganzen Vorstellung nicht, seine Gedanken und den Text, den er gerade spricht, wieder in Einklang zu bringen. Verfügt er über ein gutes Handwerkszeug, wird es das Publikum kaum merken. Wirklich gut zu sein und das Publikum zu berühren, wird ihm dabei jedoch kaum gelingen.

Die einzige Chance, um die Vorstellung noch zu retten, ist, die Panne ganz schnell zu vergessen. Schafft er es, weiterzusprechen als wäre nichts geschehen – dann ist auch nichts geschehen.

Wir sind alle keine Maschinen, solche Pannen sind menschlich, und es kann sein, dass Sie Ihren Zuhörern mit einer kleinen Panne sogar noch näher kommen.

Wenn Sie nicht nur Perfektion ausstrahlen, geben Sie Ihrem Publikum die Möglichkeit, mit Ihnen mitzufühlen. Nähe entsteht nicht durch Perfektionismus, sondern manchmal erst durch eine kleine Schwäche.

Wir besuchten einmal den chinesischen Nationalzirkus. Die Artisten waren dort auf unglaubliche Weise perfekt, so perfekt, dass man an der Echtheit der Kunststücke zweifelte und daran, dass sie von Menschen ausgeführt werden. Es waren sehr viele Artisten in der Manege und alle gleichermaßen perfekt. Auf einmal geschah das Unglaubliche. Ein Kunststück missglückte, ein Teller fiel und zerbrach – die größte Angst eines Künstlers! Die Zuschauer jedoch reagierten fast erleichtert. Endlich war es bewiesen, dass alles echt war und die Teller nicht angeklebt waren. Dankbar nahmen sie zur Kenntnis, dass auch absolut perfekten Artisten Fehler unterlaufen können. Das rührte das Publikum. Niemand sah das Misslingen als mangelndes Können, sondern es stellte Menschlichkeit und Nähe her.

Streben Sie also bitte nicht nach Perfektionismus. Lassen Sie Menschlichkeit und Nähe zu Ihren Zuhörern und Gesprächspartnern zu. Sollte Ihnen eine kleine Panne passieren, nehmen Sie sie an. Es ist kein Versagen, es ist nicht peinlich, im Gegenteil, wenn Sie nicht peinlich berührt reagieren, sondern offen damit umgehen, verstärkt es die Nähe zu Ihrem Publikum.

Wenn Sie beispielsweise den Faden verlieren, da Sie vielleicht durch irgendetwas abgelenkt wurden, drucksen Sie nicht lange herum und suchen Sie nicht in einer langen Pause nervös, irgendwo das Ende des Fadens zu erwischen. Auch wäre es nicht angebracht, irgendetwas Belangloses zu erzählen, nur damit niemand Ihren hilflosen Zustand bemerkt. Das Publikum weiß nämlich nichts von Ihrem verlorenen Faden, es spürt nur, dass irgend etwas nicht stimmt. Es könnte denken, Sie sind unsicher, weil Sie Ihr Thema nicht richtig beherrschen.

Als Redner haben Sie mehr Möglichkeiten als ein Schauspieler. Eine wäre, sich einfach zu unterbrechen und Ihr »Problem« offen anzusprechen. Schauen Sie lächelnd Ihre Zuhörer an, und sagen Sie: »So, und jetzt habe ich den Faden verloren. Wo waren wir gerade?«, gehen Sie dabei direkt auf jemanden im Publikum zu und fragen Sie ihn: »Können Sie mir vielleicht helfen?«

Wenn Sie Ihre Zuhörer vorher nicht schon vollkommen verloren haben, wird Ihnen garantiert mindestens einer aus dem Publikum antworten. Wahrscheinlich sogar mehrere – und auf einmal wird Ihnen Ihr Gedankengang wieder einfallen. Dann bedanken Sie sich für die Hilfe und sprechen normal weiter. Kein Mensch wird diese Situation als peinlich empfinden, wenn Sie so souverän damit umgehen. Im Gegenteil, es schafft eine Verbindung, eine Art Brücke zwischen Ihnen und den Zuhörern. Das gilt auch für alle anderen Störungen, Unsicherheiten, Ablenkungen. Es gibt kein Versagen, es gibt keine Peinlichkeiten, wenn man Pannen anspricht beziehungsweise aktiv damit umgeht.

4.3 Die Dramaturgie des Vortrags

*Eine wirkungsvolle Rede im Vergleich
mit einem inspirierenden Film*

Was fesselt uns an einem spannenden Film? Wieso fiebern, lachen, leiden und hoffen wir mit den Charakteren? Weil wir mit ihnen mitfühlen. Weil der Film einen Rhythmus hat, der uns mitreißt. Weil er so aufgebaut ist, dass er unser Interesse immer wieder neu erobert. Auch wenn wir müde, abgespannt oder sogar krank sind, kann uns ein spannender Film nicht nur wach halten, sondern sogar in andere Zustände versetzen und uns neue Energie geben.

Warum können das berufliche oder private Veranstaltungen, bei denen Reden gehalten werden, in der Regel nicht leisten? Sie sind vielleicht der Meinung, dass ein Film eben Unterhaltung sei, etwas, das man nach der Arbeit konsumiert, und berufliche Veranstaltungen mit Präsentationen, Reden oder Vorträgen Arbeit und deshalb alles andere als unterhaltsam und spannend sind. Das muss nicht so sein!

Stellen Sie sich vor, jede Rede wäre so spannend wie ein interessanter Film oder ein mitreißendes Bühnenstück – wäre das nicht wunderbar? Prüfen wir doch einmal, was einen Film so interessant und spannend macht. Die meisten Filme sind nach der gleichen Struktur gebaut. Zwar haben die Geschichten tausend verschiedene Variationen, doch letztlich bestehen sie alle aus einer Hand voll wiederkehrender Bauelemente.

In der ersten Phase der Geschichte, der Einleitung, wird die Hauptfigur vorgestellt, der Held, den wir durch den gesamten Film begleiten. Er erobert im Lauf der Geschichte unser Herz, und deshalb fühlen wir mit ihm mit. Ein guter Film wird sich nicht verzetteln oder verirren, die Geschichte wird sich immer um die Erlebnisse und Gefühle der Hauptperson ranken.

Bereits in den ersten Minuten erfahren wir in verschiedenen Situationen viel über seinen Charakter, seine Vorlieben, seine Abneigungen, Ängste und Sehnsüchte. Damit wird er für uns lebendig, plastisch, schillernd und wir können als Zuschauer eine Beziehung zu ihm aufbauen.

Dann ereilt unseren Helden durch irgendeine Begebenheit ein Ruf. Er muss ausziehen, um etwas Neues zu erobern, zu lernen oder zu erfahren. Damit muss er seine gewohnte Umgebung verlassen, sich in ungewisse Abenteuer stürzen, unbekannten Menschen begegnen, Konflikte durchstehen, Vertrauen lernen, negative Energie in Form von Ungeheuern, Ängsten oder bösen Menschen zerschlagen und Liebe erfahren – alles nur mit dem einen Ziel, in seine gewohnte Umgebung, von der er einst zu seinen Abenteuern auszog, zurückzukehren und einen kostbaren Schatz, ein Gut, einen Gral oder ein Elixier mitzubringen. Er geht zurück zu den Menschen, die er verlassen hat, um mit ihnen etwas aus der anderen Welt zu teilen – etwas, das sie heiler, klüger, reicher, selbstbewusster, mächtiger, erfolgreicher, menschlicher oder liebevoller macht. Die besten Elixiere sind die, die dem Helden und dem Publikum gleichermaßen zu einem erweiterten und geschärften Bewusstsein verhelfen.

Wollen Sie das nicht auch mit Ihrem Produkt beziehungsweise mit dem Hauptthema Ihres Vortrags? **Gehen Sie doch beim Halten Ihrer Rede inhaltlich ähnlich vor wie ein Drehbuchautor und gestalten Sie diese dann wie ein Schauspieler!** Wie? Ein Vorschlag: Wie in der Einleitung des Filmes bauen Sie während Ihres Auftritts und Ihrer ersten Worte die Beziehung zu Ihrem Publikum auf. Innerhalb dieser Phase Ihrer Präsentation stellen Sie Ihren »Helden« vor – das ist Ihr Thema, das Sie dem Publikum präsentieren werden oder das geistige Gedankengut, um das es Ihnen im Vortrag geht. Fragen Sie sich vorher, was genau das Kernstück Ihrer Präsentation ist – das ist Ihr »Held«.

Ähnlich einem guten Film sollten Sie sich nicht verzetteln, Ihr Vortrag sollte sich immer um Ihre Hauptrolle, Ihren Helden, Ihre Kernthese drehen. Stellen Sie diesen Helden, also

Ihr Thema oder Produkt, konkret, mit allen Facetten, Widersprüchen und Liebenswürdigkeiten vor. Das macht es interessant. Reden Sie auch über sich, Ihr Team, Ihre Ängste und Sehnsüchte, Niederlagen und Erfolge, die Sie und Ihre Mitarbeiter beim Entwickeln des Produkts erlebt haben. Reichern Sie Ihren Vortrag mit Situationen an, die das Publikum nachvollziehen lässt, welche Abenteuer Ihr Held, Ihr Produkt, bestehen musste, um sich zu entwickeln, zu wandeln oder zu erneuern. Und erzählen Sie schlussendlich, wie sich Ihr Produkt durch all die Abenteuer wandelte oder sich Ihre Erkenntnisse durch all die Forschungen so entwickelten, dass sie zu diesem Zauberelixier, der gefundenen Lösung, zum einzigartigen Produkt wurden. Zu einem kostbaren Schatz, den Sie nun in diese Welt bringen und Ihren Zuhörern schenken, damit auch diese es in ihre Welt weitertragen können.

Meinen Sie nicht, dass Sie mit solch einer Dramaturgie Ihre Zuhörer in eine interessante und spannende Welt entführen können? Egal wie sachlich das Thema an sich sein mag – mit diesen Gestaltungsmitteln machen Sie es anschaulich und nachvollziehbar. Wenn Sie erreichen, dass Ihr Publikum einen spannenden Film vor seinem geistigen Auge sieht, wird es Ihrem Vortrag, egal wie lang er ist, mit Aufmerksamkeit, Neugier und Interesse folgen.

Eine gute Geschichte weckt Emotionen

Wir leben heute in der Wissensgesellschaft, das bedeutet, wir vermitteln in erster Linie Informationen. In Sekundenschnelle jagen täglich Millionen von Informationen um den Erdball. Die Prognosen der Gesellschaftsforscher besagen, dass sich in unserer Gesellschaft zunehmend eine emotionale Intelligenz entwickelt. In einer emotionalen Gesellschaft geht es nicht mehr nur um Wissen und Informationen, es geht um Geschichten, die diese Emotionen transportieren. Es geht auf Neudeutsch um Storys, die Menschen inspirieren und motivieren, um ihr volles Potenzial zu entfalten, sich selbst zu verwirklichen und um *mit*einander zu leben, zu arbeiten, zu kommunizieren. Auch der Verkauf von Produkten, Dienstleistungen und geistig-kulturellen Gütern wird sich emotionaler gestalten. Verkauf und Vertrieb wandeln sich bereits, man spricht schon vom emotionalen Spontankauf. In Führung, Verwaltung, Mananagement und Produktion haben sich Begriffe wie emotionale Intelligenz und soziale Kompetenz längst etabliert.

So gesehen gehen wir wunderbaren Zeiten entgegen. Endlich vereinen sich Körper, Geist und Seele auf allen Ebenen. Diese Vermählung bleibt nicht mehr nur einzelnen Auserwählten vorbehalten, sondern sie wird alle gesellschaftlichen Schichten erreichen. Der damit verbundene Wertewandel läuft auf vollen Touren. Gefühle sind wieder gefragt – in Seminaren und Workshops kann man lernen, sie angstfrei zuzulassen, sich ihrer nicht zu schämen und sie anzunehmen. Das Wunderbare ist, dass sich beide Geschlechter und Menschen aller Gesellschaftsschichten beteiligen. Männer, die über Jahrhunderte glaubten, nur die Ratio sei für Glück und Erfolg entscheidend, Frauen, die ihre weibliche Intuition dem Verstandesdenken opferten, um noch besser zu sein als die Männer – alle probieren sich mutig aus und wandeln sich zu fühlenden und mitfühlenden Wesen. Psychologische Bücher wie »Die sieben Irrtümer der Männer« und »Liebe« von Peter Lauster entwickeln sich zu Bestsellern. Der Paradigmenwechsel vom rationalen Agieren hin zum emotionalen Empfinden wird der Menschheit gut tun.

Doch um diese Gefühle zu transportieren, um sie auch in alle Businessebenen und Arbeitsprozesse einfließen zu lassen, brauchen wir gute Geschichten. Denn Gefühle vermitteln sich nicht über Fakten, Informationen und wissenschaftliche Erklärungen. Besonders in der Berufswelt brauchen Gefühle einen Rahmen, in dem sie sich äußern dürfen.

Die Menschen wollen gar nicht so sehr über den Kopf angesprochen werden, Menschen wollen gute Geschichten hören. Durch die Fülle der Informationen, die täglich auf uns einströmt, sind wir alle übersättigt. Wir können intellektuell sowieso nicht überprüfen, ob die vorgetragene wissenschaftliche Untersuchung der Wahrheit entspricht und wir können die Komplexität eines Produkts, das uns angeboten wird, nicht in seiner Gesamtheit erfassen. Genauso wenig können wir wissen, ob das angepriesene Produkt tatsächlich die versprochenen Qualitätsmerkmale aufweist.

Und dennoch entscheiden wir uns oft spontan zum Kauf, weil wir spüren, das passt zu uns, das ist gut für uns, das entspricht unserer Persönlichkeitsstruktur. Ob Sie ein Produkt, eine Dienstleistung oder ein Kunstwerk kaufen, entscheiden Sie selten im Kopf, sondern fast immer mit dem Herzen. Also sprechen Sie Ihre Zuhörer im Herzen an. Finden Sie ein Transportmittel, das Gefühle vermittelt und die Zuhörer ins Zentrum ihres Herzens bringt.

Antoine de Saint-Exupéry (»*Man sieht nur mit dem Herzen gut*«) liefert uns im »Kleinen Prinzen« eine Geschichte, die uns tief zu unseren Gefühlen bringt, ebenso Paulo Coelho mit seinem Roman »Der Alchimist« und Hubert von Brunn und Thorsten Volmer mit der berührenden Reise zum inneren Glück in »Jenseits des Regenbogens«.

Können Sie sich vorstellen, wie bereitwillig und berührt Ihnen Ihre Zuhörer folgen, wenn Sie Ihnen *Ihre* Geschichte erzählen? Sie muss nicht so magisch und märchenhaft wie die oben genannten sein, sie kann und sollte an Ihren Inhalt angepasst sein. Aber Sie können jeden noch so trockenen und sachlichen Inhalt mit einer gefühlvollen Geschichte Ihrem Publikum nahe bringen.

Verwechseln Sie aber bitte nicht Gefühl mit Sentimentalität! Wenn Sie auf die Tränendrüse drücken, schlägt Emotion in ihr Gegenteil um. Sie sollten auch nicht mit der Stimme »malen« und Ihre Satzmelodie führen wie beim Märchen erzählen. Gefühlvoll erzählen bedeutet nicht, dass Sie sich von Ihren eigenen Gefühlen übermannen lassen. Das wirkt peinlich. Bleiben Sie in Ihrer Stimme sachlich und überlassen Sie Ihren Zuhörern die Gefühle.

Erinnern Sie sich zum Beispiel vor Ihrem Publikum, was Sie bewogen hat, diesen Beruf zu ergreifen und heute die Tätigkeit auszuführen, die Sie hierher in diesen Saal zu diesen Menschen geführt hat. Erzählen Sie vielleicht von Ihrer Kindheit, dass Sie schon damals den dringenden Wunsch verspürten, sich später einmal mit dieser Materie zu beschäftigen. Dass Sie beispielsweise die *Stimme* Ihres Großvaters noch im *Ohr* haben, dass Sie immer schon die *Vision* hatten, und ein inneres *Gefühl* Ihnen sagte, dass sich für diese Sache der Einsatz lohnen wird.

Wie Sie bemerken, nehme ich hier Bezug zum ersten Kapitel und dem letzten Teil des zweiten. Sie öffnen die Sinne Ihrer Zuhörer, indem Sie sie mit und in allen Sinnen ansprechen.

Nicht nur, weil in jedem Publikum visuelle, auditive und kinästhetische Menschen sitzen, die Sie damit auf ihrer sinnlichen Ebene öffnen und ansprechen, sondern auch, weil jeder Zuhörer visuelle, auditive und kinästhetische Anteile in sich hat. Somit wird jeder Zuhörer auf jeder Ebene angesprochen. Und über die Sinne erreichen Sie die Gefühle Ihrer Zuhörer und öffnen damit ihr Herz.

Wenn Sie für Ihre Präsentation oder Ihr Produkt eine persönliche Geschichte finden, die Ihre Zuhörer auf der Gefühlsebene erreicht, haben Sie praktisch gewonnen. Denn in Emotion steckt das Wort *motion*, was *Bewegung* bedeutet – und was uns bewegt, prägt sich am tiefsten ein.

Selbst wenn Ihr Thema kontrovers ist oder bei einigen Zuhörern auf Widerstand stößt, wenn Sie dieses Thema mit einer emotionalen Geschichte – fernab jeder Sentimentalität – präsentieren, haben Sie die Sympathien auf Ihrer Seite. Diejenigen, die Sie in der Sache nicht überzeugen können, werden zumindest Verständnis für Ihren Standpunkt haben.

Wenn Sie darüber hinaus sprachlich auch noch die verschiedenen Sinneskanäle bedienen, den visuellen, den auditiven und den kinästhetischen, haben Sie wirklich jeden im Publikum erreicht. Nutzen Sie dazu Sprachmuster, wie:»Ich *sehe* es schon *klar* vor mir.« – »Ich *hörte* schon an seiner Stimme, dass etwas nicht stimmt.« – »Ich *fühlte* tief in mir: Das ist die Lösung.«

Ein Beispiel: Ein Mensch kauft sich eine repräsentative Villa in absoluter Bestlage, mit einem parkähnlichen Grundstück.

Nach Meinung aller Freunde und Kollegen ist der Preis recht hoch. Da er noch nicht einmal einen Hund besitzt, mit dem er seinen prachtvollen Besitz teilen könnte, hegt seine Umgebung den berechtigten Verdacht, dass er sich alles nur aus Prestigegründen angeschafft habe, zumal sein Einkommen den Erwerb einer solchen Immobilie kaum zulässt. Auf einer Party wird er deswegen vehement kritisiert. Viele Geschäftskollegen und Freunde werfen ihm kaufmännisches Unvermögen und Großmannssucht vor. Nachdem er sich ruhig alle Argumente angehört hat, ergreift er das Wort:

»Ich spüre, dass ihr meine Entscheidung verurteilt, weil Ihr es aus Eurer Sicht nicht verstehen könnt. Hört mir drei Minuten zu, vielleicht denkt Ihr dann anders über mich:

Als kleiner Junge lebte ich allein mit meiner Mutter in einer engen, lauten Stadtwohnung. Mein Vater hatte uns früh verlassen und meine Mutter arbeitete rund um die Uhr für unser Überleben. Am Wochenende gingen wir manchmal in die Vorstadt. Sie liebte die Atmosphäre dort, die prächtigen Villen, die Ruhe, das Zwitschern der Vögel – alles dort erinnerte sie an ihre Heimat. In so einer Umgebung war sie aufgewachsen, bevor sie nach dem Krieg aus dem Sudetenland fliehen musste. Oft setzten wir uns einfach auf eine kleine Bank und sahen viele Stunden dem friedlichen Treiben zu oder ich spielte mit den Buben auf der Straße. Obwohl ich keiner von ihnen war, akzeptierten sie mich und ich fühlte mich ihnen zugehörig. Dort geschah absolut nichts Aufregendes – dennoch freute ich mich auf jeden Ausflug in dieses Refugium. Wenn wir abends zurück in unsere kleine Stadtwohnung kamen, war ich aus unerklärlichen Gründen tief erfüllt. Manchmal zeigte mir meine Mutter Bilder von ihrem Haus in der Heimat und erzählte viele kleine Geschichten, die ihr das Gefühl des inneren Friedens gaben. In unserer kleinen Vorstadt eroberte sie sich ein Stück Heimat zurück. Durch den tiefen Eindruck, den ihre Geschichten in mir hinterließen, und durch meine eigenen Erlebnisse in der Villengegend, breitete sich auch in mir das Gefühl aus, das ist Heimat, das ist Ankommen. Die friedvolle Atmosphäre, die kleinen Straßen mit den wunderbaren Villen, die lauschigen Gärten – dort war mein wahres

Zuhause, dort fühlte ich mich geborgen. Die enge Stadtwohnung an der lauten Straße nahm ich kaum noch wahr, innerlich lebte ich in meiner Vorstadt. Viele Nächte konnte ich nicht schlafen, ich träumte davon, irgendwann einmal tatsächlich in solch einer Atmosphäre zu leben. Von frühester Jugend an strebte ich danach, später ein solches Haus zu besitzen und für meine Familie wieder das zu schaffen, was meine Mutter verloren hatte. Dann bot sich die Gelegenheit, dieses Haus zu kaufen. Für diese Gegend war es ein günstiges Angebot. Es mag unverständlich für euch sein, denn natürlich ist es immer noch teuer genug, aber ich erfüllte mir damit einen Kindheitstraum. Und ich habe mich nicht getäuscht. Wenn ich jetzt abends aus dem Büro nach Hause komme, auf der Terrasse sitze, den Vögeln lausche, den wundervollen Garten sehe, den Duft der Bäume rieche, dann überkommt mich ein solches Gefühl von Frieden und Heimat, das Gefühl, endlich angekommen zu sein, dass es mir manchmal die Tränen in die Augen treibt. Seitdem brauche ich keinen Fernseher mehr, und es ist mir sogar schon passiert, dass ich ein wichtiges Fußballspiel verpasste, weil ich mich nicht sattsehen, -hören, -riechen und -fühlen konnte. Nun ist wahrlich Frieden in meine Seele gezogen und ich liebe jeden kleinen Moment in diesem Haus.

Schade, dass Mutter nicht mehr lebt, sie wäre so glücklich hier gewesen. Dennoch habe ich das Gefühl, ihr Vermächtnis weiterzuführen – und ich freue mich schon jetzt auf die Familie, die einmal mit mir in diesem Haus leben wird. Es gibt sie noch nicht, doch manchmal höre ich schon das fröhliche Toben und Lachen unserer fünf Kinder in allen Räumen – und das erfüllt mich mit tiefem, stillem Glück. Es ist wahr, ich lebe in diesem riesigen Haus allein, doch nun, da ich einige Wochen die Schönheit dieses Paradieses still für mich genossen habe, möchte ich mein Haus öffnen und einen Raum schaffen, in dem sich meine Freunde ebenso wohlfühlen wie ich, in den ich einladen kann zu inspirierenden Gesprächsrunden und zu rauschenden Festen. – Ich fühle mich glücklich und beschenkt und bin dankbar, dieses Haus bewohnen zu dürfen. Könnt ihr das verstehen?«

Was meinen Sie, können seine Zuhörer ihm noch vorwerfen, dass er das Haus nur gekauft habe, um anzugeben? Kann man ihn noch der Oberflächlichkeit und Repräsentationssucht beschuldigen?

Vielleicht finden immer noch einige, dass es nach wie vor eine Nummer zu groß für ihn ist und wirtschaftlich unrentabel – aber jeder wird ihn und seine Gefühle akzeptieren und verstehen. Denn Gefühle kann niemand verurteilen – man kann nicht falsch fühlen! Man kann falsch denken, aber man kann nicht falsch fühlen!

Im Gegenteil, das Verständnis für ihn und die Verwirklichung seiner tiefsten Wünsche wird nach dem Offenlegen seiner Gefühle so groß sein, dass viele ihn für seinen Mut bewundern werden, diese zu realisieren. Vielleicht werden seine Freunde sogar erkennen, dass sie selbst ihren Gefühlen oft nicht in dem Maß vertrauen und vielleicht öffnet seine persönliche Geschichte ihre inneren Gefühle so, dass auch sie den Mut haben, sie innerhalb ihres Rahmens umzusetzen.

Im Altertum wurden gute Geschichten reich belohnt. Wir alle kennen die Legende von Scheherezade, die mit ihren Geschichten Nacht für Nacht ihr Leben rettete. Große Geschichtenerzähler wurden für eine wahrlich gute Geschichte sogar in Gold aufgewogen und nach jeder Geschichte gab es drei Äpfel: einen für den Redner, einen für die Zuhörer und einen für die Wesenheit, die die Geschichte ermöglichte und die Atmosphäre währenddessen mit ihrem göttlichen Licht erhellte.

Fällt Ihnen keine Geschichte ein, bitten Sie um Eingebung und zitieren Sie Homer aus der »Odyssee«: »*Dich, göttliche Muse, bitte ich, uns diese Geschichte zu singen. Hebe an Göttin, wo immer es dir gefällt.*«

Abschied und Applaus

Nachdem Sie Ihre Zuhörer mit einer spannenden Geschichte im Herzen emotional berührt haben, nachdem Ihr »Held« das Elixier zu den Menschen gebracht hat, bleibt Ihnen nur noch, sich von Ihrem Publikum zu verabschieden.

Tun Sie das mit der gleichen Einstellung, wie Sie Ihre Zuhörer begrüßt haben – mit Wertschätzung und voller Dankbarkeit, dass sie Ihnen so lange ihre Zeit und Aufmerksamkeit geschenkt haben. Ohne das Publikum hätte diese Veranstaltung nicht stattgefunden. Ohne Publikum kann der Schauspieler sich die Seele aus dem Leib spielen. Wir alle sind auf unser Publikum angewiesen! Denn jeder einzelne Zuhörer hat Ihnen die Möglichkeit gegeben, Ihre Geschichte zu erzählen, Ihre Erkenntnisse vorzutragen, Ihr Produkt vorzustellen. Dafür hat jeder mit Recht Dank verdient. Wenn Sie dieses Gefühl ehrlich empfinden, werden Sie es auch ausstrahlen und in aufrichtige, warmherzige Worte kleiden.

Wenn dann die Dankbarkeit vom Publikum in Form von Applaus zurückkommt, bleiben Sie bitte stehen und nehmen Sie die Anerkennung an. Es zeugt von Nichtachtung, wenn Sie den Menschen, die Ihnen für Ihre Leistung danken wollen, Ihren Blick entziehen oder wenn Sie gar mitten im Applaus abgehen. Ihr Vortrag hat Ihren Zuhörern wahrscheinlich viel gegeben, und der Applaus ist für sie die einzige Möglichkeit, etwas zurückzugeben. Schauen Sie Ihr Publikum an, schenken Sie ihm ein Lächeln – dies ist nun einmal die erste verbindende Geste zwischen den Menschen.

Ich weiß, dass es manchmal schwer ist, Anerkennung und Applaus anzunehmen und auszuhalten. Als ich eine blutjunge Schauspielerin war, liebte ich es, auf der Bühne meine Rollen zu spielen, aber danach wollte ich so schnell wie möglich in meine Garderobe. Die Vorhangordnung – in der Theatersprache die Reihenfolge, in der sich die Schauspieler verbeugen – fand ich unnötig und unangenehm. Da ich sie nicht vermeiden konnte, verbeugte ich mich lustlos und todernst. Bis mir eines Tages Freunde, die die Vorstellung besucht hatten, erzählten, sie wären regelrecht wütend über meine Haltung beim Applaus gewesen. Ich hätte so berührend gespielt, und als sie das honorieren wollten, hätte ich diesen Dank ausgeschlagen. Ich war erschrocken, ich wollte doch niemanden brüskieren oder gar wütend machen, es war mir nur unangenehm, so beklatscht zu werden. Wir redeten den ganzen Abend darüber, und ich begriff, wie wichtig es für denjenigen, der Anerkennung geben möchte, ist, dass diese auch angenommen wird. Tritt der Redner grußlos ab, kann sich der Zuschauer abgelehnt fühlen und die ganze Inspiration des Vortrags ist dahin.

Natürlich meine ich kein selbstdarstellerisches und eitles Verbeugen, ebenso wenig ein Verhalten, dass den Applaus in die Länge zwingt, wie man es leider manchmal im Theater oder anderswo erlebt. Ich meine eher ein liebevolles Annehmen, so wie der oben erwähnte Geschichtenerzähler dankbar seinen Apfel entgegennahm.

Ein gekonnter Abgang

Auch nach dem Applaus sind Sie noch sichtbar für Ihr Publikum und stehen immer noch im Mittelpunkt. Machen Sie nicht alles kaputt, indem Sie nun, glücklich, alles hinter sich zu haben, in sich zusammenfallen und hastig von der Bühne huschen. Ihr Auftritt ist noch nicht zu Ende! Es fehlt noch der Abgang. Gehen Sie deshalb ebenso bewusst und würdevoll ab, wie Sie aufgetreten sind. Sicher ist das die leichteste Übung nach einer solch gelungenen und erfolgreichen Präsentation. – Herzlichen Glückwunsch!

4.4 Worauf noch zu achten ist

Overheadprojektor, Grafiken, Folien, Flipchart & Co.

Kommen wir zu den Medien, die Sie in Ihrem Vortrag einsetzen. Die meisten Redner benutzen sie, um den Inhalt anschaulicher, lebendiger und abwechslungsreicher zu gestalten. Das kann zwar sinnvoll sein, da sie damit auch visuelle Bedürfnisse befriedigen, doch sie selbst treten dabei sehr oft in den Hintergrund. Plötzlich steht nicht mehr der Redner im Vordergrund, sondern die Medien. Für viele ist das sicher auch ein guter »Trick«, sich selbst zurückzunehmen und damit dem Präsentierteller zu entfliehen.

Das funktioniert aber nicht. Jede Folie oder Grafik ist nur Hilfsmittel, auf das Ihre Zuhörer sehr kurz schauen. Oft steht ja auch nicht viel darauf, das Publikum hat in Sekunden Inhalt und Aussage erfasst und schon stehen Sie wieder im Zentrum des Geschehens.

Ich stelle immer wieder erstaunt fest, dass Redner wirklich glauben, ihre Zuhörer würden die ganze Zeit auf die Grafik an der Wand oder auf das Flipchart schauen. Oft sieht der Redner selbst die ganze Zeit auf seine Grafik und wendet sich lieber dem Flipchart zu als seinen Zuhörern. Er vergisst, dass diese Zuhörer mit einem Blick erfasst haben, was dort steht.

Wenn der Redner sich abwendet, hat der Zuhörer keinen Blickpunkt mehr. Sein Blick irrt nun durch den Raum, auf den Boden, zur Decke, zu den Nachbarn und wieder nach vorn zur Folie, deren Inhalt er schon kennt. Der Blick des Zuhörers wird ruhelos, weil nichts mehr seinen visuellen Wahrnehmungskanal befriedigt. Das Hören der Stimme allein reicht eben nicht aus, um seine Aufmerksamkeit zu fesseln. Dadurch schweift er ab, und das anfängliche Interesse wandelt sich in

Ermüdung. Die Lichtverhältnisse im Raum tun ein Übriges, denn der Raum ist wegen des Overheadprojektors abgedunkelt. Dem Redner ist das meist ganz recht, so hat er die Möglichkeit, sich noch mehr zu verstecken. Das Publikum kann nun vollends abschweifen.

Vergessen Sie nie, es ist *Ihre* Veranstaltung, *Ihre* Verantwortung, die Leute zu erreichen und zu überzeugen! Deshalb stellen Sie sich ins Zentrum des Geschehens. Verstecken Sie sich nicht hinter Hilfsmitteln. Auch wenn Sie diese einsetzen, stellen Sie sich selbst in den Mittelpunkt. Die Menschen wollen etwas von *Ihnen* sehen und hören. Würden Grafiken, Folien und Überschriften im Vordergrund stehen, könnten Sie Ihren Vortrag auch in schriftlicher Form verteilen, jeder könnte den Inhalt lesen und Sie könnten sich die Mühe ersparen. Die Zuhörer wollen den Inhalt aber von Ihnen vorgetragen hören. Es geht um Sie!

Leider haben sich Power-Point-Präsentationen überall durchgesetzt. Ich finde das sehr schade, denn es stellt Bilder und Grafiken in den Vordergrund und nicht den Menschen. Große Redner verwenden so gut wie nie Folien oder benutzen Sie so, dass sie hinter ihnen wie ein Film ablaufen. Sie kümmern sich weder um den Wechsel der Folien, noch wenden sie sich ihnen zu. Trotz der hinter ihnen ablaufenden Folien bleiben sie in ständigem Kontakt mit ihrem Publikum. Sie stellen sie sich und ihre Persönlichkeit in den Mittelpunkt, so wie ein guter Schauspieler sich mit seiner gesamten Präsenz ins Rampenlicht stellt. Er braucht nichts für sein Spiel außer sich selbst. Nur mittelmäßige Schauspieler verstecken sich hinter Requisiten, pompösen Bühnenbildern und ihrem Kostüm.

Die Zuhörer brauchen überhaupt nicht viel mehr zu sehen, als Sie. Ihre Persönlichkeit, Ihre Präsenz, Ihre Strahlkraft und Ihre körperlichen Aktionen – das sollte Blickfang genug sein.

Wenn Sie zusätzlich noch den Inhalt anschaulich und bildhaft gestalten, wie in diesem Kapitel beschrieben, läuft bei den Zuhörern ein innerer Film ab, und Sie benötigen diese äußeren Hilfsmittel nicht. Sollten Sie bei einem Fachvortrag jedoch nicht auf unterstützende Grafiken verzichten können, überlassen Sie es Ihrem Publikum, darauf zu schauen und vermeiden Sie es selbst weitgehend. Sie wissen ja, was dort steht. Wollen Sie etwas zeigen, können Sie sich ganz kurz der Folie zuwenden, währenddessen der Kontakt zu Ihrem Publikum aber keinen Moment abreißt. Setzen Sie dieses Abwenden jedoch sehr sparsam ein, Ihr Hauptfokus gilt während des ganzen Vortrags den Zuhörern.

Dasselbe gilt für das Flipchart. Während Sie etwas an das Flipchart schreiben, wenden Sie sich nur kurz vom Publikum ab, um sich ihm dann sofort wieder zuzuwenden. Viele Redner, den Blickkontakt sowieso lieber meidend, bleiben abgewendet und sprechen während einer Präsentation eher mit dem Flipchart, als mit den Zuhörern.

Bei all diesen Beispielen reißt die aufgebaute Energie zwischen Ihnen und den Zuhörern ab und Sie verlieren deren Aufmerksamkeit und Interesse.

Wo immer Sie können, lassen Sie Hilfsmittel bitte weg. So laufen Sie nicht Gefahr, sich dahinter zu verstecken. Nichts ist stärker und überzeugender als Sie selbst. Werfen Sie Ihre Kompetenz, Ihre Persönlichkeit und Ihre inzwischen trainierte charismatische Ausstrahlung in die Waagschale. Folien und Charts können nicht überzeugender sein als Sie!

Versteckspiel hinter dem Stehpult

Viele Redner bevorzugen zum Halten Ihrer Rede ein Stehpult. Man kann sich fantastisch daran festhalten, dahinter verstecken und es so als Schutzwall vor dem »feindlichen Publikum« benutzen.

Für das Publikum ist es jedoch schade, dass es so wenig von Ihnen sieht. Stehen Sie mit Ihrem Stehpult noch dazu auf einer Bühne, müssen die Zuhörer zu Ihnen heraufschauen, was bedeutet, sie sehen während der ganzen Zeit nur Ihren Kopf. Die bereits trainierte und Ihren Gedanken körperlichen Halt gebende Körpersprache können Sie dahinter kaum einsetzen. Tun Sie es dennoch, bleibt es für das Publikum unsichtbar, da das Stehpult als Sichtblende fungiert. Hören Ihre Zuhörer lediglich Ihre Stimme, werden aber nicht über den visuellen Sinneskanal angesprochen, ist die Gefahr groß, dass sie schnell ermüden. Wie in den vorigen Kapiteln beschrieben, nehmen Ihre Zuhörer die Veranstaltung mit allen Sinnen wahr. Sie wollen also auch etwas zu sehen bekommen. Wenn sie jedoch eine Stunde und länger nur auf einen beleuchteten Kopf schauen, wird das Auge nicht befriedigt. Ihr Kopf kann auch nicht so viel ausstrahlen wie ein ganzer Körper – doch gerade durch Ihre Ausstrahlung erreichen Sie Ihr Publikum in erheblichem Maß.

Bei den meisten Veranstaltungen sind die Bühnen jedoch so aufgebaut, dass das Mikrofon fest am Stehpult angebracht ist. Dann haben Sie gar keine Chance, diesen Schutzwall zu verlassen, frei zu stehen und Ihr Publikum auch mit Ihrer Körpersprache zu überzeugen. Wenn ich Vorträge halte, frage ich deshalb vorher die Veranstalter, ob Sie mir ein mobiles Mikrofon zum Anstecken an das Revers geben können. Wenigstens eines gibt es immer. Besonders, wenn vor mir nur Stehpult-Redner waren, reagiert das Publikum sehr dankbar. Endlich bekommt auch ihr Sehsinn Nahrung. Dadurch gewinne ich meine Zuhörer von der ersten Sekunde an und sie folgen mir wach und aufmerksam. Denn ich signalisiere ihnen, dass ich mich ihnen stelle, offen auf sie zugehe und es nicht nötig habe, irgendetwas zu verstecken.

Das setzt natürlich einen gewissen Mut und die Fähigkeit voraus, seine Körpersprache so einzusetzen, dass sie die Rede harmonisch unterstützt und nicht von ihr ablenkt – doch das haben Sie ja bereits gelernt.

Das Rednerpult beziehe ich dann durchaus mit ein. Ich kann darauf Unterlagen, die ich im Lauf des Vortrags brauche, ein Glas Wasser und eine Uhr zum Einhalten der Zeit ablegen. Ich kann immer wieder bewusst dorthin gehen, um die Dinge zu benutzen. Während dieser Pause hat das Publikum die Chance, über den letzten Satz nachzudenken oder mich bei dieser körpersprachlichen Aktion zu betrachten – denn, wie schon mehrmals erwähnt, sagt der Gang eines Menschen einiges über ihn aus.

Wenn Sie frei stehen und sprechen, beweisen Sie damit Kompetenz und Offenheit und Ihr Publikum kann Ihnen wesentlich besser in all Ihren Inhalten folgen.

Das zur Persönlichkeit passende »Kostüm«

Für einen Schauspieler, Sänger, Moderator, Entertainer – also für jeden, der professionell auf der Bühne und vor der Kamera steht, ist das Kostüm »die halbe Miete«. Manche Darsteller meinen, wenn das Kostüm stimmt, spielt sich die Rolle von selbst. Das ist sicher etwas übertrieben, aber ein für den Schauspieler passendes Kostüm unterstützt das Spiel und sagt schon viel über die darzustellende Figur aus.

Als ich mit meiner Tochter Marlene schwanger war, stand ich fast jeden Abend auf der Bühne. Die ersten Monate quälte mich die typische Schwangerschaftsübelkeit und ich erbrach mich mehrmals am Tag. Ich fragte mich, wie ich in diesem Zustand die Vorstellung am Abend überstehen sollte. Doch jedes Mal, wenn ich in der Garderobe mein Kostüm anzog, war die Übelkeit wie weggeblasen. Ich wollte es selbst nicht glauben, aber die Erfahrung wiederholte sich täglich – sobald ich in mein Bühnenkostüm schlüpfte, war ich schon halb in der Rolle und voll konzentriert auf die kommende Vorstellung.

Das Beispiel zeigt Ihnen, wie Sie ein sorgsam ausgewähltes Kostüm unterstützen und auf den Auftritt vorbereiten kann. Zwar müssen Sie bei Ihrem Auftritt keine spezielle Rolle spielen, demzufolge auch kein außergewöhnliches Kostüm tragen, dennoch sollten Sie auf die Kleidung, die Sie bei Ihrem Vortrag tragen, besonderen Wert legen. Wie im Kapitel: »Der Präsentierteller« beschrieben, nimmt der Zuschauer das, was er auf der Bühne sieht, viel stärker wahr, als das, was er im Alltag sieht.

Die meisten Menschen achten hauptsächlich auf den oberen Teil ihres Körpers. In erster Linie wohl deshalb, weil sie sich im Spiegel nur bis zur Brust oder bis zur Gürtellinie sehen. Auf das Gesicht achten alle, die Männer sind peinlich auf den blütenweißen Hemdkragen bedacht und darauf, dass sie gut rasiert sind, die Frauen, dass ihr Make-up, die Frisur und der Schmuck das Gesicht richtig zur Geltung bringen.

Stehen Sie vor einer Gruppe oder gar erhöht auf einer Bühne, sehen die Zuschauer jedoch den ganzen Körper, und da sie meistens auch noch etwas tiefer sitzen, können sie Sie ausgiebig von unten betrachten. Und dazu haben sie viel Zeit. Während Sie sprechen, schauen sie sich in aller Ruhe Ihre Schuhe an, die Socken und die Länge Ihrer Hosen. Da kann man als Zuschauer schon einiges zu sehen bekommen. Das Unglaublichste, das ich vor kurzem als »Kostüm« bei einem Redner sah, war eine dunkelblaue Hose, die er mit Hosenträgern bis knapp über die Knöchel hochgezogen hatte und dazu trug er pechschwarze Schuhe und dunkelgrüne Socken. Er stand auf einer zirka 50 Zentimeter hohen Bühne, ich saß in der ersten Reihe und musste diese Farbkombination zwei Stunden lang ertragen. Da es ein guter Bekannter von mir war, sprach ich ihn nach der Veranstaltung vorsichtig darauf an. Er zeigte sich erstaunt und meinte, das wären doch alles dunkle Farben und das würde schon irgendwie harmonieren oder zumindest nicht auffallen. Weit gefehlt. Die Bühne ist meist mit Scheinwerfern ausgeleuchtet und dadurch treten selbst kleinste Farbabstufungen in der Kleidung besonders hervor.

Tragen Sie also bitte immer Socken in der Farbe der Schuhe oder der Hosen. Socken sind überhaupt ein großes Thema. Hier erscheint mir ein Appell an die Herren der Schöpfung angebracht: Die wenigsten Männer realisieren die Wirkung ihrer Socken und wollen möglichst kaum Geld dafür ausgeben. Qualitativ minderwertige Socken haben aber die Eigenschaft, in kurzer Zeit auszuleiern, fusselig und damit billig zu wirken. Besonders unschön sieht es aus, wenn sie sich faltenreich nach unten rollen. Betrachtet man sich im Spiegel, tut man das im Stehen. In dieser Haltung werden die Socken von den Hosen verdeckt. So realisieren die wenigsten, welche Dominanz sie im Sitzen bekommen, und wie unappetitlich es aussieht, wenn sich dann die Hosenbeine hochschieben und die heruntergerollten Socken die behaarte weiße Männerwade freilegen. Dieser Umstand wird noch verstärkt, wenn man erhöht sitzt, beispielsweise bei einer Podiumsdiskussion oder Pressekonferenz. Von unten können dann die Zuschauer das nackte Bein fast bis zum Knie sehen. Ein Modedesigner erzählte mir, dass ein italienischer oder französischer Mann aus diesem Grund nie Kurzsocken, geschweige denn Falten werfende Socken anziehen würde. Die öffentlich gezeigte Männerwade gilt dort nicht nur als unappetitlich, sondern auch als unerotisch. Nun schmunzeln Sie vielleicht und sagen, bei einem Vortrag oder einer Podiumsdiskussion müssen Sie auch nicht erotisch wirken – vielleicht, aber doch ästhetisch und harmonisch in Ihrem Äußeren. Bei so eklatanten Unachtsamkeiten ist das nicht der Fall. Beweisen Sie deshalb beim Kauf Fingerspitzengefühl, seien Sie nicht geizig und gönnen Sie sich qualitativ hochwertige Langsocken oder Kniestrümpfe.

Manchmal finde ich es schade, dass das Business-»Kostüm« kaum Spielraum für kreative Variationen lässt. Der Männerlook in der Geschäftswelt hat beinahe etwas Uniformiertes: Weißes Hemd, dunkler Anzug, Weste, Krawatte und dunkle Halbschuhe sind Pflicht. Versuchen Sie dennoch durch die eine oder andere kleine Besonderheit Ihre Individualität zu unterstreichen. Seien Sie nicht beliebig, sondern haben Sie Spaß an der Auswahl Ihres »Kostüms«. Denken Sie daran, es kann Sie in Ihrer Wirkung enorm unterstützen.

Wir Frauen haben es etwas einfacher, wir können zwischen Hosenanzügen, Kostümen und Kleidern wählen, haben viele Farben und alle möglichen Schuhtypen zur Auswahl. Die Kleidung sollte immer die Individualität und Besonderheit einer Person unterstützen – nicht von ihr ablenken. Wie oft sieht man bei festlichen Anlässen, dass die Kleidung im Vordergrund steht und nicht die Persönlichkeit. Besonders Frauen übertreiben manchmal etwas. Deshalb an dieser Stelle ein Tipp für die Damen: Wählen Sie Farben, Schnitte und Stoffe so, dass sie vorteilhaft Ihre Figur und Ihren speziellen Typ unterstreichen. Viele Damen wirken bei offiziellen Anlässen in ihrer Robe eher fremd und verkleidet. Nach Expertenmeinung gilt die deutsche Frau immer noch als eine der am schlechtesten angezogenen der Welt. Das niederschmetternde Urteil über ihr Abendoutfit:»Geschenkpapier mit Schleife«. Das klingt gemein, trifft aber die Übertreibung und Geschmacksunsicherheit, der man auf Bällen und Empfängen des Öfteren begegnet. Vielleicht glauben diese Frauen auch, viel helfe viel. Oder:»Das trägt man jetzt so.« Lassen Sie sich von keiner Verkäuferin einreden, dass das der neue Look wäre, wenn Sie sich darin fremd und verkleidet fühlen.

Macht man einer Schauspielerin nach der Vorstellung nur ein Kompliment zu ihrem Kostüm und sagt:»Ihr Kleid war einfach umwerfend«, empfindet sie das als Beleidigung. Nicht das Kleid, sondern die Frau, die es trägt, will umwerfend sein. Das Kleid soll sie und ihre Reize lediglich unterstützen, aber es darf nicht so auffallen, dass es stärker im Vordergrund steht, als sie selbst.

Wählen Sie also eine Kleidung, die sich durch schlichte Eleganz auszeichnet, die die Besonderheit Ihrer Persönlichkeit unterstützt und sich nicht so in den Vordergrund spielt, dass Sie selbst dahinter verschwinden.

Die Kleidung für den Kameraauftritt muss noch spezieller ausgesucht werden, denn das Kameralicht hat besondere Gesetzmäßigkeiten. Außerdem holt die Kamera Menschen sehr nah zum Zuschauer heran. Deshalb gibt es im nächsten Kapitel, wenn wir uns mit Kamerapräsenz beschäftigen, noch speziellere Kleidungs- und Maskentipps. Viele davon gelten auch für die Bühne, besonders die für die Damen, auf die ich hier jedoch verzichtet habe.

Soundcheck

Sicher wird Ihnen bekannt sein, dass es von großer Wichtigkeit ist, die Mikrofonanlage vor Ihrer Rede zu überprüfen. Meistens bitten Sie die Tontechniker sowieso darum. Wenn

nicht, sollten Sie darum bitten. Wenn Sie all die bisher beschriebenen Möglichkeiten für einen gelungenen Beginn nutzen, kann es schon sehr ärgerlich sein, wenn er dennoch
misslingt. Und das nur, weil Ihre Stimme tontechnisch über-
oder untersteuert und deshalb unverständlich ist. Lassen Sie
es also nicht zu, dass Ihnen die Technik all Ihre Vorbereitun-
gen zunichte macht.

»Die einen stehen im Dunkeln und die andern stehen im Licht« (Mackie Messer)

Bei jeder Bühnenvorstellung, im Theater, in der Oper, im Ballett oder Kabarett, erwartet man eine gute Beleuchtung. Es
gibt lange Erfahrungswerte, dass das Publikum das, was auf
der Bühne geschieht, am besten sehen kann, wenn die Bühne erhellt und der Zuschauersaal abgedunkelt ist. Das Auge
kann wesentlich besser folgen, wenn es aus relativer Dun-
kelheit ins Helle schaut. Doch was im Theater eine Selbstverständlichkeit ist, wird auf die Vortragssituation leider nur
selten übertragen. Für den Schauspieler ist das eigens für ihn
gesetzte Licht das Wichtigste überhaupt. Für einen Redner
muss es sicher nicht ein so spezielles sein wie für die Darsteller am Theater, doch das Wissen um die Lichtverhältnisse
und eine optimale Ausleuchtung kann mit über den Erfolg eines Vortrags oder einer Präsentation entscheiden. Denn ein
gut gesetztes Licht erhöht die Aufmerksamkeit der Zuschauer. Im Allgemeinen sind Vortragsräume, die für Reden be-
leuchtet werden, entweder im Zuschauerraum und auf der
Bühne gleich hell oder sie sind in allgemeines Dämmerlicht
getaucht, damit man zum Beispiel die Folien auf dem Overheadprojektor besser lesen kann. Der Redner steht dadurch
die ganze Zeit im Halbdunkel.

An dieser Unachtsamkeit gegenüber der Beleuchtung erkennt man, welchen Wert die Veranstalter und Redner der
Präsentation beimessen. Sie stufen das Erkennen der Folien

höher ein als die Ausstrahlung und körperliche Gestaltungs-
kraft des Präsentierenden. Vielleicht sind manche Redner sogar froh, im Halbdunkel zu stehen, denn, ähnlich wie das Rednerpult, bietet es ihnen eine gute Möglichkeit, sich zu
verstecken. An das Publikum denkt dabei jedoch niemand. Wir sind es
gewöhnt, im Halbdunkel wegzudämmern oder zumindest
geistig abzuschweifen. Wenn schon Folien eingesetzt werden,
und demzufolge der Raum etwas abgedunkelt sein muss,
dann kann man quasi zwei unterschiedliche Lichträume schaffen. Der eine wird für das Erkennen der Folien oder Dias abgedunkelt, der andere wird mit einem Scheinwerferspot so
ausgeleuchtet, das er eine Lichtinsel um den Redner herum
bildet. Benutzt der Redner keinen Overheadprojektor, sollte
man die Erfahrungen des Theaters nutzen, und den Zuschauerraum abdunkeln und die Bühne erhellen. Nicht so
stark wie im Theater, denn der Redner will und muss seine
Zuhörer sehen. Dennoch sollte die Lichtabstufung bemerkbar
sein, denn die Aufmerksamkeit des Zuhörers wird verstärkt,
wenn er vom Dunklen ins Helle schaut. Man kann bei dieser
Variante mit dem Licht sogar etwas spielen, die Bühne muss
beispielsweise nicht überall gleichmäßig hell ausgeleuchtet
sein. Viele Veranstaltungsräume haben eine gute Beleuch-
tungsanlage, mit der man die Scheinwerfer so flexibel einsetzen kann, dass interessante Lichteffekte entstehen. Mit diesem Wissen gewappnet, sollten Sie mit dem Veranstalter
sprechen und der Haustechnik entsprechende Anweisungen
geben.

Eine gute Bühnenbeleuchtung ist eine regelrechte Kunst. Im
Theater und beim Film gibt es Beleuchtungsmeister, die sie
beherrschen. Vielleicht können Veranstalter in Zukunft dafür
sorgen, dass ihre Lichttechniker wenigstens die Grundregeln
von ihnen lernen. Leider gibt es aber auch Veranstaltungsräume, etwa in Hotels, die als Mehrzweckräume genutzt werden und nur über ein allgemeines Grundlicht verfügen. Machen Sie auf jeden Fall vorher nicht nur einen Soundcheck,
sondern auch einen Lichtcheck, denn es kann durchaus sein,
dass die vorhandenen Lichtquellen für eine gute Präsentation

nicht ausreichen und Sie noch zusätzliche Scheinwerfer benötigen.

Scheuen Sie als Redner nicht das Rampenlicht. Genießen Sie es, in einem professionell gesetzten Licht vor Ihr Publikum zu treten und ihm Ihr Können zu präsentieren.

Dieses Kapitel hat Ihnen in verschiedenen Fallbeispielen gezeigt, welche Möglichkeiten Sie haben, eine Gruppe von Menschen durch eine professionelle Präsentationstechnik nicht nur zu erreichen, sondern darüber hinaus auch zu faszinieren. Wenn Sie die Tipps beherzigen und die vorgestellten Techniken einsetzen, werden Sie eine wirkungsvolle und überzeugende Präsentation halten.

Checkliste: Die professionelle Vortragstechnik

• Kreieren Sie eine Vision Ihrer erfolgreichen Rede.
• Nutzen Sie die Magie des ersten Augenblicks.
• Entscheiden Sie sich für einen Auftritt, der zu Ihnen passt.
• Genießen Sie den »Präsentierteller«.
• Mentaler Standpunkt = körperlicher Standpunkt.
• Jede Bewegung hat einen Anfang und ein Ende.
• Füllen Sie mit Ihrer Energie den ganzen Raum.
• Nutzen Sie die Begrüßung als Chance, gleich zu Beginn einen guten Kontakt zu Ihrem Publikum herzustellen.
• Stellen Sie Ihr Thema wie eine Headline in den Raum.
• Reden ist hörbar gemachtes Denken.
• Nutzen Sie die Kunst der Pause.
• Vorsicht vor Übertreibungen und falschen Betonungen.
• Eine Panne ist kein Dilemma – gehen Sie offensiv damit um.
• Bauen Sie Ihre Rede dramaturgisch wie ein gutes Drehbuch auf und gestalten Sie diese dann wie ein Schauspieler.
• Eine gute Geschichte weckt Emotionen.
• Stellen Sie sich dem Applaus und nehmen Sie ihn dankbar entgegen.

- Ihr Abgang sollte genauso gekonnt wie Ihr Auftritt sein.
- Stellen Sie nicht Ihre Präsentationsmedien in den Vordergrund – trotz Overheadprojektor, Flipchart & Co. stehen Sie im Zentrum der Aufmerksamkeit.
- Verstecken Sie sich nicht hinter dem Stehpult.
- Finden Sie ein passendes »Kostüm« für Ihren Auftritt, das Ihre Persönlichkeit unterstützt.
- Bitten Sie die Beleuchtungstechniker um optimale Ausleuchtung – ideal für das Auge der Zuhörer ist es, wenn Sie vorn als Redner angestrahlt werden und der Zuschauersaal etwas abgedunkelt ist.

Umgang mit den elektronischen Medien

In diesem Kapitel erweitern wir die Präsentationstech-
niken auf die elektronischen Medien, denn immer öfter
werden wir damit konfrontiert, vor laufenden Kameras
Statements abzugeben. Doch die meisten beherrschen
die speziellen Techniken und Gesetzmäßigkeiten dieses
Metiers nicht. Aus Unwissenheit entstehen schnell un-
gewollte Wirkungen, manchmal sogar Peinlichkeiten.
Damit Sie sich auch in dieser Materie zu Hause füh-
len, erfahren Sie in diesem Kapitel, was Sie speziell bei
aufgezeichneten und was Sie bei Live-Interviews be-
achten müssen, wie wichtig bei Ihren Statements geis-
tige Klarheit ist und wie Eyecatcher, Anekdoten und
richtig formulierte Sätze garantieren, dass Ihr Beitrag
auch gesendet wird. Ihre Kamerapräsenz erhöht sich
automatisch, wenn Sie Ihren Blick, Ihre Körpersprache
und Ihre Mimik zum Bildausschnitt passend und dem
Statement gemäß einsetzen. Weiterhin erfahren Sie,
welche Regeln Sie bei Ihrer Kleidung und Ihrem Make-
up berücksichtigen sollten, damit Sie auch »kamera-
tauglich« sind.

Wenn Sie die Gesetzmäßigkeiten der elektronischen
Kameraaufzeichnung beherrschen, wird jeder im Film-
team erkennen, dass Sie nicht nur inhaltlich ein Experte
sind, sondern auch etwas von diesem Metier und der
Arbeit mit der Kamera verstehen. Diese Professionalität
ist eine gute Voraussetzung für eine kreative und Ge-
winn bringende Zusammenarbeit.

5. Vor der Kamera gelten eigene Gesetze 241

Das aufgezeichnete Interview   242
Das Live-Interview   247
Das sollten Sie vergessen   247
Hintergründigkeiten   249
Bildausschnitte, Großaufnahmen, Halbtotale   250
Der Ton   253
Kleidungs- und Maskentipps   254
Ein maskentechnischer Aufruf
an die Herren der Schöpfung   256
Einige Maskentipps für die Damen   257
Anerkennung für das Filmteam   259
Checkliste: Der professionelle Umgang
mit den elektronischen Medien   261

5. Vor der Kamera gelten eigene Gesetze

In den vorangegangenen Kapiteln haben wir uns hauptsächlich auf Vorträge, Gespräche, Präsentationen, Podiumsdiskussionen bezogen, also auf Situationen, bei denen Sie aus Ihrem gewohnten Umfeld herausgehen und Ihre Botschaft vor fremden Menschen vortragen und präsentieren müssen. Nun möchte ich diese Situation auf die elektronischen Medien erweitern – auf Radio und Fernsehen. Die elektronischen Medien expandieren immer mehr. In den verschiedensten Fernsehsendungen, wie Talkshows, Magazinen und Abendshows, werden Menschen aus allen Berufsgruppen und sozialen Schichten eingeladen, um zu allen möglichen Themen befragt zu werden. Kleine Beiträge werden gedreht, Experten geben Statements über die Wirtschafts- und Finanzlage oder Meinungen zu politischen, kulturellen und sozialen Fragen ab. Auch außerhalb des Studios können wir überall auf Journalisten treffen, die uns vor laufenden Kameras bei Kongressen, Kunst- und Kulturveranstaltungen, Messen und auf der Straße auffordern, unsere Meinung zu sagen.

Man muss nicht einmal VIP, Vorstandssprecher, Konzernchef oder Künstler sein – jedem kann es heute passieren, ein kurzes, prägnantes Statement vor Mikrofon und Kamera äußern zu müssen.

Ich habe zu diesem Thema einige Journalisten und Kameramänner befragt und gemeinsame Trainings mit ihnen entwickelt. In diesem Kapitel möchte ich Ihnen mitteilen, was Reportern als immer wiederkehrende Schwäche bei unerfahrenen oder auch erfahrenen Interviewpartnern auffällt.

Die Wenigsten können frei und ungehemmt vor laufender Kamera reden und so agieren wie im normalen Leben. Selbst einflussreiche Führungskräfte werden nervös, wenn sie eine Kamera auf sich gerichtet sehen und ihnen ein Mikrofon vor die Nase gehalten wird. Für die Mehrzahl der Menschen ist das eine Ausnahmesituation und selbst bei Profis steigt in diesem Moment der Adrenalinspiegel. Besonders bei spontanen Live-Interviews bedeuten Scheinwerfer und Kamera für die meisten eine Gefahr, sie fühlen sich überrumpelt, geraten in Panik und sind sofort leer im Kopf. Normalerweise haben diese Menschen zu allen Themen etwas zu sagen, aber nun fällt ihnen kaum etwas ein. So stammeln sie sich durch ihre Sätze, in der Hoffnung, es gleich hinter sich zu haben.

Die Wenigsten begreifen diese Möglichkeit, ihren Standpunkt einem Millionenpublikum mitzuteilen, als Chance. Aus dem einfachen Grund, weil sie entweder die Regeln nicht kennen oder nichts über ihre Kamerawirkung wissen. Das wollen wir jetzt ändern.

Das aufgezeichnete Interview

Es gibt einen grundsätzlichen Unterschied zwischen einem aufgezeichneten und einem Live-Interview. Bei einem aufgezeichneten Interview sollten Sie sich vorher genau überlegen, was Sie sagen wollen, was genau Ihre Botschaft ist und welche Themen Sie in Ihrem Interview unbedingt behandelt haben möchten. Gehen Sie davon aus, dass Sie sehr wenig Zeit haben werden, Ihre wichtigen Thesen darzulegen und die Besonderheit Ihres Standpunkts zu vermitteln. Legen Sie sich deshalb vorher Ihre Sätze zurecht. Formulieren Sie knapp und präzise.

In der Regel sollte ein Statement 15 bis 17 Sekunden betragen. 22 Sekunden sind das höchste. Vergessen Sie nicht, dass das Interview anschließend geschnitten wird. Möchten Sie also, dass Ihre Statements im Schnitt überleben, sollten Sie sie kurz, präzise und genau auf den Punkt formulieren. Dann kann nichts von Ihrer Aussage weggeschnitten werden. Lassen Sie alle »Ähs« weg und alle Füllsel, die die Prägnanz Ihrer Aussage beeinträchtigen. Sonst fällt der Satz der Schere zum Opfer. Ist Ihnen aber gerade dieser Satz wichtig, sprechen Sie ihn flüssig und klar durch, sodass man ihn gar nicht schneiden kann. Bei jedem Radiointerview und jeder Kameraaufnahme müssen Sie deshalb voll bei der Sache sein!

ÜBUNG: BOTSCHAFTEN PRÄZISE VERMITTELN

In dieser Übung lernen Sie, absolut konzentriert zu sein.

- Legen Sie eine Uhr mit Sekundenzeiger bereit.
- Wählen Sie ein Thema, über das Sie vor der Kamera interviewt werden könnten.
- Stellen Sie sich eine Frage des Reporters vor.
- Antworten Sie zügig und umfassend in *zwei Minuten* – stoppen Sie die Zeit.
- Prüfen Sie, ob Ihr Statement wirklich jedes Ihrer Argumente beinhaltet.
- Nun machen Sie dasselbe Statement in *einer Minute*.
- Konnten Sie wirklich jedes Argument einfließen lassen, oder gab es durch die Zeitreduzierung einen Informationsverlust?
- Jetzt machen Sie dasselbe Statement, ohne Informationsverlust in *30 Sekunden*.

Sie merken, wie klar Sie geistig sein müssen, um alle Ihre Argumente, Meinungen und Sichtweisen darlegen zu können. Die Zeit drängt beim Fernsehen immer gewaltig. Pausen, »Ähs« und Füllsätze, bei denen man sich langsam an das Thema heranreden oder sich während des Sprechens die beste Formulierung aussuchen kann, können Sie sich nicht leisten.

Nichtssagende Worte wie: »Lassen Sie mich mal so formulieren...« und zwei »Ähs«, während Sie nach Worten suchen – und die Sendezeit ist um.

Will man die Chance nutzen, einem Millionenpublikum vor der Kamera seine Meinung zu sagen, muss man von der ersten bis zur letzten Sekunde hochkonzentriert sein. Wenn Sie sicher sein wollen, dass ein besonders wichtiges Statement auch ausgewählt und gesendet wird, müssen Sie für Ihre Botschaft ein spezifisches Transportmittel finden, einen so genannten Eyecatcher. Das kann beispielsweise ein besonderes Lächeln sein.

Eine Journalistin erzählte mir, dass sie in ihren Beitrag über Til Schweiger ein Statement schnitt, bei dem er besonders charmant lächelte. Dabei war das, *was* er in dem Moment sagte, gar nicht so wichtig, aber sein Charme, seine Ausstrahlung war in dieser Einstellung so umwerfend, das Bild also so bestechend, dass sie dieses Statement allen anderen vorzog. Obwohl die anderen aussagekräftiger waren.

Man kann sich darüber ärgern, dass die Optik oft wichtiger ist als der Inhalt. Man kann dieses Wissen aber auch nutzen und bei besonders wichtigen Statements beispielsweise freundlich oder gar schelmisch lächeln, man kann einen kleinen Witz anbringen oder sich sonst irgend etwas Originelles einfallen lassen, damit dieser Beitrag garantiert gesendet wird. Immerhin heißt dieses Medium Fern*sehen* und nicht Fern*hören*, also sollten Sie es den Entscheidungsträgern im Schneideraum nicht verdenken, dass für sie die Optik besonders ausschlaggebend ist. Natürlich dürfen Eyecatcher nicht aufgesetzt wirken – auch hier steht Authentizität und Natürlichkeit im Vordergrund.

Ein anderes Transportmittel kann eine kleine Anekdote oder eine nette Geschichte sein. Journalisten nehmen immer das, was amüsant klingt, denn sie wissen, dass Menschen es lieben, Geschichten zu hören. Natürlich dürfen Anekdoten nicht ausschweifend erzählt werden, denn bei Interviews ist Zeitknappheit immer ein großes Thema. Erzählen Sie sie jedoch kurz und pointiert, können Sie sicher sein, dass sie auch gesendet wird.

Sprechen Sie auf keinen Fall zu kompliziert. Vermeiden Sie alle Fachausdrücke und nicht allgemein bekannte Fremdwörter und schränken Sie Anglizismen auf ein Minimum ein. Sprechen Sie in kurzen, knappen Sätzen, damit Ihnen auch die Zuschauer folgen können, die nicht in Ihrer Materie zu Hause sind. Erklären Sie dem Journalisten Ihr Thema wie Ihrer Tante Erna oder einem 10-jährigen Kind. Haben Sie keine Angst, dass das zu wenig gebildet oder zu unspezifisch klingen könnte. Komplizierte Sätze, bei denen Ihnen niemand folgen kann, werden immer weggeschnitten.

Ein Journalist berichtete mir, dass Start-up-Unternehmer und Führungskräfte aus den Neuen Medien am schlimmsten seien. Ihre Aussagen seien so gespickt mit Anglizismen und kompliziertem Fachchinesisch, dass ihre Redebeiträge selbst nach vielen Hinweisen und Wiederholungen kaum zu verwenden wären.

Wie wollen Sie Menschen motivieren, Ihre Aktien zu kaufen, wenn diese nicht verstehen, was Ihr Unternehmen tut oder herstellt und welchen Beitrag es damit in der Gesellschaft leistet?

Ihre Mitmenschen müssen gar nicht 100-prozentig verstehen, was Sie genau tun. Das ist in der Kürze der Zeit auch nicht möglich. Aber sie können es *fühlen*. Gefühle transportieren sich am besten über eine kleine emotionale Geschichte. Sie veranschaulicht Ihr Anliegen eher als intellektuelle Argumente und fördert das Verstehen besser als die exakte Darstellung der Sachlage.

Wir bekommen täglich eine Flut an Informationen. Dabei ist jeder dankbar, wenn er aufrichtig auf emotionaler Ebene angesprochen und berührt wird. Erinnern Sie sich noch an die Fernsehwerbung von Infineon? Kaum einer begriff, was dieses Unternehmen eigentlich herstellt. Der Beitrag war sehr emotional aufgebaut, erreichte unser Gefühl und ging mitten ins Herz. Die Kernaussage handelte von einer glücklichen Zukunft für unsere Kinder. Das berührte alle, denn jeder von uns will eine glückliche Zukunft für seine Kinder – und Infineon war auf einmal in aller Munde.

Bei kurzen Statements gilt dasselbe wie für Ihre Rede. Finden Sie eine emotionale Geschichte, bringen Sie Ihre Gefühle ein und die Zuhörer werden Ihnen folgen.

Verwenden Sie während der Aufzeichnung eines Interviews niemals Satzanfänge wie:»Wie ich vorhin schon erwähnte...« oder»Wie ich zuvor schon gesagt habe...«. Redebeiträge werden oft nicht chronologisch zusammengeschnitten. Vielleicht sendet man Ihr erstes Statement zuletzt und das letzte zuerst oder manche Sätze gar nicht. Der Zuschauer weiß dann nicht, worauf sich dieser Satzbeginn bezieht, man kann dieses Statement nicht verwenden und es fällt der Schere zum Opfer.

Damit Ihre Redebeiträge unabhängig voneinander geschnitten werden können, sprechen Sie bitte ganze Sätze – und sprechen Sie diese auf den Punkt. Sonst bleiben die Satzenden stimmlich oben hängen. Das wirkt nicht souverän. Sie wissen am besten, wo Ihr Satz beginnt und wo er aufhört. Sprechen Sie ihn flüssig, zügig, gut gegliedert und beenden Sie jeden Satz sowohl gedanklich als auch stimmlich. Damit wirken Ihre Redebeiträge präzise, kompetent und selbstbewusst.

Es zeugt von hoher Professionalität, wenn Sie in einigen Fällen die Frage des Interviewers wiederholen. So vermeiden Sie, dass der Journalist im Nachhinein antexten muss, was bedeutet, dass er eine Stimme aus dem Off vor Ihre Antwort setzt.

Auf die Frage»Wie viele Produkte verkaufen Sie im Jahr?« sollten Sie zum Beispiel nicht einfach mit»100 000 Stück« antworten, sondern geben Sie einfach lächelnd zurück:»Wie viel Produkte ich pro Jahr verkaufe? 100 000 Stück!« Sonst müsste die Stimme aus dem Off sagen:»Auf die Frage, wie viel Produkte Herr Meier im Jahr verkauft, antwortet er:« – und erst jetzt kommen Sie ins Bild und sagen:»100 000 Stück« und schon sind Sie wieder weg.

Werden beispielsweise mehrere Personen in einer Umfrage zu einem Thema befragt, und Sie wiederholen die gestellte Frage, bevor Sie antworten, werden Sie und Ihr Beitrag zuerst im Bild erscheinen. Sie führen die Reihe der hintereinander geschnittenen Statements an, alle anderen folgen erst nach Ihnen.

Das Live-Interview

Viele der oben genannten Hinweise gelten selbstverständlich auch für Live-Interviews, besonders, was die Emotionalität und Klarheit Ihrer Redebeiträge betrifft. Dennoch haben Sie bei einem Live-Interview eher die Chance, Ihr Anliegen etwas länger auszuführen. Das gibt Ihnen die Gelegenheit, tiefer in die Materie einzudringen und Ihre Botschaft umfassender zu gestalten. Denn da Sie direkt auf Sendung sind, kann dieses Zwiegespräch nicht geschnitten werden. Es wird genauso gesendet, wie es gerade stattfindet. Doch auch bei einer Live-Sendung ist die Zeit in aller Regel sehr kurz. Mit allem, was Sie im vorigen Kapitel gelernt haben, sollten Sie jetzt in der Lage sein, gleich zu Beginn sympathisch, kompetent und charismatisch zu wirken. Nehmen Sie die Zuschauer vom ersten Moment an für sich ein. Im Grunde gilt für ein Live-Interview all das, was für eine Rede oder ein Gespräch ohne das Medium Fernsehen gilt. Nutzen Sie die Magie des ersten Augenblicks, also den Moment, wenn die Kamera auf Sie gerichtet ist. Erhöhen Sie Ihre Energie von der ersten Sekunde an, senden Sie Ihre Strahlkraft, versprühen Sie Sympathie und Charme. Schaukeln Sie sich nicht erst langsam hoch – bevor Sie in Fahrt sind, könnte die Sendung vorbei sein. Bereiten Sie sich so vor, dass Sie von Anfang an mit Ihrer gesamten Präsenz voll anwesend sind, hellwach, flexibel und offen für jede Frage.

Das sollten Sie vergessen

Weil viele Menschen nicht mit der Technik von Rundfunk und Fernsehen vertraut sind, wissen sie natürlich auch wenig darüber, was für dieses Metier vorteilhaft ist, und was man möglichst vermeiden sollte. Es gibt eine Fülle von Kameratrainings, doch die lehren oft unbrauchbare, zum Teil sogar peinliche Techniken. Journalisten berichteten mir, dass sie manchmal ganz verzweifelt seien, wenn ihre Interviewpartner bei eklatanten Fehlern behaupteten, sie hätten das in einem Kameratraining gelernt. Technisch sind solche »Expertenstatements« oft nicht zu gebrauchen und erst recht nicht im Schnitt zu verwenden. Dazu gehört etwa der direkte Blick in die Kamera. Werden Sie im Interview zu Ihrer Meinung befragt, schauen Sie den Reporter an, also knapp an der Kamera vorbei, und bleiben Sie mit dem Blick bei ihm. Manche Trainer wollen ihren Klienten weismachen, dass man bei besonders wichtigen Statements direkt in die Kamera schauen soll. Das ist nicht richtig! Der Zuschauer ist der Beobachter des Geschehens, er nimmt sozusagen an der Befragung teil und beobachtet, was der Befragte dazu zu sagen hat und wie er agiert. Wenn dieser sich auf einmal vom Journalisten, der meist nicht mit im Bild ist, abwendet und dem Zuschauer im Wohnzimmer direkt ins Auge blickt, kann sich der Zuschauer schnell irritiert fühlen. Auf einmal wird er direkt angesprochen und angeschaut, ohne dass er gefragt hat.

Direkt in die Kamera blicken nur Nachrichtensprecher, Fernsehmoderatoren, Komiker, Kabarettisten, hohe Politiker (beispielsweise ein Präsident, der sich direkt an das Volk wendet) und Berichterstatter, die für einen Kommentar direkt in die Sendung zugeschaltet werden. Auch für den Journalisten ist es nicht angenehm, wenn er bei der Antwort auf seine Frage nicht angeschaut wird. Er wird in der Regel das Gespräch unterbrechen, da er weiß, dass er diese Aufnahme im Schnitt nicht verwenden kann. Lässt er Sie jedoch gewähren, können Sie sicher sein, dass kein Statement, das Sie mit direktem Blick in die Kamera sagen, gesendet wird. Sind Ihnen aber gerade diese Sätze wichtig, bleiben Sie mit dem Blick beim Interviewer, und schauen Sie damit knapp an der Kamera vorbei.

Auch sollten Sie nie die Hand des Journalisten mit dem Mikrofon zu sich heranziehen. Das wirkt im Bild kleinlich, dominant und nicht souverän. Bleiben Sie in Ihrer Position und lassen Sie das Mikrofon zu Ihnen kommen. Es ist die Verantwortung der Tontechnik, Ihre Stimme so auszusteuern, dass sie optimal wirkt.

Eine andere Unart ist weiterzusprechen, wenn einem das Mikrofon entzogen wird. Damit verliert Ihre Stimme die Kraft, Sie wirken plötzlich klein und schwach, weil Ihnen die Power entzogen ist. Auch das ist ein enormer Verlust an Souveränität, wenn sich Ihre vorher so kraftvolle Stimme ohne Mikrofon plötzlich in eine Flüsterstimme verwandelt.

Kameraleute schätzen es sehr, wenn Sie sich nach der Einstellungsgröße erkundigen oder auch sonst darauf achten, gut im Bild gesehen zu werden. Damit bezeugen Sie Professionalität, Sie werden ernst genommen und wenn Sie Ihre Wünsche freundlich und mit Wertschätzung äußern, wird man auf sie eingehen.

Manchmal hat das Filmteam kaum Zeit, oder es ist seinerseits zu unerfahren, um auf wirklich wichtige Dinge zu achten. Deshalb kann es Ihnen sehr nutzen, wenn Sie einiges über dieses Metier wissen.

Hintergründigkeiten

Sehr wichtig ist der Hintergrund. Achten Sie darauf, dass Sie nicht vor einer glatten weißen Wand gefilmt werden. Die Blende für die Kamera wird immer am hellsten Punkt gemessen. Wenn aber der Hintergrund den hellsten Punkt darstellt, erscheinen Sie als Person davor dunkler. Damit verschluckt die strahlend weiße Wand Ihre Präsenz. Außerdem wirkt so ein Bildausschnitt meist langweilig und eintönig.

Ganz unpassend sind bei einer Kameraaufnahme große Bilder und Plakate hinter Ihnen. Stellen Sie sich vor, hinter Ihnen hängt ein großes Wurstplakat – da kann es schnell passieren, dass über Ihrem Kopf eine Wurst schwebt. Dasselbe gilt für Pflanzen – Sie sind bestimmt nicht begeistert, wenn Sie bei der Sendung Ihres Beitrags sehen, wie ein Riesenblatt aus Ihrem Ohr »wächst«. Gefährlich ist auch Wandschmuck wie Hirschgeweihe. Wenn Sie ungünstig stehen, können Sie schnell gehörnt und damit selbst zum Hirsch werden.

Mit solchen kleinen Gemeinheiten müssen Sie rechnen. Kameraleute lieben manchmal solche Späße und geben auf diese Weise einen optischen Kommentar zu Ihrem Statement. Auch eine Lichtquelle hinter Ihnen kann ungünstig wirken. Es gibt viele Beispiele, bei denen Politiker in einem »Heiligenschein« erscheinen oder ein flirrendes Licht ganz vom Inhalt des Redebeitrags ablenkt. Achten Sie also darauf, dass Sie eine neutrale Fläche hinter sich haben. Fragen Sie nach der genauen Stellung der Kamera und verlängern Sie in Gedanken das Objektiv wie den Strahl eines Scheinwerfers nach hinten. Was dieser Strahl dann einfängt, ist exakt Ihr Hintergrund. Stellen Sie sich davor und entscheiden Sie, ob er Sie unterstützt oder von Ihnen und Ihrer Botschaft ablenkt.

Bildausschnitte, Großaufnahmen, Halbtotale

Wenn Sie von Anfang an einen professionellen, freundschaftlichen und respektvollen Kontakt zu dem Filmteam aufbauen, kann es Sie enorm unterstützen. Besonders mit dem Kameramann sollten Sie in ständiger Kommunikation stehen. Er ist es, der Sie optisch einfängt, den Bildausschnitt wählt und Sie ins richtige Licht rückt.

Sehr wichtig ist, dass Sie von ihm die Bildgrenze erfragen. Sie können nicht wissen, wie groß er Sie mit der Kamera aufnimmt, ob er eine Großaufnahme, eine Totale oder eine Halbtotale wählt. Doch dieses Wissen ist für jeden wichtig, der vor der Kamera agiert. Sie müssen Ihre körperlichen Aktionen an den Bildausschnitt anpassen. Ist der Bildausschnitt beispielsweise so gewählt, dass er bei der Brust endet, sollten Sie sehr auf die Bewegung Ihrer Hände achten. Gestikulieren Sie beim Sprechen zu stark, kann es passieren, dass immer wieder von unten eine »Geisterhand« ins Bild kommt. Da man jedoch nicht die gesamte Gestik sieht, fragt sich der Zuschauer, woher diese Hand wiederholt ins Bild fliegt. Das kann sehr vom Inhalt Ihrer Worte ablenken.

Umfasst der Bildausschnitt jedoch den gesamten Oberkörper, sind die Hände und deren Bewegungen mit im Bild. Oft kann man beobachten, wie der Befragte seine Körpersprache zwar bis zur Brust beherrscht und er beispielsweise mit ruhiger Mimik gelassen redet. Doch er hat keine Bewusstheit darüber, wie seine Hände nervös zucken, die Finger trommeln oder sich seine Faust ständig ballt und öffnet. Er achtet nicht auf seine Hände, da er überzeugt ist, dass man sie nicht sieht. Bei einer Halbtotalen weit gefehlt! Alles was er im oberen Bereich seines Körpers an guter Wirkung aufbaut, zerstört er im unteren mit seinen unruhigen Bewegungen. Fragen Sie also Ihren Kameramann, wie groß Sie im Bild sind und achten Sie dann auf die gesamte Körpermotorik, die im Bild sichtbar ist.

Wählt der Kameramann eine Großaufnahme, ist es notwendig, Ihre Mimik stark zu minimieren. Die Kamera fängt jede winzig kleine Bewegung ein. So groß wie in einer Großaufnahme ist niemand im normalen Leben jemals zu sehen. Selbst wenn Sie ganz nah an jemanden herangehen, sehen Sie immer noch die Umgebung um ihn herum. Bei einer Großaufnahme im Film sehen Sie um das Gesicht nichts anderes mehr. Der Bildschirm zeigt nur das riesige Gesicht mit seinem Ausdruck und seiner Mimik – und das größer, als wir es normalerweise je sehen würden.

Diese Art der Aufnahme kann eine große Chance sein, weil man mit seinen Augen sehr viel von seinem Gefühl, Charme und Charakter vermitteln kann. Unter Schauspielern ist sie sehr beliebt. Große Stars haben die Anzahl der Großaufnahmen vertraglich verhandelt, da sie wissen, dass man sich damit in die Herzen der Zuschauer spielen kann. Eine besondere Rolle spielen dabei die Augen – der Spiegel der Seele. Immer wenn starke Emotionen transportiert werden sollen, holt die Kamera den Schauspieler ganz nah zu seinem Publikum, damit es den genauen Ausdruck seiner Augen und jede Regung seiner Mimik sehen kann.

Die Großaufnahme kann aber auch gefährlich sein. Wenn man seine Mimik nicht unter Kontrolle hat und zum Beispiel die Stirn runzelt, die Augenbrauen gewohnheitsmäßig zusammenzieht, die Augen aufreißt, die Mundwinkel festhält und

Entspannte Gesichtsmuskeln sind besonders in der
Großaufnahme wichtig.

so weiter, kann man schnell übertrieben, verspannt und unangenehm wirken. Selbst große, berühmte Theaterschauspieler wirken bei ihrem ersten Film oft vollkommen übertrieben.
Sie sind es gewöhnt, ihre Gestik und Mimik für den großen
Zuschauerraum einzusetzen und sind bemüht, auch den Zuschauer im zweiten Rang zu erreichen – also ist ihre Mimik
auch intensiver. Für die Kamera muss man sie jedoch so minimieren, dass sich fast gar nichts bewegt und die Gefühle
größtenteils mit den Augen transportiert werden. Damit muss
man auch als Profi erst Erfahrungen sammeln.

Als ich nach zehnjähriger Theaterpraxis anfing, für Film und
Fernsehen zu drehen, kam mir diese Tätigkeit vor, als würde
ich einen komplett anderen Beruf ausüben. Alles, was ich an
Wirkungsmitteln für die Theaterbühne gelernt hatte, konnte
ich vergessen. Ich musste lernen, die Intensität meines Spiels
zurückzunehmen, nach innen zu verlegen und fast nichts zu
zeigen.

Achten Sie also in jedem Fall darauf, dass Ihre Gesichts-

Solche Aufnahmen können entstehen,
wenn Sie sich in der Großaufnahme schnell
oder heftig bewegen – weder Bildausschnitt
noch Schärfe stimmen.

muskeln entspannt sind. Und machen Sie bitte keine großen
Körperbewegungen. Wenn Sie sich spontan nach vorn beu-
gen, verliert Sie die Kamera und Sie sind nicht mehr im Bild.
Denn so schnell kann Ihnen keine Kamera folgen.

Der Ton

Der Ton spielt beim Drehen und im Tonstudio eine große Rolle. Nicht nur bei einem Radiointerview, auch bei Kameraaufnahmen hat der Tontechniker das letzte Wort. Wenn er sagt,
er könne den Ton in dieser Aufnahme nicht verwenden, muss
wiederholt werden. Kleine kameratechnische Ungenauigkeiten können schon mal verschmerzt oder weggeschnitten werden, Tonungenauigkeiten nicht. Um Ihr Statement senden zu
können, muss der Ton stimmen. Sie können der Tontechnik

253

enorm helfen und sich als Profi beliebt machen, wenn Sie einige wichtige Grundregeln beachten:

Vermeiden Sie während der Aufnahme alle Nebengeräusche. Nur Ihre Stimme sollte zu hören sein. Also trommeln Sie nicht mit den Fingern, hauen Sie nicht mit der Faust auf den Tisch und stampfen Sie nicht mit dem Fuß voller Enthusiasmus auf den Boden. Wenn Sie ein Ansteck-Mikrofon tragen, sollten Sie besonders vorsichtig sein. Ein Rascheln der Kleidung oder einer Halskette oder das unabsichtliche Berühren des Mikrofons beim Gestikulieren haben für den Ton eine verheerende Auswirkung. Auch Frauen, die an jeder Hand einen Ring tragen, sollten darauf achten, dass diese nicht klingend zusammenschlagen.

Im Alltag fallen diese Nebengeräusche nicht besonders auf, doch bei einer Kameraaufnahme und im Tonstudio sind sie durch die Mikrofonverstärkung extrem laut und können eine Aufnahme eventuell ruinieren.

Hörbares Luftschnappen und den durchaus beliebten Schmatzer beim Einatmen (damit meine ich, wenn sich der geschlossene Mund nach einer Sprechpause hörbar schmatzend öffnet), sollten Sie immer vermeiden – insbesondere vor dem Mikrofon, weil es diese Geräusche enorm verstärkt.

Sprechen Sie bei allen Tonaufnahmen, also bei Radiointerviews, immer in einem Abstand von ca. 30 Zentimetern ins Mikrofon. So klingt Ihre Stimme nicht verzerrt und auch die Konsonanten knallen nicht so heraus. Beherzigen Sie bitte auch alles, was ich Ihnen im 3. Kapitel über Sprechtechnik erzählt habe und lassen Sie Ihre Stimme warm, voll, sympathisch und in der Ihnen gemäßen Indifferenzlage klingen.

Kleidungs- und Maskentipps

Wann immer Sie sich vor einer Gruppe von Menschen präsentieren, sollten Sie besonderen Wert auf Ihre Kleidung legen. Was Sie für Ihren Auftritt auf der Bühne beachten sollten, habe ich bereits beschrieben. Sowohl für die Bühne als auch für den Fernsehauftritt gilt: Die Kleidung soll Sie unterstützen und nicht im Vordergrund stehen.

Dennoch gelten für Kameraaufzeichnungen spezielle Regeln. Bei elektronischer Kameraaufzeichnung verändern sich Farben und Muster der Stoffe, sodass sie auf dem Bildschirm verschwimmen. Kameramänner verzweifeln beispielsweise, wenn Personen vor der Kamera kleingemusterte Stoffe tragen. Oft bevorzugen Geschäftsleute gerade solche Muster, ob kleine Karos, Pfeffer-und-Salz-Musterungen, Tweed-, Fischgrät- und Glencheckstoffe – all diese Muster und Stoffarten eignen sich nicht für die Kamera. Das Flimmern und Vibrieren unterhalb Ihres Gesichts ist für das Auge des Zuschauers unangenehm und lenkt von Ihrem Redebeitrag ab. Achten Sie deshalb auf einfarbige oder größer gemusterte Sakkos. Eine Struktur innerhalb des Stoffes sollte immer einfarbig sein.

Bitte vermeiden Sie auch strahlendes Weiß und knallige Farben. In der Businesswelt gehören blütenweiße Hemden zum Standard, doch was für den Arbeitsalltag gilt, kann für die Kameraaufnahme mehr als problematisch sein. Wie bereits erwähnt, muss die Blende immer am hellsten Punkt gemessen werden. Ist das Ihr weißer Hemdkragen, wirkt Ihr Gesicht dunkler als nötig. Das eigens für Sie gesetzte Licht kann Ihr Gesicht nicht ausreichend beleuchten, da der Hemdkragen alles überstrahlt. Ein weißes Hemd können Sie beispielsweise durch ein leicht graues, hellblaues, beigefarbenes oder champagnerfarbenes ersetzen.

Auch grelle, leuchtende Farben wie Rot und Pink sind zu schreiend für die Kamera, lassen die Konturen verschwimmen und die Farbe ausreißen, wie es in der Filmsprache heißt.

Schwarz ist ebenfalls keine kamerawirksame Farbe. Für uns Schauspielerinnen ist das mehr als schade, denn das Kleine Schwarze oder das lange schwarze Abendkleid, das jede Frau so bestechend schlank aussehen lässt, wird als Filmkostüm meist nicht genehmigt. Schwarz schluckt das Licht und gibt ihm keine Gelegenheit, mit dem Stoff zu spielen. Deshalb kann ein schwarzer Anzug wie ein dunkles Loch wirken, was zur

Folge hat, dass es für den Zuschauer so aussieht, als ob Ihr Körper nicht zu Ihnen gehört. Ein anthrazitfarbener Anzug wirkt dagegen in der Kamera wie schwarz, nur etwas weicher, und ist für das Auge des Zuschauers angenehmer. Achten Sie also bei Kameraaufnahmen dringend auf gedeckte, warme und weiche Farben. Wenn Sie wissen oder ahnen, dass Sie im Lauf des Tages ein Interview vor laufender Kamera geben müssen, entscheiden Sie sich bereits morgens für eine »kamerataugliche« Kleidung.

Tragen Sie dunkle Sakkos, sollten Sie dringend darauf achten, dass sich keine Schuppen darauf abzeichnen. Diese kleinen weißen Punkte sind sehr auffallend. Das betrifft auch helle Haare auf dunklen Stoffen und dunkle Haare auf hellen. Natürlich sollte man darauf nicht nur vor der Kamera, sondern auch im Alltag achten. Durch die Nahaufnahme und das Scheinwerferlicht fallen sie jedoch besonders stark auf. Bürsten Sie also in jedem Fall Ihre Schultern ab. Nicht immer ist eine Kostümassistentin dabei und nicht jeder Kameramann achtet darauf.

Ein maskentechnischer Aufruf an die Herren der Schöpfung

Für Menschen beiderlei Geschlechts ist es unerlässlich, vor einem Kameraauftritt in die Maske zu gehen. Männer sparen sich das gern und finden es unnötig, da sie sich im Alltag auch nicht schminken. Doch die Hitze des Scheinwerferlichts lässt das Gesicht stark glänzen. Das wirkt auf dem Bildschirm nicht ästhetisch. Deshalb müssen auch Männer vor einer Kameraaufnahme wenigstens abgepudert werden. Eine professionelle Maskenbildnerin wird Ihnen auch Rötungen, Pickelchen und Augenringe mit Make-up ausgleichen, sodass Ihr Teint glatt und ebenmäßig erscheint. Wehren Sie sich nicht dagegen, im Gegenteil, fragen Sie nach einer Maskenbildnerin.

Die meisten Männer befürchten, mit Make-up und Puder

fremd, geschminkt und gekünstelt auszusehen. Aber: Selbst wenn Sie im Spiegel geschminkt aussehen, auf dem Bildschirm tun Sie das nicht – nur gepflegt und ebenmäßig. Professionell geschminkt wirken Sie im Licht der Kamera natürlich und normal wie im Alltag.

Es ist immer sehr auffallend, wenn der professionelle Fernsehmoderator gepflegt und ohne jeden Glanz – denn er war garantiert länger in der Maske – einen Partner interviewt, der schwitzt, glänzt und dessen Gesicht eine ganz andere Farbe hat, da es nicht geschminkt wurde.

Wenn ein Fernsehteam ohne Maskenbildnerin zu Ihnen in die Firma kommt, sollten Sie eine Mitarbeiterin bitten, Ihnen ihre Puderdose zu leihen. Wenn Sie schon keine Pickel und Rötungen mit Make-up abdecken, dann tupfen oder pudern Sie wenigstens Ihr Gesicht ab! Ihre Zuschauer wollen nicht nur hören, was Sie sagen, Sie wollen Sie auch sehen – also bieten Sie Ihnen eine angenehme Optik!

Im Gegensatz zu den Damen schminken Sie sich natürlich sofort nach dem Interview wieder ab. Da wir nicht mehr zur Zeit Ludwigs XIV. leben, sind geschminkte Männer nicht mehr alltags- und schon gar nicht businesstauglich.

Aber bitte sparen Sie sich das Schminken nicht aus Bequemlichkeitsgründen. Vielleicht sind Sie ja der Meinung:»So ein Aufwand wegen dieser paar Minuten! Wenn ich mich sowieso gleich wieder abschminken muss, bleibe ich doch gleich wie ich bin.« Doch Halbheiten und Bequemlichkeiten sind immer ein schlechter Ratgeber.

Einige Maskentipps für die Damen

»Bis 30 hat man das Gesicht, das Gott einem gegeben hat, danach ist man selbst dafür verantwortlich«, sagt ein altes Sprichwort. An manchen Tagen bin ich sehr dankbar, dass ich mit einer guten Schminkkunst nachhelfen kann.

Jedoch wissen viele Frauen nicht, wie sie durch eine gute

Schminktechnik ihren Typ unterstützen, den positiven Ausdruck ihres Gesichts hervorheben und negative Erscheinungen ausgleichen können.

Da Sie nicht eine Theaterrolle spielen, sondern Ihre eigene Persönlichkeit hervorheben wollen, sollte Ihr Gesichts-Makeup natürlich wirken und nicht geschminkt oder gar zugeschminkt aussehen. Meiden Sie deshalb grelle Farben. Das betrifft alle Lippenstifte, Rouge und Lidschatten. Bevorzugen Sie wie bei der Kleidung sanfte und weiche Farben. Ein knallroter, pinkfarbener oder dunkler Lippenstift mag bei einem rauschenden Fest seine Wirkung haben, im Licht der Kamera wirkt er schrecklich! Der Mund tritt extrem hervor, wirkt maskenhaft und dominant. Außerdem lässt er die Gesichtszüge hart erscheinen und verkleinert die Augen – die sollten jedoch in Ihrem Gesicht die Hauptrolle spielen. Die Augen sind der Spiegel Ihrer Seele. Besonders in der Großaufnahme sprechen Ihre Augen Bände. Unterstreichen und vergrößern Sie sie deshalb. Wie? Mit sanften, hellen Farbtönen. Auf das Lid gehört ein heller, beispielsweise sandfarbener Puder. In die Lidfalte können Sie einen dunkleren Puder setzen und es im äußeren Drittel des Lides etwas nach oben in Richtung äußerer Augenbraue ziehen. Das hebt das Augenlid optisch an. Achten Sie darauf, dass Sie die Ansätze gut verwischen, sodass die Farben wie Schatten wirken.

Mit dem Lidstrich, sowohl dem oberen, als auch dem unteren, gehen Sie bitte sparsam um. Zu dick aufgetragen, verkleinert er das Auge extrem. Beim Maskara wählen Sie ein Bürstchen, das die Wimpern einzeln erstrahlen lässt. Das gewählte Make-up sollte immer ein Ton heller sein als Ihre natürliche Hautfarbe. Schminken Sie sich auf keinen Fall dunkler. Mit dem Make-up decken Sie Rötungen, Pickelchen und Unebenmäßigkeiten ab, es ist nicht dazu da, Sie sonnengebräunt erscheinen zu lassen.

Alle Puder – Augen-Make-up, Rouge und Teintpuder – sollten matt sein und keine Glanzpartikel beinhalten. Auf dem Bildschirm bewirkt ein Glitzern im Gesicht Unruhe für das Auge des Zuschauers.

Insgesamt sollten Sie sich mit Ihrem vollständigen Gesichts-Make-up nicht fremd und verkleidet fühlen. Denken Sie an die Grundregel: Eine gute Maske lenkt nicht von Ihrem Gesicht ab, sondern unterstützt Ihre Gesichtszüge und Ihre Gesamtpersönlichkeit!

Anerkennung für das Filmteam

Wenn Sie eine bestimmte Position in Ihrem Beruf erreicht haben oder auf andere Weise ins Licht der Öffentlichkeit gerückt sind, kann es jederzeit passieren – bei Veranstaltungen, Kongressen, Messen, Ausstellungen oder Theaterpremieren, dass Journalisten auf Sie zukommen, um Sie vor laufender Kamera zu interviewen.

Denken Sie bitte daran: Journalisten sind auch Menschen! Journalisten erzählen mir immer wieder, wie ablehnend sie behandelt werden. Dabei ist es ihre Aufgabe, der interessierten Öffentlichkeit zu berichten. Da sie in kürzester Zeit ein prägnantes Statement, das auch gesendet werden kann, aus ihren Interviewpartnern locken müssen, sind sie manchmal etwas forsch oder gar provokativ.

Bitte bleiben Sie freundlich! Sie sind nicht ausschließlich als Privatperson oder zum Privatvergnügen auf dieser Veranstaltung. Sie sind auch eine Person des öffentlichen Lebens, an deren Meinung man interessiert ist. Es kostet Sie nichts, wenigstens kurz, freundlich und höflich Auskunft zu geben und auch das Filmteam so zu behandeln. Es macht nur seinen Job!

Doch buhlen Sie nicht um ein Interview. Es fällt Kamerateams, Journalisten und Fotografen immer sehr negativ auf, wenn Experten und VIPs alles dafür tun, die Aufmerksamkeit der Presse und Kameras auf sich zu ziehen. Lassen Sie die Kameras und Journalisten auf sich zukommen, halten Sie sich dezent zurück – schaffen Sie eine Sogwirkung.

Bei aufgezeichneten Interviews sollten Sie von Anfang an eine gute Beziehung zu Ihrem Filmteam aufbauen, es ernst nehmen und dezent zeigen, dass Sie nicht nur inhaltlich ein Experte sind, sondern auch mit diesem Medium professionell umgehen können. Das fördert gleich zu Beginn eine kooperative Arbeitsatmosphäre, und jeder im Team kann sie unterstützen. Der Kameramann wird Ihnen bereitwillig Auskunft darüber geben, wo die Bildgrenze ist und wird ein besonders gutes und weiches Licht für Sie bauen, der Reporter wird die Fragen vorher mit Ihnen durchgehen und Ihnen die Möglichkeit geben, das sagen zu können, was Ihnen wichtig ist, und der Tontechniker wird Ihre Stimme optimal aussteuern.

Auch wenn Sie an einem Tag mehrere Kamerateams empfangen, seien Sie auch beim achten immer noch so höflich und offen wie beim ersten – die Amerikaner können das übrigens hervorragend. Erinnern Sie sich an den Satz: »*Betrachte jeden Menschen, als wäre er der wichtigste auf der Welt.*«

Journalisten freuen sich, wenn man sich auch einmal für sie interessiert. Es kostet kaum Zeit, nur ein wenig Aufmerksamkeit und Wertschätzung. Sie, die ständig Menschen befragen müssen, fühlen sich geehrt, auch einmal gefragt zu werden. Zwei, drei Fragen, wie zum Beispiel ihre Meinung zu dem Thema ist, wie ihr Werdegang war oder was sie von dem verregneten Sommer halten, können die Arbeitsatmosphäre öffnen und von Anfang an harmonisieren. Journalisten freuen sich auch, wenn man sie bei einem späteren Treffen wiedererkennt. – Sie können nie wissen, in welcher Form man einmal aufeinander angewiesen sein wird. Es ist immer gut, eine Beziehung aufgebaut zu haben, die einen unterstützt und in schwierigen Situationen helfen kann.

Setzen Sie nur einige der professionellen Tipps dieses Kapitels um, erkennt jeder, dass Sie nicht nur Ihr Fachgebiet verstehen, sondern auch eine Ahnung von der Arbeit mit und vor der Kamera haben. Das Filmteam spürt Ihre Kooperation und liefert umso stärker seinen Beitrag, Sie zu unterstützen und ins »rechte Licht« zu setzen. Sowohl Sie als auch das Kamerateam werden die Zusammenarbeit als kreativ und gegenseitig befruchtend betrachten.

Checkliste: Der professionelle Umgang mit den elektronischen Medien

- Ein Interview vor laufender Kamera ist eine große Chance, Sie erreichen mit einem Mal Tausende, wenn nicht gar Millionen – nutzen sie Sie.
- Ihre Statements sollten nicht länger als 15 bis 17, höchstens aber 22 Sekunden dauern.
- Seien Sie geistig sehr klar.
- Formulieren Sie knapp und präzise.
- Verzichten Sie auf alle »Ähs« und Füllsel, die die Prägnanz Ihrer Aussage beeinträchtigen.
- Verzichten Sie ebenso auf Satzanfänge, bei denen Sie sich langsam an das Thema heranreden – die Sendezeit ist sehr schnell um.
- Finden Sie Transportmittel für Ihre Aussage, beispielsweise Eyecatcher, machen Sie einen kleinen Witz oder erzählen Sie eine nette Anekdote – das garantiert die Sendung Ihres Redebeitrags.
- Erklären Sie dem Journalisten Ihr Thema einfach, wie einem 10-jährigen Kind.
- Vermeiden Sie Fachausdrücke und zu viele Anglizismen.
- Menschen lieben es, Geschichten zu hören – verpacken Sie auch kurze Aussagen in kleine emotionale Geschichten.
- Berühren Sie Ihre Zuhörer auf der Gefühlsebene.
- Bedenken Sie, dass Ihre Redebeiträge oft nicht chronologisch zusammengeschnitten werden, vermeiden Sie deshalb Satzanfänge, wie: »Wie ich vorhin schon erwähnte ...«.
- Sprechen Sie flüssig, zügig, gut gegliedert und beenden Sie jeden Satz sowohl gedanklich als auch stimmlich.
- Wiederholen Sie die Frage des Journalisten – so vermeiden Sie das Antexten.
- Schauen Sie niemals direkt in die Kamera.
- Ziehen Sie nicht das Mikrofon des Journalisten zu sich heran und sprechen Sie nicht weiter, wenn es Ihnen entzogen wird.
- Achten Sie auf den Hintergrund, meiden Sie Wandschmuck

wie große Poster, Hirschgeweihe oder auch Lichtquellen hinter sich.

- Erkundigen Sie sich beim Kameramann nach der Einstellungs- und Bildgröße.
- Passen Sie Ihre körperlichen Bewegungen an den Bildausschnitt an.
- Bei einer Großaufnahme minimieren Sie Ihre Mimik.
- Vermeiden Sie für den Ton alle Nebengeräusche, die durch Kleidung oder Gestikulieren entstehen können.
- Achten Sie auf »kamerataugliche« Garderobe.
- Damit Ihr Gesicht nicht glänzt, lassen Sie es abpudern – das gilt auch für Männer.
- Auch Journalisten sind Menschen – seien Sie offen, freundlich und kooperativ.

Epilog

Wir sind am Ende des Buches angelangt. Mir hat es sehr viel Freude bereitet, meine Erfahrungen sowohl als Coach und Trainerin als auch als Schauspielerin und Schauspieldozentin weiterzugeben.

Wie im vierten Kapitel beschrieben, bringt der Held im Mythos ein Elixier aus einer anderen Welt, um es mit den Menschen zu teilen und ihr Bewusstsein zu erweitern. Dieses Buch ist mein Elixier, das ich aus der Welt der Schauspielkunst für Sie mitgebracht habe, damit Sie mit den Geheimnissen, Regeln und Techniken dieser Kunst auch in Ihrer Welt öffentliche Auftritte und Präsentationen meistern, Reden und Vorträge halten oder Interviews und Gespräche führen können.

Haben Sie dieses Buch nicht nur mit Ihrer linken Hirnhälfte aufgenommen, sondern auch mithilfe der Übungen die Praxis trainiert, dann sind Sie jetzt in der Lage, diese Tools auch in der konkreten Situation einzusetzen. Garantiert werden Sie Ihre öffentlichen Auftritte und Präsentationen von nun an sicherer, kompetenter und überzeugender gestalten. Weil Sie sich jetzt Ihrer selbst und Ihrer Wirkung bewusster sind, werden sich Unsicherheiten und Lampenfieber auf ein Minimum reduzieren. Sie sind nicht nur inhaltlich ein Experte – Sie kennen jetzt auch die erforderlichen Techniken und besitzen die Fähigkeiten, um sicherzustellen, dass das Publikum den besonderen Wert Ihrer Präsentation erkennt und Ihren Ausführungen mit Dankbarkeit und Interesse folgt.

Da es in diesem Buch im Wesentlichen um Wirkung und Ausstrahlung ging, möchte ich im Epilog noch die Chance nutzen, Ihnen einige Tipps mit auf den Weg zu geben, wie Sie sich körperlich und geistig so fit und gesund halten können, dass Sie eine jugendliche und dynamische Ausstrahlung behalten. Das Alter ist dafür gar nicht entscheidend. Auch wenn uns der allgemein ausgebrochene Jugendlichkeitswahn genau das einreden will. Ich persönlich finde es hoch spannend, älter und reifer zu werden. Mit jedem Jahr habe ich das Gefühl, noch besser und authentischer zu werden und mir selbst immer näher zu kommen. Mich reizt nichts daran, noch einmal 20 zu sein. Denn meine Lebenserfahrungen machen mein Leben um Vieles reicher und glücklicher.

Die größte Angst der meisten ist, dass ihr Körper altert und verfällt, und sie mit Krankheiten und Schmerzen lust- und energielos ihr Leben fristen müssen. Doch eine alte Weisheit besagt: *»Was man befürchtet, zieht man an.«* Ich habe mich entschieden, nicht Alter und Krankheit, sondern Lebendigkeit und Schönheit anzuziehen.

Das Einzige, was sich im Gegensatz zur Jugend ändert, ist, dass man etwas mehr dafür tun muss als früher. Im Lauf seines Lebens investiert man in so viele Dinge und Menschen – seinen Beruf, seine Kinder, seinen Ehepartner, seine Karriere, seinen Chef, seine Mitarbeiter, sein Haus – warum so wenig in sich selbst? Wenn man sich selbst vernachlässigt, wenn einem all die anderen Dinge und Menschen so viel wichtiger sind als man selbst, ist es kein Wunder, dass unser System von Produktion auf Destruktion, von Leben auf schleichenden Tod umschaltet.

Dabei gibt es viele Möglichkeiten, sich körperlich, mental und seelisch fit und gesund zu halten. Das tägliche Joggen ist beispielsweise eine hervorragende Technik, seine körperliche Energie zu erhalten. Damit meine ich kein angestrengtes Hetzen und Keuchen, das zusätzlich zum normalen Tagesgeschäft noch weiteren Stress für den Körper bedeuten würde, sondern ein Joggen mit ruhigem Puls und normaler Atemfrequenz. Wenn Sie täglich 30 Minuten joggen, achten Sie darauf, dass Ihr Puls etwa um die 130 liegt, und Sie dabei so ruhig atmen, dass Sie sich locker unterhalten könnten. Dieses Laufen ohne jede Anstrengung bringt dem Körper die optimale Sauerstoffzufuhr und bietet ihm eine ideale Möglichkeit zu entschlacken und alles loszuwerden, was ihn an der Regenerierung hindern würde. Dr. Strunz (von der Presse auch als der Fitnesspapst bezeichnet) hörte ich in seinem Vortrag sagen: »*Rennen Sie Ihrem Krebs davon. Wir bekommen alle täglich dreimal Krebs.*« Krebs ist nichts anderes als unplanmäßig wachsende Zellen. Diese Wucherungen bilden sich täglich mehrmals, doch ein normales Immunsystem reguliert das und bringt das Wachstum wieder in seine Ordnung. Doch wenn sich mit zunehmenden Alter Gifte und Schlacken im Körper ablagern, funktioniert dieses sich selbst regulierende System nicht mehr. Also laufen Sie, und werfen Sie damit diese belastenden Stoffe aus Ihrem System. Bei dynamischer Bewegung und gleichzeitig ruhigem Puls reinigt und heilt sich der Körper selbst, kleine Sünden vom Vortag haben keine Chance, sich festzusetzen, denn die durch das Joggen getankte Energie hält viele Stunden an. Ein wundervoller Nebeneffekt dieser Technik ist, dass man schon nach Minuten in das so genannte »Runnershigh« kommt, ein Zustand, in dem Endorphine, so genannte Glückshormone, ausgeschüttet werden. Der Körper öffnet quasi sein eigenes Geheimkästchen »Ecstasy«. Hat man den richtigen Bogen von innerer Stille und gleichzeitiger Dynamik heraus, kann man fast süchtig nach diesen dynamischen Minuten mit sich selbst werden.

Es funktioniert tatsächlich! Ich selbst laufe täglich 40 Minuten und bewahre mir damit ein ausgesprochen jugendliches Körpergefühl. Natürlich ernähre ich mich auch gesund und vital, hauptsächlich mit frischen Früchten, Salaten und jeder Menge Wasser. Dazu leiste ich mir jährlich eine Ayurveda-Kur, eine Art Generalüberholung, die ihr Übriges tut, den Körper zu entschlacken und zu entgiften. Somit kann sich weder Stress noch Umweltgift in meinem Körper festsetzen. Alles was nicht in und zu meinem Körper gehört, fliegt sofort wieder raus – welche Krankheit soll da eine Chance haben?

Die körperliche Fitness ist zwar eine wichtige Voraussetzung, reicht aber allein nicht aus, um geistig und seelisch gesund zu bleiben – dazu braucht man auch eine Art geistige Hygiene, wie Dr. Ullrich Bauhofer es nennt (von der Presse als Ayurvedapapst bezeichnet – die Presse scheint Päpste zu mögen). Für diese geistige Hygiene sind Entspannungstechniken sehr hilfreich, die uns wieder ganz bei uns selbst ankommen lassen. Der Markt ist voll mit Angeboten, die alle viel versprechen. Was mir seit vielen Jahren wirklich hilft, und ich habe in meiner Ausbildung eine Menge Entspannungstechniken kennen gelernt, ist die Transzendentale Meditation – eine Technik, die sehr einfach, natürlich und äußerst effektiv ist. Mit ihrer Hilfe kommt man innerhalb weniger Minuten in eine tiefe geistige Stille und wundervolle körperliche Entspannung.

Wie wichtig geistige und seelische Entspannung sind, können wir von der Natur lernen. Die Natur ist in ständigem Wechsel zwischen Ruhe und Aktivität (Tag und Nacht, Sommer und Winter). Doch wie selten geben wir uns selbst die Möglichkeit, ab und zu mal anzuhalten, in uns hineinzuhören und die Stille in uns wahrzunehmen. In der heutigen hektischen Zeit hat bei den meisten die Aktivität oberste Priorität. Es existiert kein harmonischer Wechsel mehr, der das Pendel wieder in die andere Richtung schwingen lässt. Und ein festgehaltenes Pendel, das nur die eine Seite betont, unterbricht den Rhythmus und den Fluss des Lebens.

Mit diesen Übungen der geistigen Hygiene finden Sie nicht nur Entspannung und bauen Stress ab, Sie öffnen sich auch wieder Ihren Gefühlen und Ihrer Intuition. Wie wichtig wahre Gefühle für eine wirkungsvolle Präsentation sind, habe ich mehrmals erwähnt. Gefühle können Sie aber nicht herstellen, Sie können sie nur zulassen. Wahrgenommene Gefühle wiederum ermöglichen Ihnen den direkten Zugang zu Ihrer Seele. – Vielleicht ist der Gedanke schon vertraut, dass wir in einer Zeit der Vereinigung von Körper, Geist und Seele leben (namhafte Autoren wie Deepak Chopra schreiben detailliert darüber). Das betrifft nicht nur das Individuum, zunehmend engagieren auch Führungskräfte großer Firmen Berater für ihre Mitarbeiter, die im Unternehmen Konzepte ganzheitlicher Gesundheit einführen.

Halten Sie sich mit solchen Techniken körperlich, geistig und seelisch gesund, werden Sie nicht älter, sondern reifer, und Ihre Ausstrahlung wird durch gewonnene Lebenserfahrung mit den Jahren immer vielschichtiger, transparenter, schillernder und damit interessanter.

Setzen Sie dazu auch noch die im Buch beschriebenen Techniken von **ManageActing**® ein, finden Sie Ihr eigenes Charisma. Sie werden jeden Menschen mit Ihrer natürlichen Autorität, mit Herz und Humor überzeugen – denn Sie beherrschen **die Kunst, selbstsicher aufzutreten**.

Bücherliste

Allgemein

Michail A. Cechov, »Die Kunst des Schauspielers«, Stuttgart
  1990
Mihaly Chsikszentmihaly, »Flow«, Suttgart 1992
Daniel Goleman, »Emotionale Intelligenz«, München 1996
Harry Palmer, »ReSurfacing«, Florida 1994
Rudolf Penka und Gerhard Ebert, »Handbuch der Schau-
  spielausbildung«, Berlin, 4. Auflage⁻
Mariela Sartorius, »Der weibliche EQ«, München 1996
Lee Strassberg, »Schauspielen & Das Training des Schauspie-
  lers«, Berlin 1988
Konstantin Sergejewitsch Stanislawski, »Die Arbeit des Schau-
  spielers an sich selbst«, Berlin, 5. Auflage 1999

1. Kapitel:

Mantak Chia, »Taoist ways to Transform Stress into Vitality«,
  Huntington 1986

2. Kapitel:

Moshé Feldenkrais; »Bewußtheit durch Bewegung, Der aufrechte Gang«, Frankfurt am Main 1996
Heinrich von Kleist, »Über das Marionettentheater«, Ditzingen 1984

3. Kapitel:

Egon Aderhold, »Sprecherzieherisches Übungsbuch«, Berlin 1978
Heinz Fiukowski, »Sprecherzieherisches Elementarbuch«, Leipzig 1978

4. Kapitel

Hubert von Brunn, Thorsten Volmer, »Jenseits des Regenbogens – Eine fantastische Reise zum Glück in 50 Tagen«, Hamburg 2001
Peter Lauster, »Liebe«, Hamburg 1999
Peter Lauster, »Die sieben Irrtümer der Männer«, Düsseldorf 1987
Christopher Vogler, »Die Odyssee des Drehbuchschreibers«, California 1992

Epilog

Dr. Ullrich Bauhofer, »Maharishi Ayur-Veda. Eine leise Medizin für eine laute Zeit«, Bergisch-Gladbach 1997

Deepak Chopra, »Die Körper-Seele«, Bergisch-Gladbach 1993

John Douillard, »Fit mit Ayurveda«, 1999

Dr. Ulrich Strunz, »Forever young«, München 1999